古埃及
极简史

李晓东 著

团结出版社

图书在版编目（CIP）数据

古埃及极简史 / 李晓东著 . -- 北京：团结出版社，
2023.3
ISBN 978-7-5126-9628-0

Ⅰ . ①古… Ⅱ . ①李… Ⅲ . ①埃及－古代史 Ⅳ .
K411.2

中国版本图书馆 CIP 数据核字（2022）第 169355 号

出　版：团结出版社
　　　　（北京市东城区东皇城根南街 84 号　邮编：100006）
电　话：（010）65228880　65244790（出版社）
　　　　（010）65238766　85113874　65133603（发行部）
　　　　（010）65133603（邮购）
网　址：http://www.tjpress.com
E-mail：zb65244790@vip.163.com
　　　　tjcbsfxb@163.com（发行部邮购）
经　销：全国新华书店
印　装：三河市东方印刷有限公司

开　本：153mm×220mm　　16 开
印　张：18.75
字　数：232 千字
版　次：2023 年 3 月　第 1 版
印　次：2023 年 3 月　第 1 次印刷

书　号：978-7-5126-9628-0
定　价：59.00 元

自
序

　　本来是为我的研究生（包括博士生）写的一本古埃及史教材，却因为正合出版社之意而变成了一本《古埃及极简史》的小册子。曾读过牛津大学的极简史丛书，都是大家之作，文字少却有深意，深感极简史本该如此。极简并非简单，而是高屋建瓴、浅出深入。人们常以为简很容易，其实简是件很难的事情。有一本科学家传记名字就叫《无暇简捷》（*No time to be brief*），说出了简的正意，简是要耗费时间的。进而想，恐怕耗费的不仅是时间，更是足够的智慧，不是随便什么人都能写的。因此，写这本书有些忐忑，自忖我有这样的智慧吗？智慧不敢说有，但自觉做了半辈子的埃及学研究与教学，心得却也不少。正好借此机会梳理总结一番，期望对后学与普通读者都有启发。

　　极简之难首先难在要让本专业的博士和普通读者都能读得进去且都能很容易读懂。对于一般读者来说，有深度的书不易读懂；而容易读懂的书又常让专业人士不愿光顾。两者能够兼顾，这就是牛津极简史系列丛书成功原因之所在。其实很简单，让大学者写小书，两者自然会相得益彰。自己不敢以大学者自居，但构思写作本书却兢兢业业，集多年所思所想，力求不因简易而流于肤浅。极简之难其次难在要让专业的博士与普通读者都能读后有所思考。本书的构思有一个主脑贯穿始终，即文明诞生于智慧的凝聚，辉煌于能够站在时代的前沿，衰落于没能跟上时代的脚步。因为是在研究生上课讲义基础上构思写作而成此书，书中留有开放的问题供读者思考。虽然自己思考的解决问题途径已在书中展现，但不想告诉读者这就是真理，而是启发读者做出自己的判断。极简之难第三难在要让读者既可整体阅读一气读完，又可以随意选取自觉感兴趣的一章阅读而不害全书完整之意。

　　难则难矣，然知难而进正是学者应该追求的品格。只要尽力就好，结果如何就只能等待读者评说了。

目
录

引论

文明与文化的历史沉思

文明是飞跃，文明是发展高低的尺度，文明是野蛮的孪生兄弟；文化是拓荒，文化是积淀，文化是习惯与追求的全民族集体无意识。既然是尺度，文明就有高低之分；既然是积累，文化就有厚薄之别，但厚薄并不决定优劣。考察人类历史很容易可知，数千年未发生本质变化的麻木混沌会因一个小小的发明创造而改变，文明于是跳跃上飞速发展的道路。文明的发展不走从量变到质变的积累蜕变之路，而是由基因突变带来加速，带来意想不到的核聚变式的爆发与强大。石器时代历时 250 万年左右才进入青铜时代，积累不可谓不丰厚。狩猎的经验，天灾人祸的应对经历，积淀 250 万年，可仍是"只几个石头磨过，小儿时节。"（毛泽东《贺新郎·读史》）而突然文字诞生，人类发生了翻天覆地的变化。从此人类有了历史，有了文化，有了越来越快的发展。之后短短五千年，已经拥有了上天入地无所不能的自信。更加出人意料的是人类这五千年的发展是以周期越来越短的加速度前进的，别说未来百年，未来十年我们都很难准确预测。

什么样的文化都很美好。如果世界和平，文化的千姿百态就会像花园的姹紫嫣红，让人心旷神怡。然而，文明的历史却仍未逃出丛林法则。乌托邦虽然看上去很美，却不合人类本性。弱肉强食让文化无法彻底守住自己的纯净与丰厚，无论其多么伟大，在野兽面前纯净与丰厚一钱不值。文化是有强弱的，强文化不都那么文明，有的还很野蛮；弱文化不都单薄，有的极其珍贵。但强文化会毁灭弱文化，毫不留情，无论弱文化多么文明都难逃厄运。中国历史上的五胡乱法，欧洲历史上的蛮族入侵，皆是强文化对弱文化的胜利。于是，文化要变，无论一个民族的文化多么自恃清高，多么博大精深，强盗袭来都可能灰飞烟灭。该进博物馆的就不要拿到战场上来，越王勾践之剑价值虽高，在现代战场上却打不过便宜得多的 AK47。古埃及文明那么辉煌灿烂却最终一败涂地，经验教训皆在于此。文化的强弱不完全取决于工具文明的先进与否，而是是否跟上了时代的脚步。如果跟不上时代脚步，与其他文明的对抗就会遭降维打击，而降维打击常是毁灭性的。"天不变道亦不变"中的"道"最能定义的是人类世界的丛林法则，文化要变得强大，否则在劫难逃。石器文化、青铜文化、铁器文化直到有了文字之后的古代、近代与现代文化，每一级对上一级都构成强大的优势。在丛林法则支配下，近现代文化一定会毁掉古代文化，古代文化无法纯粹地保持住自己的清纯。

文化的强弱不以工具文明为标志，虽然直接表现在工具文明之上，比如船坚炮利虽然强大，但仅凭船坚炮利还无法在文明的竞技场上获得最终的胜利。全面胜利是理性的胜利，理性决定了一个文明的高度与强弱。理性，这里仅限于人类对世界的认识与把握。神文理性时代，人类以神话的方式解说认识把握世界；玄文理性时代，人类以玄妙的想象建构解说并对待世界；人文理性时代，人类以人为尺度衡量把握认识世界；逻辑理性时代，人类以逻辑规律为尺度认识把握改造世界；实验理性时代，人们以科学方法把握世界。尽管人类历史的发展并不会总是那么均衡，但历时地观察，这个次序是总体的理性发展路线。

古代埃及从文明一开始就处于神文理性时期，直到古埃及文明被外族毁灭。古代埃及的一切都是在神文理性笼罩下进行和完成的。因此，埃及的宗教或称之为神话，都有了理性的表现。由此诞生出王权的政治、神人共存的仪式文化和神人共享的经济体制。对世界的神化认识诞生了其赖以生存的经济基础——农业。哈匹神的泛滥，太阳神的三季循环，让埃及创造出人类最早的两个历法体系之一。一年开始于天狼星偕日升与尼罗河水的泛滥，神乎？科学乎？神庙是创世之岛的模仿，门是东方的地平线，太阳神乘坐太阳船东升西落各 12 小时，每日 24 小时的划分，直至今日仍在使用。不同神系，众多神祇，无不反映出古埃及人对世界的认识。虽是神话，有些又很科学。

神文理性时代固然对世界的认识不像实验理性那么科学，但它是科学理性的祖先。处于神文理性时代的古代埃及虽然到处都是神，但其虔诚不是迷信，甚至不可与现代意义的宗教相等同。

一条大河的智慧凝聚

大多数人都熟悉希罗多德的一句名言：埃及是尼罗河的赠礼。其实这句话是希罗多德听来的，但因为他而传遍世界。尼罗河蜿蜒曲折由南向北流淌，从东部非洲一直流入地中海。源头上的青尼罗河与白尼罗河都处热带雨林地带，充足的水源给尼罗河六千六百多公里的两岸提供了水与带有腐殖质的肥沃黑土。新王国之前阿斯旺是埃及南部边界，这里的第一大瀑布将埃及与努比亚分开。由此地向南直到喀土穆，六大瀑布形成一个瀑布地带。尼罗河快进入地中海的地区开始出现很多条支流，呈扇形流入地中海，形成一片倒三角的巨大沼泽地。

尼罗河带给埃及人的不仅是肥沃的黑土，还给埃及人带来了便利的交通。就文明的诞生与飞跃而言，好的交通比肥沃的土地意义重大得多，是交通将不同的人带到了一起，使处于习惯、静止与"内卷"的思想互相碰撞、启发、飞跃。文明并不诞生于山沟与孤岛，根本的原因是缺少智慧的凝聚。一个封闭的社会，如果没有外来者注入活力，必然会逐渐走向死寂。物理学上的熵增规律对于人类社会也完全适用。埃及人对于尼罗河的依赖可以从许多文献以及他们的语言文字中清晰地看出。古埃及语中"南行"为 (xnti)，而书写出的文字表意部分则以扬帆之船限定之。"北行"亦然，读作 (sxd)，限定符号为一条降下帆的船。不仅如此，"征讨"也用船表意，显然军队是乘船去征讨的，读作 (mSa)。甚至"出殡"，送葬的队伍也主要乘船而行，读作 (wDyt)，表意符号仍然是船。从其语言文字的表述中亦透露出船之于古埃及人的重要性：

《亡灵书》："我给饥者以面包，渴者以水，无船者以舟。"（FBD, Sp. 125.p.32）托勒密时期文献中文内弗尔（Winnefer）说："护弱者免受强者辱，如同渡船之于每一个人。"（AEL. Ⅲ p.55）将船与面包、水并提，可见船对于古埃及人已经是生存之必需。埃及自古不是一个封闭的社会文化体系。南有努比亚顺流而下，北有亚洲诸文明（主要是两河）与埃及陆路水路交往"偶遇"，地中海中还有克里特岛与埃及来来往往，更不用说陆路、水路皆通的地中海南岸诸地。但首先还是因为有了尼罗河，才让古埃及内部的不同部落、南北不同地方的人相遇、相知，互相启发，形成自己的文化。文明的诞生是有体量要求的，没有一定数量的人口便不会产生文明的飞跃，因为智慧凝聚需要一定体量。但根本原因在于凝聚，没有凝聚便不会飞跃。而尼罗河为古埃及文明的智慧凝聚提供了可能。

文明多发源于大河与航行便利的岸边，并非因为大河提供了人类生存的水源，而是因为大河提供了远古最为便捷的交通。大河与便于航行的水路让不同地域的智慧相遇相交甚至相互碰撞，文化基因由此突变。古代两河与古代埃及便是这智慧碰撞最先飞跃的文明。

一个非环境决定论者的环境概览

我们不是环境决定论者，但环境对于我们理解一个文明的形态至关重要，不得不查。如果我们从卫星图片上观看埃及，古埃及疆界以尼罗河为主轴呈现一条南北狭长的地域。北边边境是地中海，南边边境是尼罗河第一大瀑布，东边是红海，西边是利比亚沙漠。整体看上去，像一片巨大的黄色沙漠，中间由南向北流淌的尼罗河带来两岸褐色的土地，形成荒漠中的一条生机勃勃的绿色地带，西方学者称之为尼罗河峡谷，其实它只比两岸的沙漠略低。东边红海岸边多低矮的山峦，红海北侧是西奈半岛，将埃及与巴勒斯坦地区连接起来。西边的利比亚沙漠是撒哈拉沙漠的东北部，一望无际，靠近尼罗河谷有若干个绿洲点缀。其中最大的一片绿洲以法尤姆湖为中心构成，与东边的红海遥相呼应。而东部荒漠虽无绿洲点缀，却有几条旱谷将红海海岸与尼罗河相互勾连。旱谷中有井，可供旅人补充饮水。埃及自古就不是一个封闭的地域，在古代世界应属交通最为发达的很少的几个环境之一。

尼罗河谷以阿西乌特（Asyut，古埃及语 sAwty）为中心分作上下两块，以南为上埃及，以北为下埃及。上埃及各地势力发展较快，最早形成统一力量；下埃及各地势力发展较缓，未能形成较大的政治力量，最终被上埃及打败。下埃及很大一部分土地是尼罗河流进地中海的入海口地带，呈扇形分成许多支流，因此又称三角洲地带。从上北下南的地图方向俯瞰埃及，尼罗河就像一朵从水下生长起来的绿色莲花。这样的环境注定让古埃及人的交往除了从南到北的内部交流外，就只能是南方的努比亚人、西北的利比亚人与古代叙利亚巴勒斯坦人。当然还有地中海上的希腊岛屿以及沿地中海东岸而来的希腊人。努比亚与利比亚皆落后于埃及，地中海北岸在埃及文明已经辉煌的时候仍处蒙昧。越过叙利亚巴勒斯坦进入两河才看到等量齐观的亚洲文明的光芒。

古代世界并无我们现在意识当中的亚洲、非洲、欧洲的概念，地中海东部沿岸世界是一个整体。甚至到了希腊文明异军突起之时，对于希腊人来说，欧洲的其他地方都很遥远，而埃及与两河却为同一个世界。海洋作为交通通道之外，陆地上的交通亦构成一个世界，这就是"新月形沃土"。古代埃及与古代美索不达米亚由叙利亚巴勒斯坦相连接的这片肥沃的土地孕育了人类最早的文明之一以及后来的三大宗教，《圣经》《古兰经》皆出于此地。诞生人类最早文明的两个区域即地中海东部世界与"新月形沃土"埃及都身在其中，在这样一个智慧碰撞之地，埃及文明不诞生都难。

古埃及之名

　　一国之名在国人口中与在外人口中常不相同，正如在俄罗斯人口中的中国不是中国而是契丹一样，古埃及人对于埃及的称呼也非埃及。正如现代埃及人不称自己的国家为埃及一样，古代埃及人甚至根本不知埃及为何物。

　　古埃及人如何称呼自己的国家反映出其对于自己祖国的认同方式与情感寄托。古埃及人最常用的称呼自己国家的词汇有两对、四个：kmt 与 DSrt；tAwy 与 idbwy。kmt 意为"黑色的土地"，DSrt 意为"红色的土地"。前者是尼罗河谷与三角洲的颜色，正是这黑色肥沃的土壤为古埃及人提供了繁衍生息的摇篮，河里边有鱼，土地上有麦。无忧无虑的生活从黑土地吸取。尼罗河两侧则是遍野的黄沙荒漠，寸草不生，没有生命，与黑土地形成强烈的反差。在古埃及人眼里，这两边黄色的荒漠是红色。tAwy 意为"两土地"，有史以来埃及人就有上下埃及的概念，南方（尼罗河上游）与北方（尼罗河下游）就各自为政，尊崇的神祇，打交道的异族都不相同。虽如此，埃及人心目中的上下埃及两片土地是完整的一体，不可分割。idbwy 意为"两河岸"，东西是也。两土地、两河岸，即上下左右，东南西北，"两"象征完整，代表统一。

　　上下埃及的概念在文字上称之为 tA mHw（北方土地）与 tA Smaw（南方土地）。而上下埃及各有自己的神祇象征，上埃及为秃鹫女神 nxbt，下埃及为蛇女神 wDat，合而为"两女神"，代表上下埃及的统一。统一用一个肺管形象的符号表示，读作 smA。这一符号常在法老的座椅装饰上出现。意指上下埃及的短语还有 qbH stx 与 qbH Hr（Xnw nxn），前者字面意思是"塞特神的洗礼"，后者则是

"荷鲁斯神的洗礼"，南方还有一词，"内痕之地"，因为内痕是荷鲁斯的崇拜中心。

古埃及人自己口中的祖国称呼虽不统一，这种情况现代人却不难理解。我们现在除了称自己的祖国为中国之外，不也常常称之为"中华""神州"吗？古今中外一理。

古希腊人口中的埃及

古埃及人并不称自己的国家为埃及，但外部世界却都这么叫，何故？全怪古代希腊人的以偏概全。埃及古时候有个地方叫孟菲斯，从古王国起便是埃及的一个政治文化中心。这个城市埃及人也不叫它孟菲斯，而是叫 inb HD，意为"白墙"。可见该城的建筑一定以白墙建筑最为引人注目。白墙建筑一定很漂亮，因此人们又称之为 mn nfr，意为"美丽的建筑"。这一别称到了晚期科普特时代变成了 ΜΕΜϤΙ，读音类似"孟菲"，而到了希腊人口中就变成 Μέμφις，希腊语喜欢名词以 –is 结尾。于是"美丽的建筑"就读成了孟菲斯。

孟菲斯有很多建筑，都称作"白墙之××"。如：

aHt n inb HD "白墙之宫殿"

Snwt in inb HD "白墙之谷仓"

Taw n inb "该墙之书"（指白墙）

HD ir n Hr xnt inb HD "白墙前荷鲁斯所为之白"

It nTr inb "该墙之神父"

Dd iswt "永恒之宫"

Mry–ra mn nfrw "Meryre（Pepi）""拉神钟爱之美丽建筑"

Mn inb. f "他的白墙"

所有这些表述都指孟菲斯城。而孟菲斯城中有座献给当地主神普塔赫的神庙，神庙名字叫 Hwt kA ptH（意为"普塔赫心灵之室"）。正是这个名字演化成了现代全世界对这个国家的称呼。又是希腊人以这座神庙的名字指代这个国家，Hwt kA ptH 在希腊人口中就变成了 Aἴγυπτος，之后是拉丁语 Aegyptus，现代西方语言中的 Egypt，直到汉语中的"埃及"。

古希腊人喜欢命名，不仅埃及之名源自古代希腊人之所称，我们熟悉的古埃及许多人名、地名亦多为希腊人所赐。因为与现代文化相连接的古希腊人最早来到埃及，宏伟的建筑、精细的艺术与迷人的文字震惊了首次到来的希腊人。当他们返回希腊，将所见所闻讲述给同胞的时候，便据其所识加给名称，以便叙述。比如拉神诞生圣地伊文努（iwnw），因其为太阳神拉的崇拜中心而被希腊人命名为"赫留坡里斯"（Ἡλιούπολις），意为"太阳之城"。再如法老胡夫，古希腊人称之为格奥普斯（Khéops），影响到罗马人，写成了柯奥普斯（Cheops），由此译入汉语就变成了"齐奥普斯"。

第一章
古埃及历史大势

　　历史无非由政治、经济、军事、文化等方面构成。古埃及因处文明前端，故与现代概念划分出入不小。然观其大势可统领认识把握全貌，亦可于宏观上认识其发展规律。基于此，将古埃及历史大势各端总结陈列于此，供读者阅读、思索、品味。

古埃及历史大势年表

　　年表有所取舍，大势蕴含其中。

　　公元前 3150- 前 2686 年：古埃及统一国家出现（从那尔迈到哈塞赫姆威）。

　　公元前 2686- 前 2181 年：萨卡拉、吉萨等地金字塔的修建（佐塞尔、斯诺弗汝、胡夫、哈弗拉与孟考拉）。

　　公元前 2181- 前 2040 年：中央政权垮塌，孟菲斯与希拉克里奥坡里诸王之争。

公元前 2040- 前 1782 年：古埃及再次统一与拓展势力范围至努比亚（从孟图霍泰普到索贝克内弗汝）。

公元前 1782- 前 1570 年：希克索斯人在三角洲的阿瓦瑞斯建立政权。

公元前 1570- 前 1070 年：阿赫摩斯重新建立埃及人的统治（图特摩斯三世、埃赫那吞、图坦卡蒙与拉美西斯二世的伟大帝国时代）。

公元前 1069- 前 525 年：三角洲塔尼斯、布巴斯提斯与塞斯王朝；库什国王卷入埃及纷争。

公元前 525- 前 332 年：波斯人占领与再占领，努比亚人介入埃及。

公元前 332- 公元 641 年：希腊罗马统治埃及（亚历山大大帝、克里奥帕特拉与罗马人的主角时代）。

古埃及历史大势

古埃及历史走向虽错综复杂，却可于提纲挈领中一目了然：

古王国　——　中王国　——　新王国　——　晚王国
（金字塔时代）（古典时代）（帝国时代）（中兴时代）
　　中间期 I　　　中间期 II　　中间期 III
　　（饥荒时期）　（希克索斯时期）（少民统治时期）

古埃及历史主要以王朝史为主，王朝史由古王国、中王国、新王国、晚王国为其主要阶段构成。简单地说，古王国以金字塔闻名于世，故称之为金字塔时代；中王国因文学繁荣为后世所识，故称之为古典时代；新王国南征北战疆域最广，故称之为帝国时代；晚王国因再次统一被称作中兴时代。这是古埃及历史的主要时期，也是古埃及历史的一统时期，中间夹着三个中间期，第一中间期夹在古王国与中王国之间，可称为饥荒期；第二中间期夹在中王国与新王国之间，可称为希克索斯时期；第三中间期夹在新王国与晚王国之间，可称为少民统治时期。最后随着亚历山大入侵，古埃及历史完结于托勒密王朝的统治。

古王国由第三王朝始，中经第四王朝、第五王朝和第六王朝。集中体现在金字塔建筑中的艺术与技术，因为有了农业生产的高度发展而得以高度发展。中央集权的确立又使埃及可以有效地调集全社会的力量投入巨大的工程。位于一人之下万人之上的查提（TAty，通译为"维西尔"，不确）有效地统领中央及诺姆官员完成税收，为古王国的发展奠定起坚实的物质基础。而以维系玛阿特（mAat）为己任的司法体系让古埃及社会有了"正义"，不仅在现实中维系了社会的平稳与秩序，而且使古埃及人的意识中也具有了正义的观念。随着中央集权对全国管理的不断强化，官僚体系越来越庞大，形成了一个新的阶层——官吏。这是由接受过良好教育的书吏与官员构成的社会阶层，法老器重并在一定程度上依赖这一阶层。为了奖赏这一阶层对法老的尽忠，法老赐予其土地修建陵墓与神庙。这一阶层的诞生对于法老统治的中央集权是把"双刃剑"，既让法老意愿的实现更加切实，又让法老的绝对权力在不知不觉中分散，为金字塔时代地基的松动埋下了祸根。法老最终无力支付这一阶层尽忠的代价，日益强大起来的精英阶层亦因法老不再对他们慷慨而心生不满。危机已经埋下，只等时机到来。终于，公元前2200年至前2150年间一场旱灾袭击埃及，加上亚洲"箭人"的骚扰，埃及第一个强大的古王国应声倒下。随之而来的是一百多年的分裂与混乱，史称第一中间期。

第一中间期主要由第九、第十王朝及第十一王朝前半段构成，虽不是同时建立，但大多时间处同时并存状态。因为混乱，许多神庙等建筑遭到破坏，留存下来的东西也较少。因此第一中间期又被称为"黑暗时代"。至于之前的第七、第八王朝，除了一些圣甲虫护身符外，几乎没有文字与图像史料留存下来，因此只能从曼涅托的《埃及历史》中搜寻只言片语。虽不完全可信，也没有更好的办法。关于第七王朝，曼涅托只说70天70王统治，显然是极言统治者如走马灯般变换而非真实记述，但至少有一点我们可以确定，即这两个王朝无论与第六王朝是什么关系，都在旧都孟菲斯建立并试图以此为中心实行统治。真正第一中间期两大政治集团出现在南北两端，北以希拉克里奥坡里为中心，与南部以底比斯为中心的势力对峙。第九、第十王朝出现在法尤姆湖稍南一点的希拉克里奥坡里，而第十一王朝出现在南方的底比斯。第九、第十王朝法老多为古王国时期崛起的地方贵族势力，虽前后相继，却很难断定其血统传承。虽然文字材料太少无法知道此间历史细节，但有一个传说却一直流传，即第九王朝法老赫提一世被尼罗河鳄鱼咬死。真假虽不可知，但当时的埃及人不喜欢这位法老是显而易见的。南方势力以被称为"南大门守护者"的尹泰弗为最大，经过尹泰弗一世、二世、三世的努力，终于平息了南方的纷争。直到第十一王朝中期，孟图霍泰普二世终于打败北方希拉克里奥坡里政权，再次统一了埃及，结束了埃及一百多年的分裂。

被称作古典时代的中王国开始于第十一王朝中期，延续到第十二王朝结束。中王国被学界称为古埃及历史三个黄金时代之一，与另外两个时代（古王国与新王国）支撑起古埃及历史的辉煌。中王国开始于孟图霍泰普二世，虽然他并不是第十一王朝的建立者，却成为中王国的建立者。第一中间期末期南北两大势力对抗，南方的第十一王朝以底比斯为中心，北方的第十王朝以希拉克里奥坡里为中心。最后孟图霍泰普二世在其统治的第十四年看准一个时机发动对希拉克里奥坡里的进攻，很快取得胜利。随后平定北方各诺姆的抵抗，终于再次统一埃及。第十二王朝定都埃及中部的里施特（el-Lisht），古时候名字叫伊池塔威，意为"攫住两土地"。孟图霍泰普二世之后，其子孟图霍泰普三世继位，再后是孟图霍泰普四世。有趣的是孟图霍泰普四世法老在所有古埃及留存下来的王表中都未被载入，可见古埃及人并不怎么认可这位法老。但文献中却记述他不止一次派船队沿着旱谷哈玛玛特前往红海运回建造神庙的石头，这遥远的运输行动总管则是其查提阿蒙尼姆哈特，而第十二王朝的建立者亦为阿蒙尼姆哈特。于是学者猜测第十二王朝的建立者正是这位权倾一世的前王朝最大官吏。第十二王朝到底如何建立仍不清楚，但接下来这位一个伟大王国的建立者离奇死亡与首创共治制度则让这一时期充满了神秘与传奇色彩。阿蒙尼姆哈特四世只生了几个女儿，没有儿子继承王位，统治九年后去世，其妹索贝克内弗汝不得不担起重任。在古埃及的历史上，除了第十八王朝的哈特舍普苏特女王外，每当女性走上前台统治埃及，一个王朝便走向终结。索贝克内弗汝在位四年，第十二王朝结束，中王国亦随之拉上了帷幕。

第二中间期从第十三王朝开始，虽然该王朝继承第十二王朝，并最初仍在伊池塔威定都，后来才转移至南方的底比斯，但全国统一的局面已不复存在。三角洲东部一个外族聚集势力趁中央虚弱建立起自己的王朝，即第十五王朝，这便是人们都熟悉的希克索斯人王朝。南方则是第十六、第十七王朝与之并存。那么，第十四王朝在哪里？这是个学术争论的问题。传统认为第十四王朝是与第十三王朝和第十五王朝并存的小王朝，但有更切实的证据支持另一观点，即第十四王朝并不存在，只是后人的对第十五王朝祖先崇拜文字的误解造成的结果。第十五王朝希克索斯人按习惯将自己的祖先也当作国王对待，因此被后人认为第十五王朝之前亦有一个小王朝存在。南方的第十六王朝一直抵抗着北方希克索斯人的第十五王朝的扩张，却节节败退，最后不得不求和。第十六王朝勉强持续了70年后终于结束，代之而起的是以底比斯为中心的第十七王朝。第二中间期虽未统一，但几个王朝中最为强大的是第十五王朝，因此第二中间期又被称作希克索斯人统治时代。第二中间期末期南、北两大势力对峙，即第十七王朝与第十五王朝的角力。第十五王朝法老阿波菲斯（古埃及名字为阿佩匹）统治之初几乎统一了全国，第十七王朝虽有自己的地盘却向第十五王朝进贡臣服。然而，阿波菲斯一封无事生非的信引起了第十七王朝的拼死反抗，在第十七王朝塞肯南瑞－陶二世率其子与希克索斯人的生死决战中，前赴后继，最终战胜第十五王朝，把希克索斯人赶出了埃及。塞肯南瑞－陶二世的儿子阿赫摩斯也随着这场胜利建立了第十八王朝，开创了古埃及最为辉煌的帝国时代。

　　新王国辉煌了480多年，历经第十八王朝、第十九王朝和第二十王朝。这是古埃及历史上三个黄金时代中最有力量的时代，也是古埃及的一个国际时代。其势力范围北到现代的叙利亚，南至努比亚纵深地区。可能因为第二中间期的惨痛教训，埃及人意识到一个庞大的缓冲区对于埃及安全的重要性，因此新王国大肆扩张。新王国三个王朝构成埃及帝国时代三部曲：第十八王朝——帝国的崛起，第十九王朝——帝国的峰巅，第二十王朝——帝国的衰落。新王国虽然包含三个王朝，但从国王名字上看，第十九王朝与第二十王朝又称"拉美西斯时代"，因从第十九王朝的建立者拉美西斯一世到第二十王朝国王拉美西斯十一世国王中有11位拉美西斯。第十八王朝历史大事丰富，不仅见证了图特摩斯的扩张，又经历了阿玛尔那时期的宗教改革。更为重要的是埃及历史上唯一一位称得上真正女王的人物哈特舍普苏特也在第十八王朝统治埃及二十年。我喜欢称之为古埃及历史上的武则天。当然，还值得一提的是法老正式成为国王的称呼也始于第十八王朝的一位伟大法老，即图特摩斯三世。第十九王朝接替第十八王朝是一个和平过渡。第十八王朝最后一位法老霍瑞姆亥卜去世时儿子已经不在，这位给自己取了个"节日中的荷鲁斯"（"霍瑞姆亥卜"名字的含义）名字的法老选择了他的查提（西方称维西尔）拉美西斯作为自己的继承人。于是，第十九王朝诞生，开始了拉美西斯时代。

第十九王朝的建立者拉美西斯一世统治时间非常短，最多不足两年。然而，一旦一个伟大王朝诞生，其继任者一定有扛鼎之人横空出世。其子塞提一世，其孙拉美西斯二世，两位都是帝国的伟大征服者。塞提一世的名字透露出来的信息让我们猜测这是位崇拜塞特神的法老，因为他登基名完整意思是"属于塞特神之人，为普塔赫神所钟爱"。塞提一世统治的前十年频繁东征西讨、南征北战，为拉美西斯二世打下了广阔的势力范围。叙利亚的卡迭石城便是塞提一世打下的一个亚洲势力范围的标志，当然也为其子拉美西斯二世著名的卡迭石之战以及人类历史上第一个和平条约的签订埋下了伏笔。接下来第十九王朝第三位法老便是拉美西斯二世了，被西方学者称为拉美西斯大帝。第十九王朝就其势力与兴旺而言虽为古埃及历史的峰巅，但拉美西斯二世之后只三代就出现了继承人危机。拉美西斯二世死后其子梅尔恩普塔赫（Merenptah）继位，因击退海人从地中海上的骚扰而被后世记住。之后是死后由其子塞提二世继位，而塞提二世身后由塞提二世的儿子斯普塔赫（Siptah）登基。斯普塔赫在位只有6年，去世后无子，塞提二世的王后塔维瑟瑞特走向前台统治埃及近两年，随后第十九王朝结束。

塞特纳赫特借第十九王朝权力交接的真空期取得了权力，建立起第二十王朝。这个给自己取名为"胜利的塞特神"（塞特纳赫特含义）的法老其实也是拉美西斯家族的成员，只是并非嫡出。如果他不是第二十王朝的建立者，人们并不会熟悉塞特纳赫特这个法老的名字。但继承他王位的王子拉美西斯三世却更为有名，因其成功地打败海人入侵而被后世铭记。双线作战，海陆整体战术，最终将海人等入侵者打败，成为古代世界战争史上一个口袋战术的早期成功战例。然而，这位战场上叱咤风云的法老却没有逃脱后宫的算计，最终死于一场宫廷谋杀，阴谋篡位者竟是他的王后媞伊（Tiye），目的是让自己的儿子潘塔维瑞特（Pentaweret）登上王位。虽然拉美西斯三世被谋杀，但阴谋却没有得逞。继位的仍是加冕王子拉美西斯四世。拉美西斯四世本不是太子，但因其哥哥 15 岁早夭，他便顺位成了太子，古埃及称为"加冕王子"。拉美西斯三世被称作古埃及历史上最后一位伟大的拉美西斯，尽管之后有 8 位叫拉美西斯的法老，但每况愈下。拉美西斯十一世在其统治的第十九年曾努力改变中央集权的软弱，励志改革，改年号为"复兴"（wHm mswt，原意"再生"），结果还是被架空，变成了一个只有象征权力的摆设，第二十王朝结束。作为"复兴"改革结果的三权分立随着拉美西斯三世的去世结束，南方的底比斯仍是大祭司的天下，而北方斯曼迪斯不再只是实际掌握第二十王朝的行政权，而且冠冕堂皇地登上法老之位，塔尼斯成为自己的首都，是为第二十一王朝。

虽然第二十一王朝有南、北两个权力中心，可政治上并未出现太大的分裂，因为南北两大势力同属一个家族。但权力的分散已显露大分裂的预兆，开始了古埃及历史的第三中间期。第三中间期以外族统治为特点，先后出现了利比亚人政权的第二十二王朝与努比亚人政权的第二十五王朝。早已慢慢渗透到埃及北方的利比亚人趁第二十一王朝的南北分治与混乱建立起自己的政权，即第二十二王朝。这个利比亚人建立的王朝曾一度再次统一了埃及，但不幸的是到了沙桑克三世统治期间，埃及却再次变作南北两势力同时存在。南方由塔克洛特二世（Takelot Ⅱ）统治，后来由其子奥索尔康三世（Osorkon Ⅲ）统治，而北方由沙桑克三世控制。此时的南方又有一个势力不服塔克洛特统治，自立为王，是为第二十三王朝。努比亚此时的统治者趁埃及政局不稳，屡次向北扩大势力范围，并强令底比斯替换阿蒙神妻，将努比亚国王之女安插在底比斯。此事件应该是第二十四王朝（努比亚人王朝）在埃及历史上最引人注目的历史事件了。待匹耶（Piye）在位的第二十年，他率领努比亚军队攻城拔寨，统一了埃及并建立起第二十五王朝。第二十五王朝统治者虽然崇尚埃及文化，甚至崇拜埃及的神祇，但从其法老死后皆返回内帕塔（Napata）安葬可见，努比亚政治中心内帕塔仍是第二十五王朝法老们的精神家园。可能是这个原因，第二十五王朝最后将统治中心迁回到努比亚的内帕塔。而此时正值亚洲的亚述帝国借树木较多，有足够冶铁用炭储备，故有足够铁制兵器武装军队，派军队杀向埃及。在亚述军队的进攻之下，孟菲斯、底比斯等重要城市相继陷落。随着第二十五王朝的失败退出埃及，第三中间期结束，埃及历史进入了晚王国时期。

普萨美提克一世在北方三角洲西部的塞伊斯（Sais）起势，借亚述势力建立第二十六王朝。但当亚述军队因国内纷争返回亚述之际独立起来，并开始抵御亚述人的入侵。人们称第二十六王朝是古埃及历史上波斯人统治埃及之前最后一个埃及人自己的独立王朝。我们这里称晚王国时期为中兴时期是有些犹豫的，因为虽然此时期包含5个王朝并持续三百多年，然五个王朝中有两个是波斯人统治，第二十七王朝结束了第二十六王朝的埃及人统治，第二十八王朝是第二十六王朝的后人再次取得政权。遗憾的是只有一位国王统治的第二十八王朝被另一位埃及人打败，法老阿蒙伊瑞帝苏（Amenirdisu）也在孟菲斯被处死。这就是第二十九王朝的建立者内福瑞提斯一世（NepheritesⅠ），处死前朝法老后将自己王朝的统治中心设在三角洲东部的门迪斯（Mendes），古埃及语称之为寨戴特（Djedet，意为"永恒之地"）。然而，这一王朝的统治亦不平静。内福瑞提斯在位6年就死了，接着就是两位王位争夺者的争斗。一个是内福瑞提斯的儿子赫考尔（Hekor），另一个是外姓帕什瑞恩穆特（希腊人称之为Psammuthes）。后者夺得法老王位，仅一年便被前者推翻。待帕什瑞恩穆特世统十多年死去，儿子继位仅几个月就被对手尼克塔内波一世废除，埃及到了最后一个本国人统治的王朝，即第三十王朝。这是个埃及王朝与波斯入侵者角力的时代，虽也取得过胜利，最终还是被强大的波斯人占领。等待古代埃及的命运将是永远的外族统治，首先到来的是亚历山大率领的希腊军队，之后建立其托勒密王朝，再后沦为罗马帝国的一个行省。古代埃及的历史就此结束，之后的埃及已不属古代，应由埃及的阿拉伯史继续书写。此为古埃及历史大势，诸多细节将在以下章节论述。

需要说明一点的是，无论王朝抑或王国，都是后人的划分。第一位按时间前后将古代埃及历史书写下来的是托勒密王朝初期埃及祭司学者曼涅托。他虽为埃及祭司，其所著《埃及历史》却是用希腊语书写面世，自然面向的读者主要是希腊人。然而其王朝划分却并非严格按照后来的习惯，即完全按照血统，而是按血统加重大历史变化的原则进行的。古埃及自己留下来可以算作历史的王表，算上曼涅托王表也只有六个，多为在位法老按照自己对前世法老承续的认可列出来共同崇拜神祇的王名表。六个王表如下：巴勒莫王表、萨卡拉王表、都灵王表、卡尔纳克王表、麦迪内特－哈布王表、曼涅托王表。

金字塔概览

了解金字塔时代不能不对金字塔有个宏观把握。

就金字塔形建筑而言，埃及既非出现最早亦非结束最晚，但规模最大也最引人注目的金字塔非埃及莫属。古代美索不达米亚的金字形神塔（ziggurat）、中美洲的阶梯金字塔，直至中国高句丽将军坟，都是金字塔形建筑。然而，人们更自然地将金字塔与古代埃及联系在一起，不仅因为古埃及的金字塔更为恢宏，内容更为丰富，更因为古埃及金字塔是西方普遍传说的古代世界七大奇观唯一存世者。古埃及金字塔从公元前2700年一直持续到公元前1700年，整整一千年的漫长时间里修建了几百座大小不等的金字塔陵墓。第一座据信为第三王朝佐塞尔王在萨卡拉修建的梯形金字塔，由其相当于中国古代宰相的查提伊姆霍泰普设计修建。上下六层，由很大的一堵围墙围拢，前面一个很大的院子，供宗教仪式之用。古埃及最后一位修建金字塔的法老是第十八王朝的建立者阿赫摩斯，其后继者阿蒙霍泰普一世放弃了金字塔陵墓形式，改为帝王谷山中的凿岩陵墓。

尽管古王国与中王国都以金字塔为法老陵墓形式，但无论其规模还是金字塔综合建筑群的繁复程度，古王国的金字塔都远胜于中王国。而古王国的金字塔又以第四王朝金字塔最为恢宏。第四王朝第一位法老斯诺夫汝修建了至少三座金字塔，各个体型庞大，不仅开始了古王国金字塔时代，亦开创了古埃及金字塔解说与阐释的宏大叙事。

这位给自己取了个"让一切美好"名字的法老先在美杜姆（Meydum）修建了一座金字塔，然而不知何故坍塌了。也许其坍塌与其从内向外的建筑方式有关，是金字塔形外层与内层塔楼式建筑贴合不紧的缘故。于是，这位追求完美的法老移师达赫舒尔（Dahshur），修建了一座规模更大的金字塔。遗憾的是由于设计缺陷导致金字塔过于陡峭，建到一半的时候决定改建，不然金字塔就会因为过高而容易造成再次倒塌。这样，这座金字塔四个面都向里收缩，变成了一座"弯曲金字塔"。弯曲金字塔自然不完美，不是太阳光线照射的样子，因此北挪千米再建，终于完成了真正完美的金字塔——红金字塔。弯曲金字塔与红金字塔规模都很大，虽比不上其子吉萨胡夫与其孙哈弗瑞的金字塔那么高，但也都有一百多米高，异常宏伟。

第四王朝第二位法老是大名鼎鼎的胡夫，虽然关于他留存下来的东西不多，形象也只有一个不到十厘米的小雕像被发现，但其修建的陵墓却名垂青史。这是个金字塔比高比大的时代。胡夫在吉萨修建了大金字塔，在此后的 3800 年时间里一直保持人工最高建筑的纪录。胡夫为该金字塔起了个响亮的名字："胡夫的地平线"。建造时高度为 146.6 米，底边约 230 米 × 230 米，占地面积约 52900 平方米，比 7 个足球场加在一起还要大。由于年代久远，金字塔顶尖的石头已经脱落，造成现在的高度只有 138.5 米，但仍然高高耸立在吉萨高原之上。胡夫之后有两个儿子继位，一个是斋德弗瑞，在位 8 年，另一个是哈弗瑞，在位 26 年。斋德弗瑞在阿布－拉瓦什（Abu Rawash）修建了自己的金字塔，但没能建完。这是古埃及最北的金字塔。哈弗瑞的金字塔则在其父胡夫大金字塔旁边，虽比胡夫大金字塔矮了十来米，但因地势较高，显得比胡夫大金字塔还要高耸。特别是镇守其金字塔的大斯芬克斯雕像，用整个一座山雕成，至今仍是世界奇观。斋德弗瑞在阿布－拉瓦什的金字塔取名为"斋德弗瑞的星空"，而哈弗瑞在吉萨的金字塔取名为"哈弗瑞之伟大"。哈弗瑞的继任者曼考瑞的金字塔也建在吉萨，与其祖父胡夫的大金字塔、其父哈弗瑞的金字塔并称吉萨三高。然而，曼考瑞的金字塔与另两座相比就逊色得多，只有 65.5 米高，但仍是非常宏伟的建筑。

金字塔建筑遗址持续第五、第六王朝直至中王国，法老的陵墓皆以金字塔形式出现。然其规模都无法与第四王朝的金字塔相比，因此称古王国为金字塔时代，而其最有代表性的时代非第四王朝莫属。

其实金字塔并非我们今天看到的孤零零的建筑，每座金字塔都有一个院落，因此称作金字塔综合建筑群。院中有葬祭神庙与之配套，入口处正对着甬道与尼罗河谷神庙相连接。进入院子后首先穿过的是柱廊，两侧有房间放置包括雕像等仪式用品，再向里走才能进入金字塔。金字塔入口，第三王朝是开在金字塔南面的，而后皆开在金字塔的东面。从历史的时间纵轴上看，金字塔由马斯塔巴墓（单层的长方形地面陵墓建筑）发展而来，再往前追溯则是坑墓。

中王国文学概览

古埃及文学并不开始于中王国，但此前的文学无论是诗歌、神话还是其他文字都很少有非使用的目的。就是说中王国之前的文学都非为欣赏而创作的。到了中王国，特别是第十二王朝，纯为欣赏而创作的作品大量涌现，就像唐朝的诗歌、宋朝的词律一样。当然，并非此前没有为欣赏而创作的作品，比如诗歌，古王国就已经非常发达，但多为口耳相传之作，很少记入文字。我们所熟悉的最为震撼的长篇故事都是中王国时期见诸文字的，比如《遇难水手的故事》《辛努亥的故事》《一个男人与其心灵的对话》《贸易的讽刺》、《韦斯特卡》

（又译《法老与他的魔法师》）等，皆或于此时完成创作，或于此时被记录下来广为流传。中王国是个书吏阶层迅速扩展的时代，大量经过读写训练的"知识分子"出现。一方面社会需要这些书吏为政治经济服务，同时他们也需要施展自己的才华。于是这些书吏在充当教师教书育人的同时，施展所学将口耳相传的故事书写下来作为学生阅读听写训练的模本。由于其书写的语言比较典雅且极富表现力，此时的语言也为后世所推崇，成为语言的经典。时至今日所有学习古埃及语言的学生还仍然从中埃及语开始学习，在此基础上才学习新王国的晚埃及语及之前的早期埃及语。由于书写材料不同，古埃及文学多出现在草纸、陶片、石碑及墙壁之上。就文字而言，写在草纸上与陶片上的多僧侣体与世俗体文字，而刻在石碑与墙壁上的则多圣书体文字。圣书体文字即我们称为象形文字的字体，每一个符号都刻画得栩栩如生。僧侣体文字与世俗体文字其实是圣书体文字的草书。三种文字记录书写的是同一种语言，即古埃及语。古埃及语历经三千多年语言发生了一些变化，但远未像古汉语与现代汉语变化这么大，充其量是民国时期的汉语与现代汉语的区别。虽然中王国文学因《遇难水手的故事》等叙事作品而辉煌，但各种文学体裁与题材都非常丰富。令、表、教谕、故事、悼文、演说、对话、预言、诗歌、书信、传记、赞美词、丧葬文等供人阅读欣赏。甚至涂鸦，都让后世特别是好奇心很强的我们充满追寻的欲望。

这里将《遇难水手的故事》译于此，中王国文学特别是叙事文学风韵可见一斑：

　　……一位优秀的随员说：愿您快乐，大人，我们已经安全到家了。木槌已经拿起，缆桩也已钉牢，船首的绳子抛到了岸上，感谢了神祇，赞美了上苍，兄弟们互相拥抱，船员们安全返航，队伍毫无损失。我们曾抵达瓦瓦特之尾，越过森美特，看，我们现在已经安全地回来了。我们的土地，我们已经站上它了！听我说，大人！我一点没有夸张。您洗漱一下，把水倒在您的手指上。然后，当您被问询的时候，您就可以带着自信与法老说话，回答问题而不口吃。一个人的话语可以拯救他，他的话语可以遮住他的脸面（得到宽容）。随您所愿为您所为。跟您说话真累，我给您讲我亲历的同样事情吧。

我出发前往陛下的一个矿区之地，乘坐一艘大船120肘尺长、40肘尺宽，船上配备120名船员都是从埃及精选出来的好手。他们看看天，再看看地，心像狮子一样勇敢。他们可以在风暴到来之前预测到风暴，雷电到来之前预测雷电。但当我们正在海上航行，海上遇到了一次风暴，此时我们还未到达陆地。狂风乍起，一个8肘尺高的巨浪袭来，船上一根桅杆在我面前折断。然后，船死（沉）了，船上的人无一生还。我被海上巨浪抛到一个岛上，一个人度过了三天的时间，只有我的心是我的陪伴，我睡在一处树木的遮蔽处，阴影拥抱着我。

我伸展了一下我的腿，想知道有什么可以放在我的嘴里。我在那里发现了无花果和葡萄，还有各种各样上好的蔬菜、成熟和未成熟的西加莫无花果、就像人工种植的香瓜、鱼和鸟禽，岛上什么都有。我吃得很饱，手上拿得太多而掉落在地上。我拿了木棍钻木取火，并向神献上了烤炙的贡品。然后我听到一声惊雷。我以为是海上的巨浪，树木折断，大地颤抖。我拨开遮住我脸的树枝，发现是一条巨蟒到来。它长30肘尺，髭须2肘尺多长，皮肤镀着金，睫毛像真的天青石。

我匍匐在它的面前，它折叠起来，开口对我说话。它对我说："谁带你来的？谁带你来的？年轻人？谁带你来的？如果你不赶快回答我是谁带你来的，我就让你知道你马上被烧成灰烬，化作谁都看不见的东西。""你对我说话，可我没听见。我在你面前，不知所措。"然后，它把我放在它的嘴里，把我带到它居住的地方，放下我没有伤害我。我没有受伤，它对我没有粗暴。它开口对我说话，我匍匐在它的面前。然后它对我说："谁带你来的，谁带你来的，年轻人？谁带你来这个四边都是水的海岛上来的？"我双臂在它面前弯曲，这样回答它道：

"我正乘坐一艘 120 肘尺长、40 肘尺宽的船前往矿区执行陛下的使命，船上 120 名水手都是从埃及挑选出来的。他们看看天又看看地，他们比狮子还要勇敢。他们可以在风暴到来之前预知风暴，雷雨到来之前预告雷雨。他们每个人都比同行勇敢强壮。他们中间没一个白丁。我们正在海上航行，尚未抵达海岸，一个风暴骤起。大风刮过再刮，卷起 8 肘尺的巨浪。一根橡木在我面前折断，船死了。船上的船员无一生还，只有我幸免于难。然后我就被海浪冲到了这个岛屿上。"

然后它对我说："不要怕，不要怕，年轻人！别脸色苍白，因为你已经见到了我。看，神让你活着，带你来到这个神精之岛。岛上什么都不缺，有各种好东西。你将会在岛上生活几个月，直到你在这个岛上生活足够的月份。然后将有一艘来自你家乡的船到来，船上水手你都认识，你将跟着他们回家最后终老于家乡。当一件痛苦之事过去当事者却能够细细讲述他的经历这是一件多么幸福的事情啊。我想对你讲一件同样的事情，就发生在这同一座岛屿上，发生在我和我的亲属还有我的孩子身上。我们有 75 条蛇，有我的亲戚，还有我的孩子。我不想对你提起我最小的女儿，她是我祈祷得到的宝贝。可一颗星星坠落了，他们都因此化为火焰。我当时恰巧不在那里，他们被燃烧而我没有在他们中间！当我发现他们都成了一堆尸骨，我为他们而死去。如果你勇敢而刚毅，你就会拥抱你的孩子们，亲吻你的妻子，看到你的房屋，这比什么都好。你会回自己的家，留在家里，在你的亲人中间。"

我在它面前匍匐着伸展身躯，触碰着大地。我对它说："我要向陛下讲述你的力量，我要让他知道你的伟大，我要让他们带给你美丽的花朵和每位神祇都喜欢的香料。我要讲述我经历的一切，讲述我看到的你的威力。人们会在城市里整个大地官廷前因你而感谢神祇。我要为你宰牛杀禽烧制献祭。我要为你派出船只载满埃及所有财富，就像为一位人们不知道的遥远土地上热爱人类的神祇所做的那样。"

然后，它对我大笑，笑我所说的话语，在它心里这些都不重要。它对我说："你没有多少没药，也没有多少香料。但我是蓬特的君王，有的是没药。你说的三条筋树叶之花可以从这个岛上找到很多。你一旦离开这个地方，你将永远无法再次看到这个岛屿，它将化作一片海水。"

然后，那条船像它先前预言那样到来了。我爬上了一棵高树，认出了船上的船员。我跑向它向它报告，它早已知晓一切。它对我说：

"再见了，再见了，年轻人，回到你的家，去看你的孩子们吧！让我的名字在你的城市里传颂。这是我对你的期望。"

我匍匐在地，我双臂在它面前弯曲。它给了我一船没药和三条筋树叶之花，还有松节油、香脂、樟脑、珍贵树木、黑色眼影颜料、长颈鹿尾和大块的熏香、象牙，还有猎狗、长尾猴、猿猴和各种财富。然后，我将这些都装上船，我匍匐在地为它感谢神祇。然后它对我说：

"你将于两个月内回到家乡，你将拥抱你的孩子，你将在家里再次恢复活力，最后终老。"

我前往海岸来到船边，向船上的远航队高喊。我给予站在这个岛屿岸上的主人以赞美，船上的船员亦赞美岛屿岸上的主人。之后我向北航行，两个月后回到了陛下居住之地，回到家乡，一切都如它所说的一样。我来到陛下面前，将从这个岛屿上带来的供奉献给他。他为我在整个土地上的宫廷前感谢了神祇。之后我被任命为随从并配备了他的人。（你）看到我已经抵达，看到我所经历的一切。听我的话，听人的话很是有益！

然后它对我说：

"别自作聪明，朋友！我们会在其宰杀之日黎明来临之时给鹅饮水吗？"

此抄本从头至尾用文字抄录，以书吏灵巧之手指，阿玛尼，阿玛尼雅之子。

这篇叙事作品尽管古老，即使不算口耳相传的时间，单就被记录下来之时算至今已经有四千多年了。然而，虽早却为后世文学留下了太多的遗产。例如故事建构的三层框架结构，通过故事套故事的手法将三个故事融于一篇。如果我们赞叹《一千零一夜》《坎特伯雷故事集》等名著之伟大，其巨著所有手法在古代埃及早有先例。这个先例在多大程度上影响了后世的创作，或者说是通过什么途径影响的后世文学创作我们不好确定，但叙事作品的框架结构滥觞于此，源头在此，先师在此。《两兄弟的故事》开始了人类文学"罪与罚"的主题，《法老与魔法师》不仅使用了叙事的框架结构，与《坎特伯雷故事集》如出一辙，更创造了将水分开的奇迹，为《圣经·出埃及记》所模仿。西方文学真正的源头不是希腊罗马，而是古代埃及，特别是古代埃及中王国的文学。不仅是西方文学的武库，更是西方文学的土壤。

希克索斯人

希克索斯这个称呼来自古埃及语 HqA xAswt 的音译，而在埃及语中，这个词组意为"外国统治者"。希腊化时期此称呼被误译为 HqA SAswt，意为"牧人之统治者"，因此传统上亦有人称希克索斯人为"牧人王"。无论如何，我们都无法从这个称呼中知道希克索斯人到底是什么民族。曼涅托的《埃及历史》中说这些人是来自黎凡特地区的西闪米特人，现代学者则几乎一致认为他们是来自迦南地区的腓尼基人。于是让人们自然而然联想到《圣经·旧约》中的"出埃及记"，希克索斯人被埃及人赶出埃及，摩西率领希伯来人逃离埃及，相同的故事，只是立场不同而已。因此也就成了一个历史悬案。无论希克索斯人是否就是《圣经·旧约》"出埃及记"中的希伯来人，埃及人与希伯来人的仇恨却因这段历史与《圣经·旧约》"出埃及记"而延续至今。接下来的一个问题是：希克索斯人建立的第十五王朝究竟是从亚洲侵入埃及还是长期渗透移民聚集在阿瓦瑞斯之地并借助埃及中央权力危机群雄并起之际建立政权？希腊化时代学者普遍接受曼涅托的记述：一个不知出处的东方民族毫无预兆地来到埃及竟胆敢侵入这个国家，几乎没费力气，甚至没用战斗。他们征服了各路首领之后野蛮地烧毁了城市，将神庙夷为平地，残酷地对待民众，有些被屠杀，妻女则被掠走为奴。现代埃及学者则更多认为希克索斯人从很早就不断移民至埃及，特别是三角洲东部阿瓦瑞斯之地，为了生存，也积蓄了力量。待埃及中央政权衰弱，各地势力纷起之际，这些来自迦南地区的移民建立起政权，是为第十五王朝。希克索斯人王朝在埃及存在了多少年尚无确切结论，有人推算 108 年，亦有人推算 180 年。接下来人们关心的就是希克索斯人统治是怎么失败并被驱除出埃及的。第十五王朝与南方底比斯的第十七王朝一直互怀敌意，但决战如何开打却并无客观文献留存下来，因此学者只能借助文学作品推测其后的历史真相。我们只知道战争打得非常残酷，塞肯南瑞 - 陶二世木乃伊完全可以见证这一点。头上多处战斧砍透颅骨的开裂痕迹经过了三千五百多年的沧桑巨变似乎仍听得见战场上的厮杀声。新王国文学中《阿波菲斯与塞肯南瑞吵架的故事》讲述了第十五王朝国王阿波菲斯对南方第十七王朝国王塞肯南瑞 - 陶二世侮辱性信件引起的南北战争。信中说：管好你池塘里的河马，它们的叫声让我们晚上无法入眠。底比斯距阿瓦瑞斯千里之遥，再大的河马叫声也无法听到。这样的信件如果不是有言外的隐喻就一定是强者对弱者的无理取闹。中国有句古语叫"逐鹿中原"，含义人们都懂，并非真要在中原逐鹿，而是争夺天下。"管好你池塘里的河马"不论是欺凌找茬还是话中有话，塞肯南瑞 - 陶二世都没有被吓到，而是愤而反抗，敲响了北伐的战鼓。战争历经父子两代人的牺牲，终于将希克索斯人赶出埃及，逃回亚洲，埃及再次统一。

古埃及政制格局

古埃及的政制没有留下建制文件供我们阅读，但头衔与职责却在献祭文献与葬祭文献中反复出现，足以让我们管窥其政制的大势与格局。法老政体简单地说是君主法老掌管的"四驾马车"：内宫、外宫、神庙与军队。

法老是古埃及政制的顶端，一切权力集于一身，神人一体的最高君主。虽然我们称古埃及的最高君主为法老，但古埃及人对于最高君主的称呼并不一直称法老。最初，埃及尚未统一之时，各地方势力自称为王。待势力越来越大直至统一，最高君主仍称为王。此时的君王头衔常用者为三个，即荷鲁斯王衔、纳苏－荜提（nsw-bity，意为"上下埃及之王"）王衔与两女神王衔。称国王为"荷鲁斯神，上下埃及之王，两女神"。荷鲁斯是王权保护神，每位法老都认同自己为现世荷鲁斯神。"纳苏－荜提"字面意思为"属于莎草与蜜蜂之人"，莎草象征上埃及，即埃及的南方，蜜蜂象征下埃及，即埃及的北方。"属于莎草与蜜蜂之人"意味着属于整个埃及，其实是整个埃及都属于他，就像"祖国之子"不是每个人都可以自称一样，其实是祖国的领袖。因为这个头衔只有登基之后才有，因此又称为"登基头衔"，译为"上下埃及之王"。"两女神"是上下埃及的保护神，瓦吉特与内赫贝特。瓦吉特以眼镜蛇形象出现，是下埃及（北方）的保护神，内赫贝特以秃鹫形象出现，是上埃及（南方）的保护神。此头衔标志之后出现的文字就是该法老登基时给自己取的名字，比如"拉美西斯"完整的称呼是"上下埃及之王，维瑟尔－玛阿特－拉"（拉美西斯二世的出生名）。后来又加上了"金荷鲁斯"王衔与"出生名"。"金荷鲁斯"取其黄金闪亮且含护佑之意，"出生名"则冠之以"太阳神之子"的尊号，如"太阳神之子，拉美西斯"。"法老"一词源自古希腊人对埃及语的音译，埃及语是 pr aA，意为"大房子"。虽然该词出现较早，从最初的指代王宫到后来引申为指代王宫的主人即国王经历了千年的时光。新王国之前古埃及文字中提到法老都称 Hm.f，意为"陛下"。直到新王国埃及人才正式称国王为法老，即大房子。法老的王权象征有很多，最重要的是王冠，白冠代表上埃及之王，红冠代表下埃及之王，双冠（红冠与白冠合在一起）则强调统一的王权。此外还有蓝冠，为战争之冠，法老戴上这个王冠的时候表明战争开始了。此外还有阿特夫冠，白冠两侧加上巨大的羽毛，是奥西里斯神戴的帽子，此冠与丧葬仪式相关。王冠之外，法老还经常佩戴头巾，其中以方巾与内玫斯巾最为常见。尤其是内玫斯巾，用带条的头巾围在头上，两个角从法老耳朵两侧向前垂在双肩上。无论是王冠还是头巾，额头之处都会有一个神蛇像向前凸起，可以向法老的敌人吐射火焰消灭敌人，保护着法老的王权。另外，法老经常以手执权杖的形象出现。权杖有几种，瓦斯权杖、亥卡权杖最为常见，此外还有连枷也时常作为王权象征权杖出现。法老在行政上是最高君主，宗教上是最高祭司，军事上是最高统帅。古埃及意识形态的最高目标是维系玛阿特，即秩序、和平、和谐与正义，这也是法老的最高职责。

我这里说的内宫是一个宽泛的概念，并不专指王后及子女生活的后宫。而是指与法老关系最为密切，围绕在法老周围的大人物。这些人并无确切的官职，但却最为法老器重。许多并非宫廷内外日常事务的事情法老会临时决定委派或带领这些人去完成，构成法老最为倚重的力量，也对法老有很大影响。这些人当中首先是王子，他们离法老最近，又生活在一起。从埃及文学作品《法老与魔法师》中我们能够看到法老胡夫与王子们的日常生活的一个片段，王子们一个个地给法老讲故事娱乐。他们当中有人必将成为下一任法老，甚至不止一个王子有这样的机会。该故事中给法老胡夫讲故事的王子当中就有斋德弗瑞和哈弗瑞，两人先后继承胡夫的王位成为法老。其次则是王胄。

这里说的王胄并非王室之外的异姓诸侯之子，而是王室成员，虽然并不一定是王子王孙却与法老在血统上非常之近，甚至有些就是法老的儿子，只是出于偏妃而非嫡出。再次是王后。从头衔上看，王后有王后（Hm nsw）与大王后（Hm wr nsw）之别。用我们中国人熟悉的称呼来说就是皇妃与皇后，法老会有许多"王后"，但"大王后"一般只有一个，有点像中国的正宫。如果埃及法老宫殿中仅仅以上这些成员，我们这里说的内宫与后宫并无区别。但内宫中还有一些人却并非皇室成员，他们经常混迹于宫廷之中。"王之熟者"（rxt nsw），这不是一个官衔，也没有正常的任免，他们与法老走得很近，大有法老"闺蜜"之意。接下来内宫成员就是"萨博"（sAb）与"萨赫"（saH），皆为"老臣"。这些人未必曾经为臣，但却资格很老，可能是为辅佐法老登基立下汗马功劳者。围绕在法老周围的还有后宫总管，后宫的一切事务都由此人操办。还有一些围绕在法老周围的人比较特殊，即法老的朋友。这些人有点像中国古代诸侯家养的士，虽未见文献中记载其各个身怀绝技，也一定都具文韬武略，法老陪伴者（Smsw）应属这一小集团。这些人也有分别，有的称自己是"唯一陪朋友"（smr-wati），有的则称自己为"法老朋友总管"（imy-r smrw），显然与法老一般朋友等级不同。法老周围的人都是为法老服务的，其中有些人职责特别明确，如玺印佩戴者（xtmw-biti）、宫廷御厨（wbA）、执扇者（TAy-xw n nsw）、执鞋者（TAy-Tbti），以及宫廷侍卫（iri-nfr-HAt）、珠宝掌管者（Xkr-nsw watt）。内宫建制虽不正规，但有点后来"办公厅"的意思，即法老"办公厅"。

外宫无论从建制还是工作流程上看皆比内宫正规得多，国家一切事务都由外宫负责管理。外宫官吏皆为臣，首位大臣便是查提（TAti），西方学者译之为"维西尔"，相当于中国古时候的宰相，因此我们称之为宰相。宰相统领埃及的一切行政事务，由法老从王室成员中择才而用。如第三王朝佐塞尔王的宰相伊姆霍泰普就才学深厚，不仅为佐塞尔设计修建了人类历史上第一座金字塔，还精通医学等科学，因此被后世尊为神祇，享受的崇拜不下于法老。宰相的职责有点像现代社会的总理，几乎国家的一切事务都由他来管理，包括律法、行政、档案、谷仓、粮仓，还负责官吏及国家建筑项目，比如金字塔修建的供给分配。宰相由法老任命，一般多为皇室成员，但也有时例外。有些时候外姓宰相会在王朝无继承人之时篡夺权力，建立自己的王朝。宰相之下有崴尔（wr），直译的意思是"上了年纪的人"。这些人资格很老，说话有分量，为宰相出谋划策。这是否是后来罗马元老院（长老会议）的雏形我们不得而知，仅从古埃及该词文字表意部分可以推知这些人多手执拐杖。而古埃及语中"说话"一词书写的表意部分也为类似拐杖的棍子，显然是话语权的标志。而用棍子作为话语权标志的场合应该不是日常对话，而是多人的会议。由此可以推断古埃及外宫机构非常有可能有类似于古罗马时期的元老议事会机制。如果说元老议事会是个出谋划策的务虚机制的话，接下来的职务就多为实务的了。首先是负责各大事务的总管，古埃及语称伊米瑞（imy-r），字面意思为"靠嘴工作的人"，大有点"劳心者治人"的意味。伊米瑞中央有，地方也有，各项事务只要需要组织的地方就都有伊米瑞负责领导与监督。再下一层是伊瑞（iry），这是一些随侍人员，既做宫廷的护卫又随宰相做事。然后就是各司其职的官员了，相当于现代社会中央政府的各大部门的部长们。头衔都有领导之意，但所有的头衔都不相同。内卜（nb）、赫瑞（Hri）、赫瑞泰普（Hri-tp）、荷瑞泰普（Xri-tp）、赫瑞普（xrp）、伊德努（idnw）、塞尔（sr）、伊米瑞塞汝（imy-r srw）等，都是外宫中的高级官员，可具体各负责什么并不十分清楚。仅从字面上分析，有些尚可知道其间的不同，比如荷瑞泰普显然级别要低于赫瑞泰普。赫瑞普是执杖监管者，伊德努是代理者，听命于宰相并代表宰相处理事务的官员。塞尔与伊米瑞塞汝的区别就更为清晰，塞尔是外宫中的一般官员，而伊米瑞塞尔则是塞尔中的长官。如果说崴尔有点像后来罗马的元老，塞尔则是行政官，负责执行的官员。

高级官员以下官吏的职责渐渐清晰，分属几个部门：内务（训导、监察、档案、宝物、书吏）、谷物、工程、法律。负责内务的官员比较多，内容也比较复杂。训导官（sSmw）负责培训官吏，督察官（sHD）监管外宫各部门运行是否正常，密卷官（Hry sStA）掌管档案，晨室密卷官（n pr-dwAt）也应该属于这个部门。有两个头衔为宝物官，一个是伊玛阿（imA-a），另一个是伊米瑞佩尔赫置（imy-r pr-HD），他们之间的等级与职责尚不清楚。书吏（sS）相当于秘书，宫廷中几乎每个部门都有书吏的身影。法老身边有书吏（sS nsw），大祭司身边也有书吏（sS Htp nTr）。许多神庙中墙壁与石碑之上法老献祭的文字皆出自书吏之手。法官有三个头衔对应外宫中三个高级法官职位：塞谪米（sDmi），字面意思是"听讼者"，当然听讼是为了断狱；伊米瑞塞谪姆特内贝特（imy-r sDbt nbt）为每日诉讼长官；六大厅总管（imy-r Hwt wrt sis），应为最高法庭的六个厅之总头，相当于最高法院院长。另外有一个头衔有些奇怪，即伊米瑞尼乌特（imy-r niwt）。尼乌特是城市之意，伊米瑞则是监管者。但城市之主另有头衔，且居住所管城中，并不在皇宫任职。这个官职是否负责从上到下联系各城之主从而协调中央与地方关系我们只能猜测。国家谷仓是一国政权的经济基础，尤其对于古代埃及这样的分配制管理体系，其重要性可想而知。但古埃及外宫中管理谷仓的官衔却只有两个，一个是伊米瑞膛努特（imy-r Snwt），另一个是伊米瑞膛努提（imy-r Snwty），前者为粮仓总管，后者为两仓总管，显然后者级别更高。根据古埃及思想意识及现实生活习惯，粮仓总管应该有两位，一位是上埃及粮仓总管，一位是下埃及粮仓总管。两仓总管则为南仓、北仓之上的总管。在古埃及政制中，外宫机构最为庞大，集中体现中央集权体制力量。古埃及行政管理与国家机制运行皆赖外宫之功。古埃及行政运行中法老手下的"四驾马车"中外宫头衔最多，可见其中央集权之强大。

神职人员虽然头衔不多，但队伍庞大。每座神庙都有一套人员负责神庙的正常运行，无论是丧葬还是节日，神庙都是活动的主要场所。重大的活动法老会参与，因为理论上讲法老是最高祭司。古埃及神庙大体上可分为两类，一类是纯敬神的神庙，另一类是葬祭神庙。两种神庙从结构到人员配置都无太大差别，从其头衔上就可以看出。神职人员统称为祭司，有两个头衔称之：一个是神父（it nTr），另一个为神仆（Hm nTr）。两者之间的区别尚不清楚，一般称神仆的居多，现代学者都译成"祭司"，并不区分。其余的神职头衔职责较为清晰，瓦卜（wab）为净化祭司，神每日被唤醒、更衣、洗漱、熏香等皆由瓦卜祭司完成。塞姆（sm）是什么祭司并不明确，在铭文文献中有些祭司自称为塞姆祭司，从文字的表意符号上看，该祭司以说话为务，职责应该是主持神庙中某个仪式。赫瑞赫伯（Xri Hb）为布道祭司，无论是丧葬仪式还是宗教节日，讲述神的故事，神与人之间的传奇都是较为重要的内容。亥姆卡（Hm kA）为丧葬祭司，葬礼的流程非常复杂，亥姆卡祭司负责所有仪式顺利完成。另一位与丧葬相关的祭司是墓地祭司（imy-r Hwt-nTr），该头衔直译为"神庙之主持"。古埃及王室墓地比较大，不仅需要看管，还要经常有仪式。死人的世界像活人的世界一样热闹。另一位与丧葬相关的祭司是崴特（wt），负责木乃伊的制作。木乃伊制作过程并不仅仅是项技术工作，每一步都需要有咒语与仪式，这是崴特祭司的工作。古埃及神庙中的许多仪式与活动都要看天象，对世界运行的解说亦需阅读天象。因此，单设祭司专门负责观察星星，被称作文奴提（wnwti）。当然，神庙要有管家，也是神职人员，被称作伊米瑞胡特内彻瑞（imy-r Hwt-nTr）。

　　法老手下的"第四驾马车"是军队。军队对于一个国家的重要性不言自明，但埃及直到中王国才有了自己的常备军。军队建制可以从中央政权外宫军官头衔中推测。古埃及军队当然直接听命于法老，宰相亦对军队负责。纯属军队的头衔中最高的是大将军（imy-r mSa wr），直译为"军队大总管"，是军队中最高长官。其下是若干将军（imy-r mSa），埃及语意思是"军队总管"。将军应该是一个军中阶层，有点像现代军中司令部，不仅有最高军事长官，还有一些参谋。另外一个高级别军中头衔是司令（wD mdw），埃及语字面意思是"下达命令之人"。接下来是不同兵种的统帅，战斗兵统领（imy-r aHAtiw），战斗兵手指盾牌冲锋陷阵，指挥者便是其统领的职责。陆兵是对应战车兵的军人，前者首领称陆军统领（imy-r mnfAt），后者首领称战车兵统领（imy-r ssmwt）。战斗兵与陆兵有什么区别尚不清楚，本应属同一个兵种，但古埃及却将两者分开，应该各有功能。另一兵种是弓箭兵，称作俳宅特（pDt），而其统领为赫瑞普太玛（xrp tmA）。军中最底层的就是战士了，有两个词汇表示战士，一个为玛刹（mSa），另一个为阿哈（aHA），前者用来称呼一般士兵，后者则强调其为作战士兵。有人可能会问，一般士兵难道不作战吗？所有士兵都需作战，但阿哈只负责作战，即冲锋陷阵，而一般士兵可能需负责划船、运输辎重等工作。军队中还有一种军人地位不高却非常重要，即传令兵，被称作外亥姆（wHmw）。除了正规军队之外，古埃及还有类似警察的两类军人，一为玛昭（mDAw），多为努比亚人，负责边境巡逻与维持秩序；二为塔伊哈乌（TAy xaw），是带兵器的人，有点类似我们古时候的捕头，负责维持社会治安，捉拿犯人。

乱曰 [①]：法老下"四驾马车"——内宫、外宫、神职、军队。

内宫与外宫于古埃及政治生活中最为重要，官员头衔也最多。内宫围绕法老展开，一切为法老服务。王室的事务围绕法老的生死展开，法老的丧葬与王位继承便为内宫之重事。内宫不仅有法老的家人，还有外姓贵族，有姻亲有大臣。家事重于国事，或者说国事家事都是家事，都是法老之事。外宫主管国家的运行，主管国库、谷仓、工程与律法事务。最高之位是查提，相当于中国古代的宰相，接下来是地方官及各部门首领与其助手。

从神职头衔上看，神职职司有神庙、墓地、防腐工场。神庙里有很多祭司，各司其职。净化祭司负责神与仪式的净化工作，星象祭司负责观测天象，神仆负责神庙杂事；卡祭司与塞姆祭司属丧葬祭司；司仪祭司则负责大小仪式。当然，神职中的大头儿是神父。

从军队头衔上看，军队有步兵、车兵、弓箭兵。此外巡边的工作多由努比亚俘虏担任，应属边防兵。军中并无水战部队，因为所有军队不仅行军靠船，水战亦为战争的主要形式，故所有军队皆为水战与陆战两栖部队。战士中有传令兵职责特殊，余者皆为战士。战士中有"执兵器者"，尚不清楚其与其他士兵的区别。各部队皆有指挥，如弓箭兵指挥、车兵指挥、步兵指挥。指挥官之上有司令，司令受将军之命，而军团统领为大将军。大将军之上自然就是法老了。

---

① 借用《楚辞》格式，"乱曰"意为"总结起来说"，并非胡说八道。

"四驾马车"中内宫与官员头衔众多，远在神职与军队之上，可见古埃及一切皆围着法老转，且行政事务繁于宗教，亦繁于军队事务。

神庙与意识形态

神庙在古埃及语中有两个词汇称呼，一个是 r-pr，直译的意思是"房屋的门口"；另一个是 Hwt-nTr，直译的意思是"神的房屋"。古埃及尚未统一之时神庙就已经存在，诺姆有诺姆神，村落有村神，家有家神。这时的神庙相对不大，特别是家神神庙，可能就是一个神龛，放在家里房屋的门口处，供家人每天向神献供。村神神庙相应较大，每村都有，供村民拜神之用。待埃及统一后，国家之神出现，神庙也变得更大，神有了独立的宫殿（Hwt nTr）。小神庙大多已不可见，随着数千年的时光消失得无影无踪，但大神庙虽经千年风沙侵蚀却很多仍屹立未倒。神庙由塔门、前院、多柱厅、第二厅与圣殿几部分构成，地面从塔门进入之后越来越高，庙顶越来越低，直至神所居住的神殿光线变得有些幽暗而神秘。每座神庙都是一座创世之岛，因此构成神庙的每一部分都蕴含深意。塔门从正面看是一面中间上方有缺口的梯形墙，缺口下方开出一个大门正对着前面的神路。塔门面西的居多，早上太阳升起之后正好从塔门上方缺口处出现，构成一个古埃及圣书体文字：Axt（意为"地平线"）。在古埃及创世纪神话中，世界之初是一片浩瀚瀛水。在东方的地平线上出现第一个岛屿，神就降生在这座岛上。岛上长满了棕榈树，越来越高大，越来越稠密。神庙的前院巨柱低矮稀疏，多柱厅则巨柱高大稠密，正是对创世之岛的模仿。圣殿是一个较小的房屋，墙壁上刻写着神的故事，房屋中间有个台子，圣船就放在台上。每天神会乘坐圣船进入永恒世界，12小时后从东方地平线上升起，进入此岸世界循行。神庙不仅是神的居

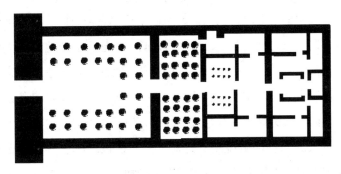

神庙俯视图

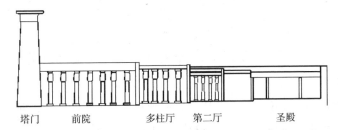

塔门　　　前院　　　　多柱厅　第二厅　　　　圣殿

神庙侧面图

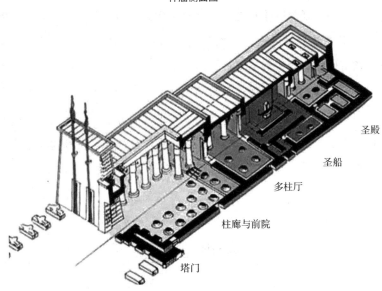

圣殿

圣船

多柱厅

柱廊与前院

塔门

神庙剖面图

所，还是祭司们的居所，祭司们的起居生活都在神庙里。神庙还有一个功能，即藏书之地，甚至还是教育之地。神庙里有个地方叫"生命之室"（pr anx），是用来上课与做研究的地方，应该是人类最早的学校。上课主要学习文字的认读和书写，培养未来的祭司和书吏。学生抄写的内容多为神话，神与人的故事，以及人如何得到神的庇护。

古埃及人对神的解说其实是对世界的认识，神学对古埃及人来说是认识世界、把握世界的方式。人类最初的哲学、科学都在神话之中。因此，可以说古埃及的神话就是人们对世界的科学认识，是那个时代的科学认知。而这个认知的结果形成一套完整的理论指导着人们的行为规范。神学是古埃及人的意识形态。于是，祭司便成为古埃及意识形态掌管者，神庙也便成了埃及意识形态守护与研究中心。祭司们观察世界、解说世界，并用仪式来推演这个世界的运行，向人们解说这个世界的秩序应该是什么样子。古埃及的许多概念与理论都是由祭司们创造、建立并维护的，比如宇宙中最高目标玛阿特，人从哪里来到哪里去的哲学问题，都出自祭司的研究。古埃及的祭司是科学家，负责研究客观世界；是教育者，负责培养学生；是哲学家，负责解说宇宙人生的根本问题；是政治家，为权力的诞生、延续、更迭提供令人信服的根据。值得说明的是，古埃及的神学与宗教完全不是近现代意义上的神学与宗教，尽管在讲述古埃及神学与宗教的时候我们不得不用"神学"与"宗教"这两个词汇。

政治中心大势

孟菲斯→底比斯→伊池塔威→底比斯→埃赫塔吞→底比斯→

匹－拉美西斯→布巴斯提斯→塞伊斯

希拉克里奥坡里　　阿瓦瑞斯　　塔尼斯　　底比斯

底尼斯：（3100 BC–2950 BC）– Ⅰ 王朝至 Ⅱ 王朝

孟菲斯：（2950 BC–2180 BC）– Ⅰ 王朝至 Ⅷ 王朝

希拉克里奥坡里（2180 BC–2060 BC）– Ⅸ & Ⅹ 王朝

底比斯：（2135 BC–1985 BC）– Ⅺ 王朝

伊池塔威：（1985 BC–c.1700 BC）– Ⅻ 王朝至 ⅩⅢ 王朝

阿瓦瑞斯：（1715 BC–1580 BC）– ⅩⅣ 王朝至 ⅩⅤ 王朝

底比斯：（c.1700 BC–c.1353 BC）– ⅩⅢ 王朝，之后 ⅩⅥ 王朝至 ⅩⅧ 王朝

埃赫塔吞：（c.1353 BC–c.1332 BC）– ⅩⅧ 王朝阿玛尔纳时期

底比斯：（c.1332 BC–1279 BC）– ⅩⅧ 王朝 & ⅩⅨ 王朝至塞提一世

匹－拉美西斯：（1279 BC–1078 BC）– ⅩⅨ 王朝（拉美西斯二世 & ⅩⅩ 王朝

塔尼斯：（1078 BC–945 BC）– ⅩⅪ 王朝

布巴斯提斯 / 塔尼斯：（945 BC–715 BC）– ⅩⅫ 王朝

莱昂托坡里 / 底比斯：（818 BC–715 BC）– ⅩⅩⅢ 王朝

塞伊斯：（725 BC–715 BC）– ⅩⅩⅣ 王朝

内帕达 / 孟菲斯（715 BC–664 BC）：库塞 ⅩⅩⅤ 王朝，但在孟菲斯实施统治

塞伊斯：（664 BC–525 BC）– ⅩⅩⅥ 王朝

ⅩⅩⅦ 王朝（波斯王朝）

塞伊斯：（404 BC–399 BC）– ⅩⅩⅧ 王朝

门迪斯：（399 BC–380 BC）– XXIX王朝

　　政治中心随王朝的更替而改变。南方首先于底尼斯诞生王朝政权，随着国家一步步走向真正的统一，埃及的政治中心由南方转移到北方的孟菲斯。此后七百七十多年，六个王朝都定都于此。之后经一百二十年的第九王朝与第十王朝于希拉克里奥坡里的分裂，第十一王朝于底比斯渐渐稳定住局势，完成中王国的统一。然而，第十一王朝结束后，不知是否因为王朝更替诡异，阿蒙尼姆哈特一世建立的第十二王朝定都于伊池塔威，搬离底比斯。国家再次分裂，希克索斯人在阿瓦瑞斯建立起第十五王朝，与南方的底比斯第十七王朝对峙。此间有第十三王朝与第十六王朝先后在底比斯立足。随着第十七王朝对希克索斯王朝的胜利，底比斯成为第十八王朝的首都。中经埃赫那吞改革，将都城搬至埃赫塔吞。埃赫那吞去世，改革失败，都城搬回底比斯。第十九王朝到拉美西斯二世为了亚洲战争，将都城移至三角洲东北的匹–拉美西斯。第二十一王朝埃及再次分裂，建都城于塔尼斯。接着，布巴斯提斯的利比亚人建立起第二十二王朝，也在塔尼斯建都。同时在南方有底比斯的第二十三王朝与之并存。另外北方还有塞伊斯第二十四王朝。第二十二、第二十三、第二十四三朝，塔尼斯、底比斯、塞伊斯三都并立。最终由努比亚库什王朝建立的第二十五王朝所灭，都城转回孟菲斯。亚述帝国的入侵扶植起第二十六王朝，埃及再次统一，都城于塞伊斯。可随着波斯人的两次侵入，第二十七王朝没了首都。短命的第二十八王朝与第二十九王朝，分别在塞伊斯与门迪斯定都。最后亚历山大来到埃及，留下托勒密王朝，古埃及人自己的王朝结束。

古埃及军事大势

战争是矛与盾的智慧与力量的残酷比拼。此消彼长,生死存亡,胜则君临天下,败则任人宰割。战事千头万绪,分敌我而辨识方向。一单一表,大势可定。

战事年表(至新王国):

−3200B.C.

纳尔迈于三角洲西部镇压利比亚反叛,俘 120000 人。

−2900 B.C.

哈塞亥姆威北方御敌,俘 47209 人。

−2600 B.C.

斯诺夫汝征北努比亚,俘 7000 人回埃及。

−2325 B.C.

沛匹一世(6Dyn)派乌尼率军征西奈贝多因,首次侵入巴勒斯坦地区。

−1898 B.C.

辛瓦色瑞特三世(12Dyn)北入塞科麦姆(Sekmem),南入努比亚至第二大瀑布。

−1547 B.C.

卡摩斯(17Dyn)率马朝义(Medjway)努比亚雇佣兵赶希克索斯人出埃及。

–1546 B.C.

阿赫摩斯（18Dyn）围阿瓦瑞斯，入叙利亚巴勒斯坦境内，得沙汝痕要塞。

–1479 B.C.

图特摩斯三世麦吉多之战。

–1472 B.C.

图特摩斯三世远征扎希（Zahi），进军图尼普（Tunip）。

–1470 B.C.

图特摩斯三世夺得乌拉扎（Ullaza）城，俘 490 人，马 26 匹，战车 13 辆。

–1459 B.C.

图特摩斯三世卡迭石之战，俘 691 人，手 29 只，马 44 匹。

–1447 B.C.

阿蒙霍泰普三世攻舍麦什 – 伊东（Shemeshi–Edom）。

–1446 B.C.

阿蒙霍泰普三世征努比亚，俘 740 人，屠 312 人。

–1313 B.C.

塞提一世远征沙苏贝多因人，夺麦吉多与叶诺姆（Yenoam）。

–1288 B.C.

拉美西斯二世卡迭石之战。

–1277 B.C.

美尔任普塔赫在湃瑞睿（Perire）击败利比亚与海人联盟。

–1193 B.C.

拉美西斯三世（20Dyn）击败利比亚与海人联合进犯。

-1190 B.C.

拉美西斯三世第二次陆战，舍尔登雇佣军大战利比亚人。

-1190 B.C.

埃及与海人海陆大战。

-1185 B.C.

第二次利比亚战争（拉美西斯三世大战利比亚人）。

古埃及人传统敌人：

古王国、中王国：利比亚人 → 贝多因人→努比亚人

新王国：希克索斯人→ 叙巴人 → 海人＋利比亚人

晚王国：利比亚人＋努比亚人 → 亚述人→波斯人→（亚历山大）

古埃及人的传统敌人来自三个方向：西北、东北和南方，即利比亚人、亚洲人与努比亚人。在不同的历史时期，这些敌人对埃及构成的威胁不同，战争形态亦不同。古王国时期，利比亚人于埃及北方骚扰甚多，后来又有来自东北亚洲方向的贝多因人的骚扰。埃及人通过战事镇压这些反叛与骚扰。中王国时期，埃及开始向南扩张，努比亚人开始成为他们的敌人。更多的战事出现在埃及的帝国时期，即新王国时期。随着希克索斯人被驱逐出埃及，叙利亚巴勒斯坦地区成为埃及帝国的势力范围，镇压那里的反叛成为埃及帝王的主要武功。帝国晚期，地中海海人搅动整个文明世界，埃及也未能幸免。借此时机，利比亚人再度骚扰埃及。海人与利比亚人成为埃及人的主要对手。结果是埃及走上逐步衰落的进程，北方的利比亚人与南方的努比亚人分别建立第二十二王朝和第二十五王朝。新王国之后，亚述帝国

崛起，侵入埃及。然后波斯帝国两次占领埃及，直到亚历山大到来，"解放"埃及。

作战方式：

步兵 → 突击部队 → 战车

（古王国）（中王国）（新王国）

古王国的作战方式只有轻步兵与弓箭兵，双方一字排开，两翼或步兵身后的弓箭兵齐射，步兵在中间同时冲向敌人展开肉搏。所用武器为长矛、战斧与棍棒，为了防箭则手执盾牌。这样的战事一般规模不会太大，俘虏敌人十多万的记述水分很大。因为战争规模不大，应用的武器也无大的改变，战斗力的提升主要依靠人数的扩大与组织的有效。中王国时期出现了突击部队，因为有了常备军，军队更加专业化。突击部队的武器与古王国军队的武器并无本质的不同，仍然是长矛、战斧与棍棒，配合盾牌快速冲破敌人锋线，后续部队接着全面扑上。这是一种战法的进步，战场上非常奏效。有一种武器应该归于棍棒类，但像战斧一样有个标头。最初这种安在棍子上的标头是碟状石头，中间一个洞装在棍子上，用来砍砸敌人。后来标头变成了圆球石头，分量更重，打击力更大。到了新王国时期，作战武器有了革命性的变化。不仅军队的编制变得更为复杂，数量更多，还出现了三种重要的武器，一种是战车，另一种是复合弓，第三种是镰剑。这三种战争工具都是从亚洲引进的，是从与希克索斯人的战斗中学来的。复合弓比过去的弓箭更大，射程更远，更为重要的是复合弓可以拆卸、便于携带，为战车作战提供了更为合适的武器。战车也是从希克索斯人那里学来的，其飞快的速度和可以回旋作战的能力让战争从根本上改变了面貌。战车多两轮，两马驱动，战车上亦两名战士，一人驾车，一人战斗。驾车者手执盾牌，战斗者以弓箭快速射杀敌人。当短兵相接之时，也会挥动镰剑与敌人肉搏。镰剑（xpS）是一种长长的镰刀形状的弯剑，有圆弧形状的剑刃。武士双手握住长长的剑柄挥舞杀敌，威力巨大。当然，古埃及军事离不开船，战船在壁画与浮雕中都多有出现。因此，古埃及本该有一支战船部队，但遗憾的是古埃及虽有战船，却主要作为运送军队之用。且古埃及海船发展较晚，早期的船主要航行于尼罗河中。故而很难说古埃及拥有一支水军力量，即使到了新王国远渡地中海前往黎凡特地区，船仍主要用于运输。无论内战还是外战，战事都是在陆地展开，真正的船之间的战斗只有到了晚期才真正出现。我们常在文献中读到将船搬到岸上的内容。

古埃及崇拜大势

　　古埃及神话是古埃及人一切知识的基础，是其对世界认识与解说的智慧体系。就人类理性来说，迄今经历了四个阶段，每一个阶段都深化了人类的智慧，让我们对世界的认识更为可靠并有效。第一个阶段是神话理性阶段，人类对世界的所有认识皆以神话的形式出现；第二个阶段是抽象理性阶段，人类试图用最简单的因素认识纷纭复杂的万事万物，此阶段常显出玄学的特征；第三个阶段是人文理性阶段，人类开始以人为中心和尺度衡量世界，认识世界，并把逻辑当作最高的思维准则；第四个阶段是实验理性阶段，人类开始进入科学阶段。古埃及处于神话理性与抽象理性之间，因此，其神话中包含了当时人类对世界的最高认识成果。

古埃及神类：

月亮 → 河 → 太阳 → 母亲 → 父亲 → 孩子 → 动物 → 飞禽

托特　哈匹　拉神　穆特　阿蒙　宏苏　索贝克　荷鲁斯

宏苏　　　阿蒙　伊西斯　普塔赫　内弗尔　阿努比斯

阿图姆之眼　　阿吞　　　　　　　　　　阿匹斯

（太阳：拉神之眼）

四大神系：

赫留坡里神系→孟菲斯神系→赫尔摩坡里神系→底比斯神系

　　古埃及人的一切智慧皆凝聚在古埃及的神话里。对于古埃及人来说，神话并非神话，而是对世界的认识。人类最早思考的问题是我们是什么，从哪儿来，到哪儿去，世界是什么，如何诞生，怎么运行等。对于这些问题的思考与回答，诞生了神话、哲学，甚至科学。但此时的思考皆为回答这些基本问题，并无神话、哲学、科学的区分，而是一个整体。古埃及人思考的方法与其他民族其他文明早期思考方法相同，这个方法便是类比推演，其中最重要的类比是以己度人的联想。太阳东升西落，河水定期泛滥，星空规律变化，万物皆似人类生命。对于古埃及人来说，万物皆生命，神就是有生命的拟人化的周围世界的万事万物。整个神的世界构成了古埃及人对整个世界的认识。古埃及人生存离不开尼罗河，这是他们生存的必备条件。因此在神的世界中不仅有哈匹神（尼罗河神），还让他成为神生存的基础。很多神庙外侧墙壁上的浮雕都会有哈匹神以手执上下埃及植物的形象装饰，因为这是众神生存的基础，正如尼罗河是埃及人生存的基础一样。有了生存的基础，接下来的就是神的诞生，即世界的诞生。诞生首先要有动力，世界的诞生要有第一次。埃及人开始寻找思考这个动力，第一次诞生的动力。最终，埃及人在沙土中看到了从无到有的创造——蜣螂的诞生。在埃及，蜣螂诞生于沙漠之中，就像从无到有的出现。因为埃及人并未看到蜣螂产卵于沙漠之中，只看到了蜣螂从沙漠中突然出现的奇迹。更为神奇的是，埃及人看到这无中生有的蜣螂推着圆圆的东西走动，这不正是一直苦苦追寻的太阳无足而行，每日东升西落的动力吗？从而古代埃及人联想到了宇宙诞生的第一推动力，这个世界创造的第一动力便在古埃及人的心目中具象为以蜣螂形象（圣甲虫）出现的赫坡尔神（xpr）。条件有了，动力有了，接下来便是世界的创造了。埃及最初并未统一，因此各地的埃及人都在追问思考着世界是怎么来的这个问题，因此便出现了各自对世界诞生的神话解说。世界的诞生不可能没有太阳的照耀，太阳让万物生长，给世界以温暖，让世界有了白天夜晚周而复始的节律，有了季节循环往复的变化。因此，古埃及崇拜太阳神。虽然最初埃及尚未统一之时，各地的神话不尽相同，但都有自己的太阳神。拉神、阿蒙神、阿吞神，皆于古埃及神话中拥有自己的地位，在埃及大地上有自己的神庙和崇拜中心。有了世界创造的第一推动力，有了太阳神的光，世界万物的创造便只待一个因素的出现便可一生二、二生三、三生万物了。

这个一生二、二生三、三生万物的因素在埃及中部赫摩坡里的八神系中得到了表现。这是由四对神祇构成的神系，分别是努神、努特神，阿蒙神、阿蒙特神，库克神、库克特神，胡赫神、胡赫特神。从八神的名字我们可以看出，四对神名字一样，每对神的后一位名字都多了个"特"字。懂点古埃及语就会知道，"特"是阴性词汇的词尾标志。显然，四对神是四个男神与四个女神的配合。两性构成了万物诞生的物质基础，这有点像中国的阴阳概念，这在赫留坡里神系的诞生中表达得异常清楚。创世之神阿图姆单性繁殖生下了舒与太伏努特，舒是空气之神，太伏努特是湿气之神。他俩生下努特与盖博，天空之神与大地之神。然后诞生奥西里斯、塞特、伊西斯与内芙悌斯。空气与湿气的结合诞生万事万物，这是古埃及人对世界诞生最生动的解说。所有的思想都诞生于以己度人的联想，于是万物有了生命，有了像人一样的生命。人有生老病死，世界万物亦然。而山石草木这些显然并无生命的存在，让古埃及人同样类比于人，即死亡。然而死亡并非总也不变的永恒，人死了却有相貌相似的子女再次降生，于是有了循环。从无生命到有生命的转变需要有生命的注入，神话浮雕与壁画中最多见到的是神拿着生命的符号 anx 触碰死者的口鼻，文字说明是 di anx，意为"赋予生命"。

孟菲斯神系由三位主神构成，即普塔赫神、塞赫迈特神及内弗尔图姆一家三口。另一个神系是底比斯神系，亦由三位主神构成，即阿蒙神、穆特神及宏苏神，也是一家三口。世界既已诞生，神需各司其职。智慧之神托特，葬祭之神阿努比斯，战争之神孟图，鳄鱼之神索贝克，各自掌管着一方的事务。既然神是人以己度人的联想的结果，即人创造了神，神的世界便与人的世界相似，于是古埃及人为单身之神安排了配偶。除了四大神系中本来就有的配偶外，像荷鲁斯神这样年轻的神就需要在神界寻找对象，哈托尔符合条件，便成为荷鲁斯神的妻子。

古埃及丧葬与祭文大势

古来有语，称国之大事，在祀与戎。通俗一点说，就是国家最大的事情只有两件：一件是打仗，无论外战内战；第二件是开会，不唯敬神仪式。古埃及亦如此，战争与开会是国家大事。敬神包含有祖先崇拜、法老的登基、各种节日庆典、大小丧葬活动，不一而足，非常之多。神是人们精神生活的中心，从教育到习俗，从出生到死亡，无一不在神的世界里进行。只有这样，人们才对世界有了认识，人心才会安定，社会生活才能有序，世界才有希望。神的世界笼罩着人的一切，生很自然，死则需要安排，不经过一系列的丧葬仪式，死者便无进入永恒世界的可能。于是，古埃及人重视死亡。因此，王室墓地在古埃及人的生活中大有精神首都的意味。且古埃及人的思想意识中有双的概念，墓地也有南北之分。靠近首都的是真正的陵墓，远在另一方的是象征陵墓，有点像衣冠冢，但只为象征上下埃及统一之意，并非只是假墓。追寻王室大墓地的迁移与选址，可以看出埃及历史的政治变化大势。祭文是古埃及留存下来的文字中篇幅最多的内容，祭文是我们理解古代埃及文化的核心，无论是意识形态还是行为举动，无不以祭文透露的内容为核心。祭文是古埃及人的哲学、礼学、天文学、地理学的统论。古埃及并没有给后世留下图书，但有些文献却可以用书来称呼，比如《亡灵书》。古埃及人对于世界总的认识与理论主要是通过祭文或者称丧葬文留存下来的。祭文不仅是神话，是哲学，同时还是原始的戏剧脚本。虽以刻写在墙壁上和草纸上为主，但经后世学者整理，一卷卷经书展现在我们面前。内容复杂，语言艰涩，字体亦非只圣书体为选，且伴有图案，或浮雕或绘画，字画并茂，互为注解。整理祭文的发展轨迹，把握古埃及人祭文所涉内容的发展脉络，统领大势，纲举目张。

丧葬中心

阿比多斯→萨卡拉→吉萨→底比斯

古埃及墓地很多，从最初的坑墓发展到马斯塔巴墓，再到金字塔墓，最后演变成凿岩陵墓。南方的阿比多斯、底比斯，北方的萨卡拉、吉萨，数千年来一直是埃及最为重要的王室陵墓墓地。当然，墓地不止这四个地方，但最为重要的墓地却以此四地为中心，别的墓地多距此四地不远。

阿比多斯：
乌穆－卡阿伯
早王朝丧葬围墙
卡室与衣冠冢
中王国墓地
塞提一世奥西里斯神庙
萨卡拉：
北方早王朝陵墓
第三王朝金字塔
第五、第六王朝金字塔
第十三王朝金字塔
新王国非王室陵墓

晚期与希腊罗马时期陵墓

塞拉皮翁与动物墓地

KV5 号陵墓

吉萨：

胡夫金字塔综

胡夫金字塔太阳船坑

亥泰普海瑞斯（Hetepheres）墓

哈弗瑞金字塔综

曼考瑞金字塔综

底比斯：

塔瑞弗（el-Tarif）– 史前遗址

新王国非王室陵墓

帝王谷与王后谷

王室葬祭神庙

塞楠穆特（Senenmut）纪念建筑

拉美西斯二世神庙

有人居住就有墓地。墓地有大有小，有王室墓地，有非王室墓地。非王室墓地多为大臣或贵族墓地，工匠墓地亦属此列。百姓的墓地因为太小且较为简陋，因此在长时间的历史变迁中多被夷为平地，消失在历史长河之中。即使偶有发现也因其陪葬稀少亦无文字而所含历史信息不多而为人忽略。王室墓地的转移与权力中心的起伏相关，虽然三千年历史都城的变迁由南到北、由北到南多地，但最重要的墓地变迁却让我们看到古埃及政治中心集中在孟菲斯与底比斯两地。即使在都城离开两地之时，王室的墓地仍在萨卡拉、吉萨与阿比多斯、帝王谷。这不仅因为大墓地多靠近首都，还因为大墓地建有大量丧葬神庙，每年都有很多的仪式在那里举行，影响并在一定程度上左右着埃及人的思想，因此称之为古埃及人的精神中心。

对于历史材料不多的古代埃及，墓葬考古成为埃及历史研究的重要材料来源。

祭文大势

金字塔文 → 棺文 → 亡灵书	洞穴之书
阿姆都阿特	地书
12 洞穴咒语	拉神连祷
门书	呼吸之书
	穿越永恒之书

金字塔文刻写在金字塔墓室的墙壁上或石棺之上，始于第五王朝最后一位法老乌尼斯萨卡拉金字塔。之后法老金字塔多有金字塔文被发现，迄今为止，有九位法老、两位王后的金字塔文被发现。主要是古王国到第一中间期期间的葬祭文字。后人对这些金字塔文进行梳理，总共有八百多条"咒语"被整理出来。这些"咒语"有点像原始仪式的脚本，从法老去世到下葬，整个流程的每一个细节都以"咒语"的形式存留在金字塔文中。当然，既然叫"咒语"，就是丧葬仪式参与者（多为去世法老的亲属与大臣）要"默念"的语言，其实这种"默念"声音很大，主持仪式的祭司说一句，众人重复一句，以此超度亡灵顺利进入永恒循环的神的世界。具体一点说，亡灵要化身为阿赫（ax），现代学者将阿赫译为"精神"，并不精确。阿赫在古埃及人心中是永恒的神的世界中的亡灵，或者说是复活了的亡灵。阿赫

是卡与巴的结合，因为人去世之后其巴（灵魂）要离开自己的躯体，而灵魂的另一半卡则坚守在躯体中，等待飞走的巴回来与自己结合。卡与巴都是灵魂，这一点与我们中国人的灵魂观念不同。金字塔文中描绘的世界并不是"冥界"，而是天上，或者说是神的世界。其最终的目标也是引导法老的亡灵飞上天空与神结合，并成为神家族中的一员。值得一提的是，金字塔文所用文字为圣书体文字，即我们现在称的"象形文字"。文字中人与动物的符号无论是作音符还是义符皆刻写得不完整，甚至有点人为肢解，目的是害怕这些"动物"或"人"在另一个世界中对人构成伤害。毕竟圣书体文字是神圣的，有随时被赋予生命活转过来的力量。

到了中王国，金字塔文发展成了棺文，刻写的地方发生了变化，开始多被刻写在石棺上了。虽然也在陵墓的墙壁上、石碑上、凯诺皮克罐子上，甚至在木乃伊的面罩上发现，但刻写得最多的地方是石棺，因此称为棺文。虽然从诞生的时间上看，棺文在第一中间期就已经出现，但发现最多的载体是中王国陵墓里的石棺。棺文依然由"咒语"构成，保留了大量金字塔文的内容，同时亦增加了一些死者每日的愿望。从使用范围上看，棺文破除了仅为王室所用的金字塔文的限制，只要有足够的财力可以体面安葬就可以在自己的棺材上刻写下棺文咒语。因此西方学者说这是民主的开始，反映了西方学者对于民主这一抽象概念的超乎寻常的热爱。现代学者整理这些棺文，总共1185条，所涉内容有了很大变化。金字塔文主要集中表达的是死者的升天，而棺文则把重点落在了奥西里斯神统治的"冥界"。这个世界古埃及语称为都阿特（duAt），是两个世界循环中的半个世界，即12小时的比岸世界。奥西里斯神是这个世界的主宰。这个世界充满了危险，有陷阱亦有罗网，死者需小心躲过才能避免"第二次死亡"。

若想避免"第二次死亡",死者的亡灵一定要顺利通过奥西里斯神面前的"最后审判"。而能否通过"最后审判"很大程度上取决死者生前的作为。此生洁净才能来世顺利,这一观念似乎每个民族每个文明都有。这些内容为后来的《亡灵书》提供了发挥的基础。此外,棺文中还有来世美景的描绘以及今世苦难的陈述,让人对来世心怀憧憬。

到了新王国时期,埃及不仅陵墓不再使用金字塔,丧葬祭文也发生了很大变化。最重要的变化是祭文载体不再是陵墓墓室的墙壁或者石棺,而是书写在草纸之上,放在棺椁或墓室里。这种新的葬祭文书被称作《亡灵书》,西方称之为"死者之书"。这一丧葬祭文从新王国一开始就已出现,持续了一千多年,其使用几乎一直延续甚至贯穿整个埃及的托勒密王朝。可能因为其书写载体从墙壁、石棺上转向草纸,因此被称作"书"。古埃及人称之为"进入白天的咒语"(rw nw prt m hrw),显然《亡灵书》的主要目标是让亡灵顺利进入"白天"。可它并不指导亡灵如何在白天生存,而是如何穿越与白天相对的另一个世界。这另一个世界便是都阿特(dwAt),西方学者都将其译为"冥界"(netherworld)。从形式上看,《亡灵书》不仅有一条条咒语,还有栩栩如生的图画,类似我们现代的连环画,将亡灵如何经历都阿特的 12 小时历程图文并茂地讲述给读者。其实,最早带有《亡灵书》性质的文字很早就已出现,比如书写在包裹木乃伊身上的亚麻布上的文字。《亡灵书》最为引人注意的"咒语"是第 125条——"亡灵心脏的称量",即我们常说的"最后审判"。"咒语"(rw)的直接含义就是"话",在丧葬仪式上说的话,有的是祭司说的,有的是亡灵说的。西方学者的翻译也有几种:咒语、言语、话语、符咒、篇章,我们还是称之为咒语,因为这些语言都带有魔法的性质。这些《亡灵书》咒语都是一个个独立成篇的,没有一个《亡灵书》包含了全部咒语。虽然每个《亡灵书》的内容都不尽相同，但核心内容却基本一样。现代学者进行整理，我们所读到的《亡灵书》咒语有192条。因逝者不同，所重内容也不同，咒语各有侧重。有的重冥界知识的介绍，有的重遗体的包裹保存，有的则重神祇的识别以便通过关卡进入神的行列，还有的侧重冥界各个有害因素的趋避。但"最后审判"的内容却基本都有，可以说是《亡灵书》咒语的一个中心。在古埃及人的心中，语言具有神奇的魔力。语言书写成文字这种魔力被保存下来。不仅如此，人的名字与神的名字甚至敌人的名字都有隐秘的力量，一旦被人说出，立即被说出者控制。因此，神的名字都不为人类所知，而《亡灵书》中有很多咒语就是告诉亡灵这些秘密的。当然，只有死者能够通过《亡灵书》知道这些秘密，对外仍然保密。还有一些《亡灵书》咒语是关涉护身符的，咒语赋予护身符以魔力，保护亡灵不受侵害。因此，在《亡灵书》放于陵墓之中的同时，这些受了"赋予"的护身符被绑扎在木乃伊身上。被《亡灵书》咒语赋予魔力的具有与护身符同样功能的还有头饰等物品。无论每一个《亡灵书》都选择了哪些咒语，其内容都未超出这192条咒语的范畴。这192条并无固定顺序，每一条咒语在各《亡灵书》中的前后顺序也不尽相同。

书之由来

书的概念无须争论，一般来说，书是有了纸之后才出现的文字载体。随着载体工具的发展，书的概念有了较大的变化。但最初的书仅指一定数量的其上写有文字内容的纸张放在一起的东西。中国纸的出现在东汉，因此，最早出现的载有文字的合集是竹简。这是中国书的原型。可世界上最早出现的文字合集却是书写在纸上的，其出现的时间至少可以追寻到公元前三千年，即五千年之前。虽然我们现代人所用纸张技术源自中国，但另一种在古代文明世界曾为人类作出巨大贡献的纸张却是古代埃及人创造的"草纸"。不仅如此，人类最早出现的书的概念亦来自古代埃及。从词源的追溯中我们看到书的概念甚至词汇是如何一步步从埃及走向世界的。草纸是用纸莎草这种长在古代埃及的植物为原料制造出来的。纸莎草长在沼泽地的水里，植物茎比较粗大，将植物茎切断可以看到三角形的截面。古埃及人将植物的外皮剥去，再将植物内髓剥成长片，一条条并排排列，再十字交叉并排排列在一起形成一张像草席一样的薄片，压实脱水晾干，就成为人类最早的纸张。古埃及人用这样的材料书写文字，但此时并无书的概念。因为古埃及的草纸并不像中国人发明的纸张一样可以折叠，载有文字的草纸只能卷起来存放。而古埃及人称这些书写有文字的草纸为"卷起来的东西"，而"卷起来的东西"在古埃及语中有两种表述，一种是 pA art，另一种是 pA pXr。后来草纸在地中海世界迅速扩展开来，需求量很大，于是草纸交易成为地中海世界的贸易中最为主要的贸易之一。在外国人口中，pA pXr 便成了草纸的专用术语。不仅这种草纸被称作 pA pXr，连制造这种草纸的植物也被称作 pA pXr 了。外语的音译常会被本民族语言改造，于是 pA pXr 就变成了古希腊语 πάπυρος，进而成为现代西语中的 papyrus。英语中的纸（paper），德语中的纸（papier），法语中的纸（papier）皆源自古埃及语"卷起来的东西"。对于两千年前的世界，在尚未有纸之前书的概念是不存在的。而书在古埃及语中仍是"卷起来的东西"。有三个词表达类似书的概念，一为"姆扎特"（mDAt），二为"察乌"（TAw），三为"筛弗度"（Sfdw），皆为"卷起来的"或"扎起来的"之意。由于用于书写文字的草纸迅速传遍世界，古埃及纸的词汇不仅为多数西方语言所借用，甚至由此诞生了地名与书的词汇，比如腓尼基古城比布鲁斯（Byblos）就因当年成为古埃及草纸交易的集散地而得名。另外，《圣经》的西文称作 Bible，词源亦来自古埃及语"卷起来的东西"。由于《圣经》在西方的地位，"书"一词如无特别的限定就一定指《圣经》。"书"一词渐渐泛用，用来指代一切用纸等载体书写而成的读物。而"纸"（pA pXr）一词不仅衍生出了"书"，还成为 bibliography（意为"参考书目"）等西文词汇的源头。当然，古埃及语中的"书"还有一词，即"神的语言"（mDAt nTr），但这一书的概念更多指语言而非可用来阅读的文字载体。在这一含义上，一切记录下来的语言皆可称之为书。《亡灵书》的书就是指这样的语言，尽管从形式上看，《亡灵书》书写的草纸上，可卷成一卷卷的存放，很符合书的含义。后来人们用兽皮作为书写的载体，即所谓皮纸（parchment，通常被译为"羊皮纸"，不确，因为 parchment 不仅用羊皮，还用其他动物的皮），但由于皮纸造价太贵而使草纸仍为书写文字的最重要载体。现代人称之为书的最早范例应该是古埃及的《亡灵书》，无论形式还是内容，将其看作人类最早的书都是毫不为过的。随着科学技术的发展，书的形式会发生重大变化，比如电子书，就不符合传统上书的定义，因为载体已经发生了变化。但书作为书写文字供人阅读载体的定义似乎并未从根本上改变，当然，如果有一天文字载体已不再是可读的文字而变成了声音或者别的物质，那时书的概念可能就会被彻底颠覆了。

第二章
古埃及历史大势之惑

　　古代埃及的历史从上下埃及统一开始经历了古王国、中王国、新王国、晚王国和每一王国之间的三个中间期，即古王国与中王国之间的第一中间期、中王国与新王国之间的第二中间期、新王国与晚王国之间的第三中间期，以及希腊化时期的托勒密王朝与罗马人对埃及的统治。在这一历史大势之中，有几个问题需要弄清，即古埃及的历史如何开始，三次大分裂如何出现，新王国帝国如何左右世界格局，对外的战争如何此消彼长，都城如何迁移，以及古埃及的历史如何结束，或者说古埃及文明是怎么消亡的。如果说历史的大势让我们把握古埃及历史的时间走势轨迹的话，本章探索的则是历史大势背后的动因。

历史如何开始

　　人类社会从史前到历史是一个由缓慢到不断加速的过程。在这个过程中，关键工具的出现起到了促使文化基因突变的作用。人类历史的发展不是从量变到质变的积累进化，而是基因突变式的飞跃。古埃及从史前进入历史的进程经历了内加达一期文化、内加达二期文化、内加达三期文化的新石器时代的演进，然后出现了文字。文字的出现对于古埃及文明的发展具有决定性意义，是文字的发明使埃及从史前跃入历史。

历史、史前史、原史

历史是过去发生的事情，这就是人们常说的，一秒之前的一切都成了历史。然而，历史又不仅是过去发生的事情，不然就不会有史前史的概念出现了。严格地说，史前史不是历史，比如英语中的史前史是 prehistory，意为历史之前的那段时间，德语是 Vorgeschichte，意思也是历史之前的那段时间，法语是 préhistoire，意思同样是历史之前的那段时间。我们说的史前史也很明白，同样意为历史之前的历史。精确一点说，史前史是人类从使用石器工具开始到使用文字止这一段漫长的时间。此历史非彼历史。那么，严格地说什么是历史呢？下一个专业的定义则是：历史是过去发生的事情用文字记录下来的东西。这样我们才能够明白为什么除了历史概念之外还有史前史和原史的概念出现。人类有了文字历史才开始，没有文字之前的人类经历是史前史。当然，并非文字出现从而历史诞生之前的人类经历都是史前史，史前史的出现是随着人类第一个用石头制造的工具出现开始并随着文字的诞生结束的。对于一个具体的民族或文明，还有一种情况可能会出现，即自己没有文字，但别的文明却发明了文字并在自己的文字中提到了这个民族或文明。在这种情况下，这个民族或文明的这段历史被称作原史，英文称 protohistory。例如日本的历史，在中国古籍

《汉书》第一次提到日本的时候，此时日本的文字尚未发明和使用。因此，日本的历史并不很长，但原史时间却并不短。只有分清了历史、史前史和原史的概念，我们才能够正确地对待"几千年历史"的争议，也才能够正确理解古埃及历史是如何开始这样一个既简单又复杂的问题。

古埃及历史诞生路径：
内加达Ⅰ→内加达Ⅱ→内加达Ⅲ→纳尔迈统一

文明的飞跃：文字诞生

古埃及的史前史与世界其他文明的史前史一样，因为没有文字，只能借助考古手段进行研究。考古研究中有一个重要概念对我们理解古埃及的历史如何诞生极有帮助，即考古中的"文化"。这个考古上的"文化"与我们一般意义上的文化并不完全相同，一般意义上的文化是一个社会中人们的举止规范，既有物质文化又有非物质文化。考古学上讲到的文化是物质形态的人类遗存。每一时代的物质遗存有每一时代物质遗存的特点，考古学家可以根据考古遗址发现的物质遗存判断其文化性质与时间的早晚。虽然不同的考古遗址在地域的分布上会相隔很远，但同一时代的遗址会呈现出相似的特质。于是，考古学家以同一时代遗址中最为典型的遗址命名该时代的文化，比如内加达遗址位于上埃及卢克索附近，但位于其北方几百里以外的巴达里遗址以及更北接近三角洲的格尔金遗址因与内加达遗址遗存特点有时间上的重叠故而也用内加达文明称之。

内加达文明考古断代是公元前4400年至公元前3000年，从时间段线上分为一期、二期和三期，习惯用拉丁数字来标记，即内加达Ⅰ、内加达 II 和内加达 III。内加达文化属新石器时代晚期，一个重要标志就是陶器的大量使用。陶器为我们提供的信息很多，因为古埃及此时的陶器不仅在工艺上可供我们推测此时人类文明发展水平，更重要的是陶器上出现了装饰图画。而这些装饰图画透露出当时人类社会的基本形态。内加达一期文化的重要文物有"莫斯科碗""阿比多斯碗""马哈斯那碗""皮特里博物馆埃及容器""内加达陶片"以及"旱谷伽什石刻"等。这些文物或因现代存放地得名，或因发现地得名，其上皆有图画装饰出现。不仅表现了当时埃及人驯化动物，泛舟河上，还通过一组组人物的刻画透露出当时的家庭结构是母亲带领孩子生活的，母亲是家庭的核心。没有成年男子的家庭说明此时的埃及社会处于母系社会阶段，孩子们只知其母不知其父。内加达一期文化中的图画还出现了一些较为抽象的内容，比如内加达陶片上出现的人头加长长的双臂环绕一圈的图画，很可能表达了当时埃及人的"环抱"与"一统"的概念。更为难能可贵的是在内加达一期文化陶片中发现了一幅极像后来法老红冠的图画，说明此时权力开始集中。这一判断也在旱谷伽什石刻上得到证明，石刻上的人不仅头上戴着高高羽毛象征权力的装饰，手上还拿着后来演化为权杖的棍子。需要一提的是，无论是红冠图画还是人头长臂图画都具有抽象的象征符号特征。用符号表达概念正是最早人类文字诞生的基本思路，因此可以说内加达一期文化已经开始向"历史"迈进，只等文字出现，埃及文明将进入一个全新时代，埃及不仅有了"历史"，还将整个人类文明的发展提升到一个崭新的阶段。当然，文字符号雏形并不等于文字，就像中国甲骨文之前的抽象符号不等于汉字的诞生一样。不然，古埃及的历史就要追溯到七千多年以前了。我们可以说古埃及文明七千年前就已经出现，但历史却是从五千年前开始的。

内加达二期文化不仅有大量装饰有图画的陶罐被挖掘出来，还有调色板甚至权杖出土，其上皆有大量图画展示着当时的社会生活甚至社会意识。更为可喜的是这一史前史阶段的代表遗址陵墓变得越来越大，墓室的墙上出现了壁画，更加生动地丰富了当时的时代画卷。图画中多现船与动物的图画，动物的种类比内加达一期文化图画中的多了很多。人的舞蹈图画，甚至人扮演鸵鸟混迹鸵鸟之间的图画都给后人以猜想的空间。无论如何，此时狩猎与驯化已在人们的社会生活中有了极为重要的地位。权杖的出现表明古埃及此时社会已经有了很大程度的权力集中。权杖是权力的象征物，尽管最初权杖是一种用来打击敌人的武器，但从其柄上装饰的精美图案看，权杖已经变成权力的象征物，不再是真的用来打击敌人的武器。调色板上刻下的浮雕更为抽象，比如哈托尔调色板上的牛头既像长角牛头又像跳舞的女性图画，两只牛角尖上，牛头正中上方，以及双角之下共有五个星星点缀，非常具有象征与会意的属性。皿神调色板上的符号就更加抽象，一条横线连接着一个尖括号，并有一个竖着的钩子与横线相交。埃及学家都认定这个符号就是后来皿神的符号 mnw，两块剑石系在一起的形象。当然，剑石并非石头，而是已经灭绝了的海洋生物，与乌贼同属一目。这一符号究竟代表了什么，我们并不十分清楚。但用抽象符号表达或记录特定意思的尝试已经出现。内加达二期文化更为全面描绘人的活动的是希拉康坡里的第 100 号陵墓中的壁画，画中出现六艘船和许多人物及动物。画中的人做着不同的动作，被认为是豪华的送葬场景，反映出此时的社会组织能力已经非常之强。

内加达三期文化出土的东西中调色板多了起来，希拉康坡里调色板、卢浮调色板、利比亚调色板、秃鹫调色板都刻有精美的浮雕图画，刻画内容也更为抽象，每个调色板都表达了一个主题，或城池各立，或动物共居一处，或战场攻杀凶险。调色板中最为有名也最为重要的是纳尔迈调色板，记录了埃及的第一次统一，成为埃及历史开始的最为重要的见证。此时出土最多的还是陶罐上破碎的陶片，其上刻画有大量的塞瑞赫和王权保护神荷鲁斯神鹰的形象符号。塞瑞赫（srx）是最早出现的王的象征符号，图画呈方形，下半部是王宫正面图画，上半部则是王宫的院落，其上往往有鹰符的荷鲁斯神形象。也有一些陶片上仅有荷鲁斯神鹰的形象的。这一符号表明内加达三期时各部落不仅有自己的图腾，且已普遍有了"王"的概念。塞瑞赫后来演化成书写国王名字的王名圈，为历史的开始奠定了坚实的政治准备。此外，权杖标头引起了学者们的关注，蝎子王权杖标头上的浮雕刻画了戴着白色王冠的蝎子王率领各诺姆百姓修建水渠的场景。这些权杖标头和调色板上的浮雕图画不仅描绘一个场景，更多是记述一件事情。尤其是纳尔迈调色板，不仅用图画，还用象征手法讲述了埃及历史开始时最为重要的历史事件的发生、进程以及结果。

内加达文化经历了三个阶段，政治上从社会生活的家庭中心部落向权力集中发展。与此同时，历史诞生的必要条件即文字开始出现。文字的诞生是不仅让历史得以开始，更重要的是文字的诞生促使人类进入一个高速发展平台。文明发展虽然需要积累，但文明的进步却是跳跃式前进的。每次跳跃都让人类走上一条加速发展的高速路，而跳跃的契机是一个新发明的诞生，文字便是这次跳跃的创新发明。文字的发明有一个判断需要说明，以避免人们产生认识上的错误。我们说的文字的诞生是指一种记录语言的书写体系的诞生，而不仅是文字符号的出现。文字符号虽然也能记录语言表达意愿，但只是偶然的表达，并未形成体系，无法记录大部分语言。而文字体系一旦诞生，记录描述语言就基本不再有障碍与困难。基于这样的一个原理，文字体系诞生的时间不会随着考古发现的越来越多而无休止地向前推移。考古发现的更早的"文字"大多只是文字符号，即文字体系诞生之前的符号阶段。充其量是文字符号诞生时间的提前，而非文字诞生时间的前推。因此，古埃及文字符号尽管于公元前四千多年即距今六千多年前就已经出现，却绝不可以说古埃及文字的诞生是在公元前四千多年以前，或者说古埃及文字从诞生到现在已有六千多年的历史。古埃及文字真正的诞生时间是公元前三千一百年左右，尽管随着考古发掘这一时间有可能再向前推，但都是微微的时间距离，不可能超过百年。

古埃及促使文明发生飞跃的发明即文字，其诞生是有一个过程的。从符号到体系，古埃及文字最终于公元前三千一百年左右，即内加达三期文化之末最终形成体系。考古学家在上埃及遗址中发现很多属于内加达三期文化的小标牌，虽然大小不同，却都在一角处有个圆洞，说明这些标牌是用来系在其他物品之上的。标牌的用途除了为存放而分类之外就是标记所属了，与我们现代私人或团体物品打印或书写的标记相同。既然是所属权的标记，就一定有特定符号出现在标牌上。我们在这些五千多年前的标牌上找到了两类标记，第一类是塞瑞赫，不仅表明该物为王室所有，还在塞瑞赫中刻下了代表国王的图画。有些此类标记还发现有可能并非国王而是其他富有者的标记。第二类是刻画半图半象征符号的会意图画，以记录一件特别重要的事情。这一标牌的出现对于古埃及文字的诞生至关重要，首先，标牌中标记所有权的符号因为要无论何时何地都能让人正确辨认，因此必须固定下来，比如蝎子王的标记为蝎子形象，无论标记蝎子王的蝎子在哪里出现都要统一，这样才不至于认错。其次，每个标记符号都因所代表的人有称呼而让人一见这个符号就读出这个人的称呼，这样就赋予符号以特定的发音。这是人类文明中任何一种文字都需经历建立的一种联系，即赋予符号以发音。文字从记录语言的方式上说大体上有两种：一种是表音，另一种是表意。但无论表音还是表意，文字符号如果不表音都无法真正成为文字体系。完全表意的文字都只处于文字雏形阶段，严格地说还没有真正成为文字体系。古埃及文字诞生的标志就是内加达三期文化时期的这些小标牌，仅以阿比多斯发掘出来的象牙标牌为例说明此时的文字是如何记录历史的，尽管此时古埃及第一王朝已经开始，但仍属于文字初创阶段。时间断代应该在公元前三千年到公元前两千九百年之间。

这块在阿比多斯出土的象牙标牌上刻有一幅有趣的图画，左右列亦图亦字。两列符号面对面相对而列，中间一个竖长符号。从空间分布上看，中间竖长符号应属右侧符号群。左侧上边一个符号我们并不陌生，在内加达三期文化文物中多有发现。因此很容易认出是刻写王的名字的塞瑞赫，上边有荷鲁斯鹰神保护。从里面刻写的符号辨认，符号读作 Dr，第一王朝第二位或第三位法老的名号。左侧下边三个符号也不难认，一只手读作 a 或 d，其下一个方块读作 p，而第三个圆形符号代表这是个地名，合起来就是"杰尔王于阿坡（或'傣坡'）之地"。有人物、有地点，接下来应该是事件的记述了。当然，可能还会有时间。右侧竖长符号因后来演

象牙标牌

化成𓏞而读作 tpy，意为"第一"。右侧一列符号最上边的圆是标牌的圆洞，下边图画才是符号。先看像卧牛一样的动物头上的符号，像一个弯钩一样的东西，也不难辨认，是棕榈树枝去掉了叶子，后来演化成古埃及文字符号中的𓆷，读作 rnpt，意为"年"。再下是牛角，古埃及语读作 wpt，意为"开始"。我们先越过这个动物符号，看右侧最下边的长着植物的土地符号，读作 Smw，意为"夏天"。合在一起意思就较为明朗了："第一年的初始"抑或"第一年的新年之日"。加上左侧一列的内容，表达的意思就应该是："杰尔王于第一年的新年之日在阿坡（傣坡）之地……"有了地点、人物和时间，发生了什么事情呢？我们再看向右侧符号中的那个动物形象。像牛，却并不是牛，因为其牛角是另一个符号 wp，因此是个无角动物。这个标牌上记录的事情一定是件大事，而远古时期对于王来说的大事就更为重大，或战争，或祭天。战争不涉牛羊，祭天却少不得宰牲。然而，宰牲是经常性的活动，事虽严肃，但尚没大到足以冠之以王的名字。于是人们想到祭天要看天象，而古埃及是个善于看天的文明，而对于天上的星座，古埃及人与美索不达米亚人一起成为人类最早以动物命名的文明。古埃及人命名的众星座之中最为引埃及人注意的当属大犬星座的天狼星，埃及的历法即一年季节的划分日历的创造就始于天狼星偕日升，可见天狼星在埃及人眼中的地位之高。基于以上解读，这块标牌所记述的内容应该是一次天狼星偕日升现象的出现。天狼星这颗夜空最亮的星星在消失一段时间之后再次与太阳一起从东方地平线上升起，尼罗河水随之汹涌而来，漫过河堤，开始泛滥，埃及人心中默念着：新的一年开始了。此时的文字已经具备了文字体系的最重要的特征，不仅象形、会意，还赋予符号以固定的发音。到这个程度，古埃及的文字已经可以记录描述任何事情，真正可以代替语言进行跨时空交流了。

　　文字的诞生对于古埃及文明的加速发展超乎我们的想象。智慧的传递与碰撞范围在有了文字之后被呈几何级数地扩大，有点核裂变式的拓展。这是没有文字时代无论如何都做不到的，而文明的飞跃仅靠不断发展的积累是无法完成的。从量变到质变的规律并不适合历史的发展，历史发展的众多因素中绝大多数发展只能积累繁荣，只有极少数因素会促发历史文明发展的核裂变。就像蒸汽机的发明促发了18世纪的工业革命，电的发现与应用导致人类19世纪进入电气时代一样，文字的发明与使用让人类有了历史，进入到一个突飞猛进发展的发展阶段。甚至可以说，奠定人类发展基础的人类上古史完全是文字诞生带来的智慧革命的直接结果。有文字的文明都繁荣了起来，没有文字的文明无一例外地仍处于史前的蒙昧之中。埃及与美索不达米亚率先进入历史，在世界仍被一片沉沉黑雾笼罩的时代，这片新月形沃土被埃及与美索不达亚两盏明灯照亮，继而照亮了整个地中海地区。在文字光辉的照耀下，我们看到了埃及由分散的部落势力不断壮大，最终形成上下（南北）两大势力，并最终统一成一个王国，第一王朝历史性地诞生，埃及开始了三千多年独领风骚的辉煌时代。

　　埃及第一次统一成一个王朝从而开始其王朝历史发生在公元前3100年左右，纳尔迈调色板正反两面上的浮雕记述了这次大统一的战事。纳尔迈调色板是一块63厘米高的灰色石头制作的盾牌形仪式调色板，由一整块完整的灰绿色粉砂岩为材料雕凿而成。发掘地在内痕（Nekhen）荷鲁斯神庙遗址的主坑，现代学者根据古希腊人给予的名字叫希拉康坡里。主坑发掘出来的物品还有非常有名的纳尔迈权杖标头和蝎子王权杖标头，上边也都有记述历史大事的浮雕。纳尔迈调色板正反两面都刻有浮雕，且记录的是同一件事情。我们很难从正反两面的浮雕内容上辨别哪一面是正面哪一面是反面，但就调色板作为

纳尔迈调色板正反面

调色绘画之用的物品来看却可以认定中间有圆圈的一面应该是正面。但从两面所刻画的内容来看却正好相反，没有圆圈的那一面记述的是战争进程的基本情况，而有圆圈的那一面则是记录战争的结果。调色板顶端有两个像耳朵一样的东西，正反两面都以牛头形象装饰。正反两面顶端的牛头装饰之间都是一样的塞瑞赫，里面刻写着战争的主人公国王的名字：鲇鱼加凿子。鲇鱼古埃及语读作 nar，凿子古埃及语读作 mr，加在一起便读作 nar-mr，汉语音译为"纳尔迈"。不仅塞瑞赫里面雕刻着纳尔迈的名字，调色板正面主人公形象的右侧空白处亦雕刻着纳尔迈的名字。古埃及文字的第一个阶段的面貌就是以字注画，而画面具有高度象征含义。调色板的正反面顶端牛头与塞瑞赫算作第一栏的话，调色板正面（有圆圈一面）主体部分分成三栏，反面分成两栏。内容我们从反面说起，因为从逻辑上看，反面内容在前，正面内容在后。反面中间一栏是这次战争的主要内容，中间一个巨大的人物形象是纳尔迈王，头上戴埃及的白冠，右手执权杖高高举起，左手揪住跪地敌人的头发，这是典型的打击敌人的形象。腰间系着象征权力的尾巴。身后跟随着他的提鞋官，头后有王室徽号。此栏右侧是一只鹰脚踩一块土地并牵住土地形象的鼻子的图画。鹰显然是王权保护神荷鲁斯，而土地上的植物表明是下埃及的土地。土地形象化的头像长着络腮胡子，是典型的利比亚人或亚洲人的形象。下一栏是两个下埃及人逃跑的画面，各自标有徽章。总体阅读这一图画，很容易看出这是一场战争的记述，上埃及国王纳尔迈打败下埃及敌人的场景。调色板正面三栏图画的第一栏纳尔迈已经戴上了象征北方权力的红冠，身后仍是他的提鞋官跟随其后。身前一人头侧有文字标注，读作 Tt，读音上非常像后来埃及文字中的 TAty，古埃及官职中仅低于法老的官员，笔者译之为"查提"，这里称宰相，西方学者习惯译之为"维西尔"。宰相前边是四个人举着幡，应该是各个部落的图腾，代表跟随纳尔迈北征的力量。再前是许多被砍下脑袋的人躺在地上，应该是在战争中被杀死的敌人。显然，纳尔迈取得了北伐的胜利。该面下一栏较为简单，两人各牵一只长颈神兽脖子相交围拢成中间的圆圈。从两人的头发可以分辨一个代表上埃及，另一个代表下埃及。毋庸置疑，此栏表明战争的结果，上下埃及合在了一起。第三栏亦象征意义十足，一头象征国王的公牛顶破城池将敌人踩在脚下。从后来的法老 5 个王衔中我们经常读到这样的字句——"荷鲁斯，强壮的神牛"，公牛是国王力量的象征。

　　概括地说，埃及的历史诞生需要两个条件，首先，需要有文字出现，否则再丰富的内容都是史前史而非历史；其次，需要有大的政权号令天下。埃及在公元前三千年完成了这两大壮举，文字体系出现并迅速用于记述埃及的重大事件，南方的纳尔迈王北伐征服了下埃及势力，不仅戴上上埃及的白冠，也戴上了下埃及的红冠，埃及完成了统一。从此，埃及诞生了第一王朝，之后三千年的历史都在统一王朝的框架下发展演绎。需要说明的是，古埃及唯一一部埃及人曼涅托书写的《埃及历史》和希腊史学之父希罗多德的《历史》一样，都没有纳尔迈的名字。在他们的著述中统一埃及的是一个叫美尼斯的王。究竟是记忆错误还是拼写习惯错误我们不得而知，但作为考古材料出现的纳尔迈调色板的确真实地记录了埃及统一于国王纳尔迈。古代王表中第一位统治埃及者又被称为"曼"（mn）和"曼尼"（mni），因此现代学者多认定美尼斯（Menes）就是纳尔迈。"美尼"与"曼尼"拼读完全是一回事，而"斯"显然是希腊语的习惯，人名多以"斯"作词尾。纳尔迈统一埃及意义重大，但埃及的统一与第一王朝的建立并不是毕其功于一役的。不仅第一王朝，到了第二王朝时期仍然统一统分一分地拉锯。从第二王朝几个法老名字既能判断这一统分起伏状况。第二王朝第一位法老叫霍泰普塞亥姆威（Hotepsekhemwy），霍泰普是"让……和平"的意思，塞亥姆意为"权力"，而威是双数结尾，意为"两个"，因此霍泰普塞亥姆威的字面意思是"让两权力和平之人"。而第二王朝最后一位法老的名字叫哈塞亥姆威，塞亥姆威意为"两权力"，哈意为"闪亮升起"，合起来就是"两权力联合升起"。因此我们判断埃及第一王朝和第二王朝是纳尔迈统一埃及后不断巩固统一权力的时期，统一分裂，分裂统一，经历了几次反复之后终于在第三王朝彻底将统一的王朝巩固下来。因此真正统一的古王国从第三王朝算起，第一、第二王朝被称作早王朝时期。当然，无论统一还是分裂，只要有了文字，埃及的历史就已经诞生。尽管埃及此时并未出现书同文、车同轨的政策，因为有尼罗河这条古埃及"高速公路"的勾连，并未因为各地方言的差异让记述历史的文字出现差异。且古埃及文字的基本性质是声符加义符的建构，完全不是我们称呼的"象形文字"，甚至不是完全的表意文字，即使你称"孩"我称

"鞋"，大不了表音部分你写成"hai"我写成"xie"，表意符号却都是鞋的形象，不会引起什么交流或理解的麻烦。

古埃及文字

古埃及文字就书写方式而言有圣书体、僧侣体、世俗体及科普特语几种形式。除了科普特语采用了希腊字母拼写埃及语言且只在教堂里应用外，其他几种形式基本上都只是书写笔画的繁简不同，并无本质区别。古埃及人称自己的文字为 [图] ，意为"写下来的东西"。文字表意部分由三个物品组成，一是水罐，二是书写用的笔，三是一个其上镶嵌两个圆形调色盘的长方板，三者由一根绳子连接在一起。古埃及文字的基本符号有近千个，这近千个符号中多数是表意符号，只有 24 个符号是音符。文字的基本建构是声符加义符，义符多置于文字的后边，我们称之为"限定符号"。而前边的符号是声符，只表发音，与符号所画的东西无关，比如"文字"（ [图] ）一词，前两个符号即绳子与水塘只表音，读作 sS，与绳子、水塘无关，第三个符号不发音，表达的是与这个书写工具相关的含义。当然，随着文字的发展与书写内容的越来越多、越来越复杂，有些经常使用的高频文字就会被简化。于是，就常常有省略声符或省略义符的情况发生。而这些省略声符的文字就被很多人认为是纯表意文字，其实只是省略了声符的文字而已。尽管从最开始的时候埃及文字有画谜式的替代，但很快过渡到表音加表意的文字构建方式。任何文字体系都是表音的，尽管有所谓表意文字，但任何文字如果不具备表音功能这个文字只能是尚未成为文字体系的前文字阶段的东西。我们常说汉字是表意文字甚至说汉字是象形文字，这一说法是毫无道理的。汉字只有发展到了有些汉字在句子里完全脱离开它的本意而只表达声音的时候，汉字体系才真正成为文字。汉字与古埃及文字建构的本质区别不在表音表意，两者都既表音也表意，所不同者，古埃及文字的表音符号完全独立出来而汉字的表音融化在文字的部首之中。

古埃及文字行文中没有句读，读者需根据语句进行判断。书写可以从左到右，亦可以从右到左，还可以从上到下地书写。一切根据书写平面上与图画配合的需要及载体空间来决定。圣书体多刻写在墙壁、石碑等物体上，而僧侣体多书写在草纸之上。文字与所书内容也有关系，严肃的与神相关的内容多用圣书体文字书写，而文学文字多使用草书的僧侣体与世俗体文字记录。世俗体文字出现比较晚，约公元前 700 年才出现。因为书写的语言多为晚王国时期的白话，与中埃及语有很多区别，但文字的基本性质仍然是圣书体文字的草书。僧侣体文字很早就出现了，在圣书体出现之后几百年的时间里就出现了。原因一方面是因为圣书体文字太过精细，书写速度一般很慢；另一方面是书写的地方不同，圣书体多刻写在石碑或墙壁上，而僧侣体文字多书写在草纸上。

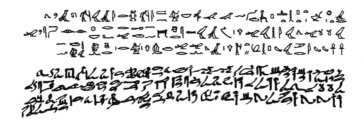

圣书体与僧侣体对比

画谜

所谓画谜式文字，举个简单的例子即可说清。比如传说中两个军阀都不识字，一位想请另一位吃饭，便派人送纸条过去算是正式邀请。邀请者在纸上画个人一手举起伸出两根手指，另一手捂着屁股。纸条送到后说主人明天想请您吃饭，受邀者一看就读出"午后两点"，于是回一纸条，上画一只乌龟想从门里出来，结果乌龟盖子过大卡在门上。邀请者看到这个回复立即读出"大概出不去"。当然，这已是会意式画谜了，直接的画谜是这样的：（英语文字尚未发明之前，人们为了表达意思，也曾用过画谜方式。）比如英语说"我看见你了"（I saw you），画一只眼睛（眼睛 eye 读音与第一人称 I 相同），一把锯子（锯子 saw 读音与看见 saw 相同），再画一只母羊（母羊 ewe 读音与第二人称 you 相同）。别人一看见这三幅连在一起的图画都会不自觉地读出声音：eye saw ewe（I saw you）。画谜有点像汉字"六书"中的转注与假借，只是用的不是文字符号而是图画。虽然此时的画谜还不是文字，甚至连一点文字的影子都没有，但有一点特别重要，即人们开始知道用符号（画）是可以表达声音的。画谜是文字发明进程中的一个阶段，有的文字创造过程中此阶段很短，甚至让人几乎看不见此阶段存在，有的则较为明显。由此可见，人类文字的发明过程几乎是相同的，只是走的方向不完全相同而已。

分裂如何出现

中央政权应对危机失误

对于一个中央集权的大国来说，每次出现分裂原因都会各有不同，但中央政权应对危机的失误则是所有分裂的根本原因。除了人力无法抗拒的原因外，绝大多数的危机都是有办法应对的，无论危机是天灾还是人祸。具体一点说，中央政权对于潜在或可能到来的危机没有预见，这是分裂诞生的第一个原因。等危机出现，中央政权应对方法错误是导致分裂的第二个重要原因。每一个危机的应对策略都会不止一种，结果也有多种可能。如果选择了最佳的应对方案，结果至少一定不会让分裂马上出现。如果选择了最差的应对方案，那分裂不仅是必然发生而且也是马上出现的。古埃及历史上重大的分裂出现了三次，分别导致第一中间期、第二中间期、第三中间期和晚王国的全国大分裂局面。

四次大分裂简图：

第六王朝危机→沛匹一世的外戚分权（娶诺姆长双女任舅子查提）

（《伊普味陈辞》）沛匹二世统治之久（94 年？－曼涅托；ref. 都灵年表）

      →4.2 千年 BP 事件（连年旱灾）

      →"亚洲箭人"入侵与尼托克瑞斯问题

第十二王朝危机→王位继承无人（索贝克内弗汝）

      →尼罗河水位过低

      →希克索斯人崛起（阿瓦瑞斯）

第二十王朝危机→拉美西斯三世身后继位之争（工匠造反 / 后宫阴谋 pn–tA–wrty）

      →海人侵扰

      → wHm 改革 拉美西斯十一世－赫瑞霍尔（阿蒙神大祭司，底比斯）

        斯曼迪斯（行政，塔尼斯）

阿蒙霍泰普（阿蒙神大祭司）

匹内赫西（库什总督）

匹昂赫（阿蒙神大祭司、库什总督）

赫瑞霍尔（将军→大祭司）

晚王国危机→外族政权

→亚述、波斯与亚历山大

第一次大分裂

分裂是中央政权衰弱的结果。第六王朝末年，沛匹一世统治时期外戚干政，官爵世袭，贵族免税，造成中央式微诸侯强盛的局面，沛匹二世94年统治（曼涅托、都灵纸草）造成继位者相继离世的政治空窗使中央王权雪上加霜，加之连年旱灾与"亚洲箭人"入侵（哀歌有载），古王国宣告结束。主因应是政治应对的失败，《伊普味陈辞》有述。

沛匹一世是第六王朝的第三位法老，第一位法老是他的父亲泰提。沛匹二世从小就置身于政治阴谋的中心，待其长大，经历了一系列宫廷争权夺利的阴谋。第六王朝的建立者泰提死于宫廷谋杀，第二位法老只在位两三年时间。尽管没有确凿的证据，但唯一一个埃及人曼涅托书写的《埃及历史》中说第二位法老维瑟尔卡瑞（Userkare）是一个篡位者。这就是说，沛匹一世的父亲很可能是被继位者维瑟尔卡瑞谋杀的。沛匹一世登上王位后至少经历了两次宫廷阴谋，都是后宫继承王位之争。一次是一位王后欲立其子为加冕王子，另一次是大臣宰相的阴谋。加冕王子有点像中国历史上的太子，是储君，王位继承人。显然，这是个充满宫廷阴谋的时代，不能不让沛匹一世有所警觉从而有所防备。因此，沛匹一世更重视从地方势力中寻求可靠力量。他娶了六个王后，其中有两位是阿比多斯诺姆长奎（Khui）的女儿。两人为沛匹一世生下两个王位继承人，一个是仅在位一年多的内姆提穆萨弗（Nemtyemsaf），另一个就是大名鼎鼎的长寿法老沛匹二世。不仅如此，沛匹一世还将这两位夫人的哥哥提升为自己位高权重的宰相查提，可见沛匹二世是多么倚重这一家族势力。倚重外族势力的结果是各地方诺姆纷纷效仿强化自己的力量，不仅让诺姆长的职位世袭，还各自豢养了军队。世界历史上最早的封建社会出现了。法老为了笼络各路诸侯，不断免除地方势力的赋税。因为就像对欧洲封建社会的一个尽人皆知的说法，附庸的附庸不是我的附庸。结果是地方势力崛起，各自拥有很大的独立权力。地方势力变得越来越强大，中央政权越来越虚弱，只要大的危机出现，中央集权便会立刻分崩离析。然而，这个大分裂并没有立即出现，中央政权在沛匹一世时期尚能控制住整个局面。沛匹一世看到了这一危险，于是采取了大肆建造神庙工程的方式加强中央的管控。大工程由中央集中调配人力、物力，尽管要有大量财政投入，但各诺姆的工匠与农民工甚至管理者都被吸引到建筑工程上来，直接由中央工程管理，削弱了诺姆的管控力量。尽管暂时解决了一些问题，但加重了中央财政的支出，也没有从根本上解决危机。这埋下的祸患持续到了沛匹二世统治时期。沛匹二世六岁登基，应付他哥哥短暂统治后的突然离世。他这一登基就是 94 年统治，去世之时已经是百岁老人。年幼登基需要扶持，他母亲便代其行使国家治理的权力，而真正的掌权人是他的舅舅，曾辅佐其父亲与哥哥的老臣扎乌（Djau）。到沛匹二世年老体衰无力掌控整个国家，这就给地方势力更大空间去积累经营自己的势力范围。于是诺姆与诺姆之间因疆界划分的矛盾时而激化演变成冲突，局势渐趋失控。各大诺姆的财富迅速积累起来，对于中央权力也不再依附，从他们自己建立起单独的墓地而不是像以往一样围绕王室墓地修建自己的小陵墓的现实便可窥见一斑。更加雪上加霜的是，就在这样一个中央集权岌岌可危之时，"亚洲箭人"从东北部开始骚扰埃及。压垮第六王朝的最后一根稻草是沛匹二世的继承无人。沛匹二世百年之后儿子继位，因为父亲在位时间太长，儿子继位时已是老年，只维持一年就一命呜呼了。收拾残局的是一位有点神秘的法老，只统治了三年，第六王朝就寿终正寝了。随着第六王朝的结束，埃及古王国的历史也画上了句号。然而，这最后一位法老是谁却一直争论不休。根据希罗多德的《历史》和曼涅托的《埃及历史》，第六王朝最后一位法老是尼托克瑞斯王后，人类历史上第一位女王。她的上位充满了传奇，丈夫（也是她的哥哥）被人谋杀，她巧妙地将谋杀丈夫的人请到一个宴会上，引尼罗河水将这些人全部淹死。然而，尽管尼托克瑞斯这个名字也出现在两个古埃及留下来的王表之上，一个是"阿比多斯王表"，另一个是"都灵王表"，但无法判定这个名字所指之人是女性。特别是"都灵王表"，尼托克瑞斯的名字写成了内彻尔卡拉－西普塔赫，是位男性法老。无论如何，第六王朝就在这扑朔迷离的历史迷雾中结束了自己的行程。接下来的是埃及的第一次大分裂，即第一中间期。

第二次大分裂

中王国结束于第十二王朝的崩溃。虽然第六王朝最后一位法老是否为尼托克瑞斯仍无实据，第十二王朝最后一位法老却的确为女法老索贝克内弗汝。她创造了两个有史以来的第一：一为第一位将索贝克（鳄鱼神）纳入王名之法老；二为历史记载中的第一位女法老（国王）。古埃及这个男权社会出现女法老说明其男性继承人都已死去，王朝显没落之相。尼罗河水位过低一直是困扰埃及的大问题，此背景下加之统治不力，大小势力开始各自为政，被称作"牧人王"的希克索斯人借此机会建立起强大的第十五王朝，第二中间期由此开始。

索贝克内弗汝是第十二王朝阿蒙尼姆哈特三世的女儿，阿蒙尼姆哈特四世的妹妹。需要说明的是，古埃及语不分兄与弟，也不分姐与妹。在无法辨别年龄大小的情况下，我们将后来者都称作弟弟或妹妹。第十二王朝阿蒙尼姆哈特四世去世后，没有留下男性继承人，于是有资格继承王位的就只有女性了。她登上王位之前还有一位女性本应取得王位，即她的姐姐内弗汝普塔赫，可不幸早夭，未能如愿。此时，王位继承人已别无选择。古埃及历史别无选择的还有更为悲剧的，索贝克内弗汝统治了三年零十个月之后去世，而她不仅没有男性继承人，连女性继承人也没有。一个死光了法老的王朝就这样结束了。我们说，一个王朝的结束未必一定导致国家大的分裂。第十一王朝结束，代之而起的是第十二王朝，王朝易主，王国还在。但索贝克内弗汝所结束的第十二王朝却未能如此好运，因为此时一直酝酿起事的一个外族已经羽翼丰满，只待时机到来便可一举成事，这便是来自迦南地区的亚洲的希克索斯人。希克索斯并非一个民族的称呼，而是古埃及人对这些人的叫法。他们在建立自己的政权之前并无希克索斯的称谓，在古埃及的政治生活中也并不显山露水。他们早已从亚洲来到埃及的三角洲地带定居下来，聚集在一起，形成他们的族群圈子。接受埃及法老的统治，同时也将亚洲他们自己的各种生活方式以及生活用具带到埃及。当第十二王朝一结束，随起的第十三王朝势力很弱，借此机会希克索斯人于三角洲东部的阿瓦瑞斯建立起第十五王朝。尽管南方有第十六王朝和第十七王朝，埃及分裂已成定局。因为这次大分裂中希克索斯人建立的第十五王朝势力最大，因此第二中间期被称作希克索斯时代。学界对希克索斯人到底是趁埃及中央政权虚弱侵入埃及还是慢慢渗透，一点点积聚力量，最后终于迎来机会还存在争论，实际上非常可能是两者都对。希克索斯人渗透到埃及，在埃及聚居并一点点壮大是有根据的。但从希克索斯人使用的战车与复合弓等新武器来看，一定有新的从亚洲侵入的力量。据此可以想见，聚居在埃及的希克索斯人趁埃及混乱起事，引自己的同胞从亚洲来到埃及建立起第十五王朝。

第三次大分裂

新王国以帝国之尊辉煌481年，终于在新王国最后一位伟大法老拉美西斯三世统治时期出现危机。"海人"在毁灭了若干铜器时代文明之后，终于来到远端的埃及。拉美西斯三世虽经多战将"海人"终结，但劳费颇多导致国内工匠配给不足而造反。后宫阴谋随起，拉美西斯三世殒命。宫廷内部从此不再稳定，直至拉美西斯十一世，不得不进行改革，三分权力。然统一帝国已病入膏肓，埃及从此一蹶不振，再无帝国辉煌。

古埃及历史上出现的第三次大分裂有一个渐进的过程，而这个过程时间相对前两次大分裂要长得多。这个过程开始于第二十王朝新王国最后一位强有力的法老拉美西斯三世的去世，因继位之争上演古埃及历史传统的宫廷内斗。拉美西斯三世虽被誉为最后一个伟大的拉美西斯，战功卓著，可他却死于宫廷谋杀。一个王后为了扶植自己的儿子继位谋杀了拉美西斯三世，但她的目的却没有达到，因继位的仍是加冕王子拉美西斯四世。阴谋虽未完全得逞，拉美西斯三世却已死去，对帝国的中央集权造成了严重的破坏。大分裂首先开始于宫廷内部的分裂，尽管阴谋者被处决，但各派势力不可能完全肃清。很像一场大的手术，毒瘤切除了，身体也失去了强壮。身体一弱，各种感冒发烧便会不断。工匠造反，海人侵扰，一波波向埃及袭来。内忧外患再次考验埃及法老的智慧。从拉美西斯三世一代代维持着，一直到拉美西斯十一世，阿蒙神大祭司已经拥有与法老平起平坐的势力，于是被迫进行政治改革，这便是著名的"拉美西斯十一世复兴"。然而改革失败，国家分裂，古埃及历史上第三次大分裂出现。

分裂导致外族接连的外族统治

前三次大分裂都是大一统局面的短暂过渡，接下来的古埃及历史面貌呈现的是一个彻底反转，分裂已成常态，统一与分裂交织前行，很难说谁是谁的过渡，谁是谁的插曲。第二十二王朝由利比亚人建立，第二十五王朝由努比亚人建立，第二十七王朝由波斯人建立，第三十王朝后半段仍是由波斯人统治，接着希腊马其顿人到来建立起托勒密王朝，再后来沦为古罗马帝国的一个行省。古埃及辉煌的历史也在外族的一次次侵入与统治中最终落幕。古埃及历史的落幕让我们思考，那么辉煌强大的埃及怎么就会落得灰飞烟灭的下场？直至其最后的衰落，就文明本身达到的高度都是世界上绝大多数文明所不及的，文明难道就这么脆弱不堪一击吗？

美丽的谎言与无解的公案：拉美西斯十一世复兴改革评说

"I did it my way"（我以自己的方式行事），一句歌词，其初创者怎么也未曾想到会引起世界上那么多的传奇事件发生。这首本来是一位法国失恋的年轻人哼唱的旋律，有些忧伤却不失轻快，后经保罗·安卡（Paul Anka）改编成英文，再经弗朗索瓦·辛纳屈演唱，迅速传遍全世界。其流行原因，除了曲调的优美之外，其中两句英文歌词也起了决定性的作用。一句是本文开头那句"我以自己的方式行事"，另一句是"And now，the end is near"（而现在，别离在即）。因此该歌成了独立与谢幕的预言。美国歌手"猫王"于20世纪70年代首唱该曲，不久真的离世。不管是歌词的诅咒抑或是"猫王"借此歌预告生命的终结，此歌从此便与告别结缘。德国前总理施罗德离任时选用此歌告别，英国人干脆将该歌曲当作挽曲。然而，这一切似乎在现代历史上都无法成为重大事件被记入史册，唯有其与苏联领导人戈尔巴乔夫发生联系的时候，人类历史的进程才真的出现了重大转折。之前人们喜欢用它来谢幕，无论是艺术生涯、政治生涯甚至是自己的生命，而戈尔巴乔夫结束的却不仅是苏联这个世界上两个超级大国之一的命运，还有整个东欧国家的命运。

1989年，戈尔巴乔夫放弃了勃列日涅夫主义，不仅放弃了社会主义大家庭，同时放弃的还有大国的责任和国际专政，取而代之的是戈氏的"新思维"。用本歌歌词中的一句话可以概括其主导思想，即东欧社会主义阵营诸国何去何从可以不再听从苏联的指挥棒，可以"did it my way"（以自己的方式行事）。因该歌曲由辛纳屈演唱流行，于是戈氏该政策被戏称为"辛纳屈主义"。辛纳屈主义实施三年，苏联解体。"二战"之后主导世界格局的冷战结束，不仅戈氏由此唱响了"别离在即"的谢幕曲，苏联和东欧社会主义阵营亦"别离在即"，各自"以自己的方式行事"去了。戈氏的功过是非从此开始成为历史学者和政治家们争论的公案。

是公案就很难判定其是非曲直，仅围绕公案本身假设推理也很难得出令人信服的结论。然而，正如马克思在布鲁塞尔民主协会纪念波兰克拉柯起义两周年大会演说上说出的那句名言所示：历史上常有惊人的相似之处。此前三千多年前的古埃及历史上也曾出现过戈氏"新思维"似的主张，其结果又是那样惊人地相似。对比思忖，很有点宿命的苦涩与无奈。这便是古埃及历史上著名的"复兴时代"
（Wehem Mesut）。

正如"创新"一词不是自戈尔巴乔夫"新思维"始，古埃及"复
兴"也不是古埃及新王国最后一位法老拉美西斯十一世首次提出的观
念。用这一概念标榜自己是创新者的就有第十二王朝的第一位法老阿
蒙尼姆赫特一世，他给自己起的荷鲁斯王名便是 Wehem Mesut，直译
的意思是"重复再生"。第二十王朝塞提一世法老也用这个词组于自
己的两女神名字。这两位法老除了都在自己的王衔里使用了相同的文
字之外还有一点相似，阿蒙尼姆哈特一世是第十二王朝的开创者，而
塞提一世虽不是第十九王朝的创立者，但其父建立第十九王朝只在位
两年即一命归西，因此可以说两位法老都是在王朝初创之时登上王位
的，属于王朝蒸蒸日上之时。但古埃及历史上第三位对此观念情有独
钟的，即拉美西斯十一世却是在王朝江河日下之时，其结果也正和前
两位法老相反，既不像阿蒙尼姆赫特一世一样建立了第十二王朝，让
埃及的历史进入第二个强盛时期——中王国时代，也不像塞提一世那
样让埃及处于历史上的第三个强盛时期——被称作帝国的新王国时
代。拉美西斯十一世不仅是第二十王朝的最后一位法老，亦是埃及帝
国时代的终于其手的末代帝王。埃及历史从此走向衰落，一次次的外
族入侵，最终让这个古老而发达的文明消失在人类文明的地平线上。

前两位法老喜欢"复兴"却并未因此让权力结构发生什么变化，
拉美西斯十一世却不同。他并未在自己的头衔里使用这一词汇，而是
将其发展成一种理论，并在权力建构中得以体现。帝国末期，拉美西
斯十一世于其统治的第 19 年宣布更改年号，将这一年改为"复兴第
一年"。法老还是这位法老，年号却发生了改变，改变的是什么呢？

这需从新年号的含义说起。该年号由两个词汇构成，Wehem 象

文由三个字符构成，第一个是带蹄子的牛腿，第二个是只猫头鹰，第三个是一个草纸卷。前两个字符是音符，代表该词的发音，即将之拉丁化了的 Wehem；后一个是限定符号，草纸卷符号表示该词具有的含义比较抽象。该词直接的含义是"重复"。Mesut 由四个字符构成，第一个符号是三张狐狸皮系在一起的符号，有点像汉字里的"米"字；第二个符号为一只鹌鹑雏鸟；第三个符号是一个将圆圈横着一分为二后留下的上半部，为古埃及面包的形状；第四个符号是个生产的女人。该词前三个符号都是声符，拉丁化后写作 Mesut。最后一个为限定符号，表示"生产"之意。两个词汇合在一起，直接的含义为"再生"或"重生"。在没有改朝换代的情况下使用这个代表"重生"意思的新年号，显然表明埃及政坛出现了新政。

拉美西斯十一世的新政新在哪里呢？这要从此前古埃及政权结构的对比中寻找答案。

古埃及政制一直是君主制，这一点没有疑问。法老至高无上，君权神授，王位世袭。然而，尽管从理论上说法老是现世荷鲁斯神，半神半人之王，可从埃及历史上不断有人篡位的现实来看，古埃及人未必真的相信法老是现实的荷鲁斯神。可无论如何，古埃及王朝历史三千多年，法老一直是国家唯一的权力象征。尽管有中间期的混乱，但古埃及历史的主流一直如此。到拉美西斯十一世统治的第 19 年，君主制度已在埃及历史上走过了两千多个春秋寒暑。一人统治，全国统一。尽管也有地方诸侯势力渐起不太听话的时候，但君主制的政制却从未发生过根本的变化。拉氏新政新就新在正好与该政治传统决裂，对传统政治体制进行了一次"民主"的改变。由过去的一位君主掌握所有权力变成了"三权分立"，斯曼迪斯（Smendes）在北方塔尼斯城（Tanis）行使行政权，赫瑞霍尔（Herihor）在底比斯城行使上埃及的行政权，法老拉美西斯十一世在匹－拉美西斯城享用他法老的象征权力。新政十年，拉美西斯十一世去世。古埃及统一王国的兴盛与强大也随之而去，埃及再次进入混乱的第三中间期。虽之后也有短暂统一，但埃及的帝国时代，兴盛时代一去再无回返。接下来的近千年是一次次的外族统治，利比亚人、努比亚人、亚述人、波斯人，一波接一波侵入埃及，建立王朝。公元前 331 年马其顿希腊人亚历山大大帝侵入埃及建立起希腊人统治的政权，接着进入托勒密王朝时代。而后在帝国的角逐中埃及又从希腊人手中易手，成为古罗马帝国的一个行省，埃及逐步丢掉了自己的语言、自己的文字、自己的宗教，埃及人连自己是谁都已弄不清楚了。

埃及的衰亡我们不能完全责怪拉美西斯十一世，他的新政多半是不得已而为之。底比斯的阿蒙神大祭司在浮雕中与拉美西斯十一世同时出现，身形竟敢与法老等量齐观。这是阿蒙神大祭司向法老的绝对权威宣战，拉美西斯十一世当然不会容忍。于是派库什总督帕内赫西（Pinehesi）前往镇压，不料这位库什总督杀回底比斯解决了大祭司问题之后却不听法老指挥返回努比亚。这对于法老来说是赶走了狼却引来了虎。底比斯作为当时埃及的意识形态中心岂能失控，于是派匹昂赫前往底比斯驱赶帕内赫西。虎狼皆去，匹昂赫接替了帕内赫西成为阿蒙神大祭司和库什总督，仍与法老分庭抗礼。行政管理的宰相，库什总督和阿蒙神大祭司，数职一身，位高权重，整个埃及南方尽在匹昂赫掌握之中。在这一格局之下发展，后来军人出身的霍瑞霍尔取代匹昂赫掌管了埃及的实际行政权力。加上北方斯曼迪斯羽翼丰满，实际控制了埃及北方，此时的拉美西斯十一世法老已经只具象征权威。这本是埃及分裂的历史，所不同者只是不像以前两次大分裂那么从名到实皆无顾忌，而是维系了表面上的统一。这种局面维持了十年，最终国家还是分裂了，埃及历史进入了第三中间期。显然，被称作 Wehem Mesut 的新政最终未能挽救国家。

戈氏与拉氏都想用新政挽救危局，却皆以分裂衰亡告终，这一事实已无争议。唯有对其进行历史价值判断的时候才出现争议，使这两段历史成为无解的公案。

历史价值判断涉及立场。站在民族国家立场上判断，站在历史道德立场上看，站在历史大势的立场上看，站在普世价值观立场上看，站在东方立场上看，站在西方立场上看，历史判断的结论都各不相同。立场不同无法达成共识，公说婆论不会得出任何公认的结论。解决问题的关键在于有无绝对正义存在，有无一个立场或评判标准可以凌驾于其他立场或标准之上。普世价值观似乎要充当这样一个角色，比如说，民主。

民主是个好东西，然而，民主又是个难东西。想着美好，但实现起来却如此之难，以至于整个人类史上真正做到我们理想中民主的政制时至今日还没有出现。民主不是善良人类的愿望吗？是，但只是抽象意义上的是。人们都赞扬民主，但真的要为民主而失去权力的时候却没有几个人愿意真心这么做。于是我们经常见到的情形是大家都拥护民主政治，但在面临民主选择的时候却是在野者真心在朝者假意。加之威胁利诱施压贿赂阴谋诡计操纵作弊，使本来就很难体现的公意变得与人民的意愿越来越远。掌权者永远是少数人，无论其登上权力宝座的途径是接班是民选抑或是偷窃，掌权者为少数人这个事实永远不会改变。偷窃权力属通向权力道路的特例，正途只有两端：民选或接班。两者合法性不同，民选掌权者是民意的代表，接班掌权者是个人意愿的代表。代表个人意愿很简单，前任掌权者喜欢谁就选谁。但民选能否代表民意却非常复杂。

在民主的语境下，人可划为两种，一种是强者，一种是弱者。民主历来都是强者的游戏，而弱者如果不想被欺骗、被愚弄、被利用就只能退出游戏。作为弱者，如果想分享民主带来的恩惠，唯有一条道路可走，即成为强者。弱者之所以为弱者就是因为力量单薄，想要强大起来就需要组织起来。可组织起来之后，组织拥有了比个人强大得多的力量，但组织中的成员却需要服从组织，真正拥有组织权力的仍然是少数。这些少数变成了强者，而多数成员仍未摆脱弱者的地位。

民主，作为普世价值观想凌驾于各个立场或标准之上看来很难。普世价值观不能成为评判标准，谁又能充任人类社会的绝对正义呢？

历史常能给出我们对于现实的正确答案。回顾历史大势，人类一直在为生存而战。从最初的弱小逐渐走向强大，但时至今日人类也未敢骄傲地说我们在这个星球上是战无不胜的。危机时时出现，人类频于应对。最初，人类整个比较弱小，而抗拒危机生存下来的唯一力量几乎来自人类自身的数量。生殖便成为此时人类生存的绝对正义，生殖崇拜随之而生。这是当时人类思想意识中的第一要义，最为崇高、最为重要。待人类繁衍的数量足以使自身不会轻易被外界危机毁灭之时，生殖崇拜这一绝对正义的基石开始松动。人类不会轻易毁灭，但由于生存环境的不平衡却使有些部落面临灭顶之灾。为了生存，这些危机中的部落必定挣扎。开发资源，抢夺资源，劫掠其他部落财富，成为此时历史发展的主旋律。谁能肩负起领导自己部落在这场争夺中胜出，他便会成为时代的英雄。没有这样英雄的部落下场可悲，财富被掠，人口被掠，沦落至受人奴役的境地。这是个英雄时代，英雄崇拜自然而生，成为此时的绝对正义。随着民族国家的出现，民族、国家的生存压力凸显出来。在民族、国家生存压力下，维护民族生存和国家统一成为新时代的历史重任，一切意识形态，一切理论判断便都在这一时代前提下被选择、被判断。爱民族强国家成为这一历史时期的绝对正义。这条线索是人类发展的主流大势，而大势之下还有人权、自由、民主与个人权利的平等相伴而行。个人的权利如果没有类生存的压力，没有氏族部落生存压力，没有国家民族生存压力的时候一定成为人类生存发展的绝对正义，我们期待着这一天的到来，但从古至今，这样的时代尚未出现。因此，个人的权利就成了历史大势的副歌，只能在历史大势的框架内伸张。

我们正处在爱国主义主旋律下的历史时代，爱国主义不可动摇。任何价值观念和思想体系如果违背了爱民族爱国家这个前提就是和人类历史大趋势逆向而行。然而，什么样的制度，什么样的社会生活，什么样的法律体系，什么样的文化才是真正对国家民族生存强大有益的，这却不是简单用一句爱国口号所能够解决的。比如说，一家统治对于一个国家来说并不是因为它专制才不好，而是因为专制制度容易走向僵化且最终使国家走向落后，违背了历史发展大势才必须打破。

帝国如何辉煌

第十七王朝决战→政治、军事力量的强大：铜器峰巅时代
力量铸就帝国：政治力量 VS 军事力量

埃及帝国时代是随着第十七王朝战胜第十五王朝并最终将希克索斯人赶出埃及开始的。帝国的辉煌表现为政治、军事力量的强大，军队支撑力量，力量铸就帝国。帝国，狭义上说是依靠其强大的以中

央集权为中心拥有国内外广大势力范围的独立国家。就古埃及而言，中王国时期海外也有贸易中心，但只是贸易往来枢纽，而非宣誓效忠的殖民地，因此只有新王国时期才可称为帝国。新王国前，尽管此时的埃及也以世界中心自居，但帝国的概念在埃及人的思想意识中并不十分清晰。正是因为新王国之前一次次的外国人在埃及的统治，特别是希克索斯人统治在埃及的蛮横欺压，让埃及人意识到不仅君临埃及，还要君临天下的重要。这不仅是一次眼界的开阔，更是一次思想意识的升华。我们并不知道希克索斯人在埃及到底犯下了怎样具体的恶行，就公元一世纪犹太历史学家弗拉维乌斯·约瑟夫斯（Flavius Josephus）引述的曼涅托《埃及历史》所记，希克索斯人进入埃及是非常残酷的：

> 一个源自东方的卑鄙民族，其到来还无预示，竟敢侵入该国（埃及），其以力征服，未遇困难甚至战斗。他们推翻了各路首领后野蛮地焚毁城市，将神庙夷平于地，残忍地对待整国人民，屠杀他们，掠走他们的妻子与孩子作为奴隶。（*Contra Apion* I.75-77）

也许这样的记述不足为据，因为曼涅托毕竟是埃及人，会站在埃及人的立场上将敌人描写得很坏，且曼涅托距希克索斯人的第十五王朝已经一千五百年，相当于我们今天书写中国南北朝时期的历史，时代久远，真伪难辨。但外族建立政权鲜有不残酷的先例，如五胡乱华，杀汉人如麻，元朝的建立亦几乎杀尽汉人。因此，曼涅托的话应该可信，希克索斯人给自负的埃及人好好地上了一课。埃及人的帝国意识开始觉醒，原来各民族之间还可以这么玩儿。打败希克索斯人的战斗都非常残酷，第十七王朝法老父子亲自披挂上阵，父死子继，血洒疆场。终于打败希克索斯王朝，并将希克索斯人赶出了埃及。

打败希克索斯人不仅依靠埃及人的同仇敌忾，还要靠埃及人本身具备的实力。这个实力包括武器的先进、军队训练有素、战略战术正确，甚至包括是否在道义上占得优势，即所谓得道多助失道寡助。在这众多的因素当中，人的智慧亦非常重要。很难笼统地说哪个因素是决定性因素，哪些因素是辅助性因素。因为战争事态变化无常，在某一个环节上某个因素会非常关键，而在另一个环节上别的因素则变成关键。而这一切的运筹帷幄与时机的把握则都由人的智慧驾驭。当然，有一个因素宏观上决定战争是否可打，那就是双方应在同一个发展时代上，否则就是降维打击。低维无法对抗高维，战争等于被屠杀。好在埃及第十七王朝与希克索斯人的第十五王朝同属青铜时代，且埃及已经发展到青铜文明时代的极高水平。因此，尽管所用武器不完全相同，战术战法也不尽相同，战争不仅可以打，且胜算很大。历史也证实了埃及取得了最后的胜利。希克索斯人对埃及统治让埃及人开始有了国际安全的概念，不是大国繁荣就安枕无忧，外族统治的危机是可以真实发生的。以前周边民族也时常骚扰埃及，东部的贝多因人，西部的利比亚人，南部的努比亚人，都一直骚扰着埃及边境。可这些骚扰都构不成大的威胁。就像几个要饭的小孩儿，虽然讨厌，却并不造成伤筋动骨的危害。埃及人也就并不过于看重这些骚扰。这次不同了，不再是骚扰，而是建立了政权，且统治了大半个埃及土地及土地上的埃及人，整个埃及都要向其臣服纳贡。亡国之感真实体验。付出巨大代价才打败希克索斯人，埃及人要确保同样的悲剧不再重演，这就需要建立一个国家安全的缓冲区，即使有战事发生也要远离国土。埃及人的眼睛开始从埃及看向国际，开始权衡国际关系的阴晴雨雪与大国平衡。南方的努比亚不及埃及发达，不足为虑，西北的利比亚亦族群众多，乌合之众，只有东北亚洲几大势力此消彼长，都很强大，对埃及构成潜在的威胁。于是，埃及将国际关系重点放在此地。此时的亚洲，无论是美索不达米亚还是北部的赫梯皆处于铜器时代，埃及身列其中势均力敌。尤其是北方的赫梯此时也处于帝国时期，也需要扩大势力范围。埃及北进，赫梯南下，两强必然相遇。两河流域此时也很发达，但作为帝国，此时只有埃及与赫梯两家。更何况与水陆相比埃及并不特别善于陆行，因此靠近地中海的叙利亚巴勒斯坦地区自然而然地将两大帝国之间勾连起来。如果埃及在铜器时代一枝独秀，整个世界应该就是埃及的天下。然而，历史告诉我们，一枝独秀的时候并不多，帝国总会遇到对手。埃及帝国时期遇到的对手就是赫梯帝国。

经过第二中间期希克索斯人的统治与压迫，埃及人再次独立并统一的时候表现出强大的凝聚力量。这一凝聚力量为埃及帝国奠定了最为重要的基础。埃及很早就进入到铜器时代，三千年的历史一直伴随着铜器的发展而发展，随着铜器的鼎盛而鼎盛，不幸的是也随着铜器时代的没落而没落。埃及帝国的直接力量标志是新王国的军队。从中王国开始有了常备军，在打败了希克索斯人之后埃及军队的实力有了飞跃式的发展。战争的经验更加丰富，尤其是正规军队之间的大规模战争经验。此前的战争多为镇压，镇压各地的反叛与异族的骚扰。即使是王朝之间的战争也都是内战，军队同质，武器同款，战略战术亦相似。与希克索斯人的战争真正将埃及推上了国际战场。希克索斯人的战车速度极快，轻易便可冲破敌军防线。希克索斯人的复合弓箭射程更远威力更大，几年厮杀下来让埃及人从战争中学会了作战。结果是一支全新的埃及军队出现在地中海东南沿岸。帝国力量的凝聚已经完成，埃及此时需要的是一个确保国土安全的势力范围。

赶希克索斯人出埃及，一直追逐到亚洲。我们知道希克索斯人的老家在迦南，埃及人追逐他们来到了黎凡特地区，甚至整个叙利亚巴勒斯坦地区。埃及人对这些地区并不陌生，过去这里一直是埃及的贸易伙伴。草纸的输出、木材的运回都来自这个地区。现代考古在沿地中海东部沿岸地区发现太多的考古遗址都有埃及物品和埃及文字，足以让人想象到当时这些地区埃及人的身影是多么活跃。仅以比布鲁斯一城为例，这座古老的城市现在仍为黎巴嫩一座古城，是世界上少有的至今仍有人居住的七千年古城之一。古埃及第四王朝第一位法老斯诺夫汝时期埃及文献就提及这个地方，新王国时期这个地方更与埃及人交往密切。埃及语中称这个地方为 kbn，有四种读音相同的写法：𓏤𓏦、𓈖𓂝、𓊹𓏏、𓈖𓈙。前边的音符符号不同，拼读却一样；后边的义符也有两个，皆表示外国土地。从古王国开始，比布鲁斯就与埃及有密切的交往，古埃及最早的船就被埃及人称作"比布鲁斯船"。第一王朝陵墓中发现来自比布鲁斯的木板，比布鲁斯出土的此时文物中亦不乏埃及的陶器，因其上有埃及文字很好识别，比如第二王朝法老哈塞亥姆威就出现在比布鲁斯出土的陶片上。尽管有人称此时的比布鲁斯是埃及的殖民地，但所有证据都无法证明此时的比布鲁斯受埃及的控制，只是贸易交往频繁而已。然而到了新王国情况发生了质的变化。埃及第十八王朝阿玛尔那时期的对外来往文献中发现比布鲁斯请求埃赫那吞法老发兵支援以解决临近城邦哈比鲁威胁的书信。埃及即使不是比布鲁斯的宗主国至少也是其依靠的强大帝国。

具备了帝国意识，具备了民族团结，具备了强大军队，拥有了一切成为帝国的条件，帝国仍需要靠武力的实践才能实现。埃及新王国建立之后周边的近邻已构不成威胁，埃及势力范围也空前广大。然而，帝国总会遇到对手，新王国帝国之师最后在叙利亚奥伦特斯河上的卡迭石城遇到对手——赫梯帝国的军队。

战争如何起伏

与赫梯帝国的战争最有名的是卡迭石之战，对于卡迭石城的争夺并不自拉美西斯二世始。第十九王朝之前的第十八王朝，埃及扩张势力就在卡迭石南边一点的麦基多（Megiddo）征战多年，当时这个地方是米坦尼王国的势力范围。米坦尼虽然称不上帝国，却在公元前1600年至公元前1300年这三百多年的时间里控制着底格里斯河与幼发拉底河上游及向西延伸到奥伦特斯河，然后再向西直至地中海沿岸的大片土地。第十八王朝法老图特摩斯一世到图特摩斯三世扩张到亚洲，首先遇到的就是米坦尼，单图特摩斯三世对麦基多一地的争夺就率军远征了17次，可见帝国势力范围并非可以简单获取。与米坦尼在此地的争夺持续了第十八王朝的大部分时间，埃及有辉煌时刻，图特摩斯三世的军队在地中海港口城市比布鲁斯登陆，载着船向东进发，越过阿勒颇和卡尔凯米什（Carchemish），乘船横渡幼发拉底河，直抵米坦尼统治中心。征服米坦尼王国，刻石壁记述胜利，然后返回埃及。这胜利果实并没有保持多久，图特摩斯四世和阿蒙霍泰普三世统治时期连续丢掉叙利亚北部的土地，势力范围不断缩小，直至第十八王朝最后一位法老霍瑞姆亥卜统治时形势才有所好转。

埃及帝国的峰巅之战还是卡迭石之战。

三千二百八十一年前，七月的一个下午，地中海东岸天空阴霾密布。厚厚云层偶尔露出一线阳光，照耀着陆地上行进的一支庞大的军队。寒光闪烁，金属声沉。光线一晃就从战车中王冠上向前凸出的神蛇处闪过，埃及法老拉美西斯率领四个军团的大军向北进发，直奔现代叙利亚境内的内比－门得丘（Tell Nebi Mend），奥伦特斯河上的城市卡迭石。拉美西斯法老亲率阿蒙军团经过九天的行军来到奥伦特斯河准备渡河北上。这时不请自来两个沙苏人。沙苏（𓈙𓄿𓋴𓅱𓏥）是古埃及语称呼，现代人称之为贝多因人。他们对拉美西斯二世法老说："我们的同胞都属于败将亥塔之最大家族，他们让我们来见陛下，说：'我们想臣服法老，我们要逃离败将；他正坐于图尼普（Tunip）之北的阿勒颇（Aleppo）之地。他惧怕，因为法老从南方北上。'"拉美西斯二世知道阿勒颇在卡迭石的东北，距卡迭石还很远。于是，喜出望外的法老亲点先头部队，加速行军速度，直奔卡迭石而来，欲抢先占领卡迭石。渡河费了很大的气力，花了很长的时间。在卡迭石南安营扎寨，侦察敌情，双方剑拔弩张，赫梯人占领的卡迭石小城正面临一场空前劫难。傍晚时分，警卫士兵突然将两名贝多因人带到法老面前，他们承认是赫梯的侦探，来刺探拉美西斯二世法老的军情。经过严刑拷打，这两个间谍供出，赫梯首领穆瓦塔利斯二世早已先于拉美西斯所率埃及军队抵达卡迭石城，用两个沙苏人诱敌深入。这时拉美西斯二世才突然意识到自己所处的险境，急忙派遣宰相火速返回催赶后续大部队加速行军，前来救驾。

对于穆瓦塔利斯二世来说，既然鱼已上钩，没有不要的道理。大战如约而至，拉美西斯二世发现自己已只身置于 2500 驾敌人战车之中。"没有军官跟随，没有战车御者，没有一个士兵，没有携盾随从"（Lichtheim, Miriam（1976）. Ancient Egyptian Literature. Berkeley：University of California Press, p.65.），处境极其危险。然而，伟大人物总有其伟大时刻，拉美西斯二世独自一人面对强敌，独自奋战，"将敌人杀入河中，像鳄鱼一样扑入河水，俯面向下，任我随意杀戮。"

当然这是拉美西斯二世自己的解说，法老一人独自作战的可能性不大，但有一点毫无疑问，拉美西斯二世中了赫梯国王穆瓦塔利斯二世诱敌深入之计，几乎殒命沙场。要不是幸好及时赶到的一支并不分属四个军团的青年人组成的军队突然杀出，救了拉美西斯二世法老，战争恐怕早见分晓。然而这是后话。战争继续，双方力量犬牙交错，互相包围，杀得天昏地暗。之后的战争只能用混乱这个词来描述。阿蒙神军团首先到达扎营于卡迭石西岸，拉神军团随后跟进。穆瓦塔利斯二世军队从河东岸向南潜行，越过奥伦特斯河将拉神军团拦腰截断。被击溃的拉神军团残部向北与阿蒙神军团会合，而赫梯军队则乘胜追击，进而围歼埃及阿蒙神军团。拉神军团之后的第三军团普塔赫神军团和第四军团塞特神军团迅速北进，试图挽危局于即败。但远水解不了近渴，恐怕没等这两支后续军团赶到，胜负已见分晓。

然而，就在这千钧一发之际，一支奇兵突然从东部杀出，法老转危为安。之所以称之为奇兵，是因为没人知道为什么这支军队会在这个时候出现，尽管它出现得恰到好处。于是学者对这支军队开始研究，结论各式各样，但没有迹象表明这是事先安排好的结果。看来古代的战争战略思考并不太仔细。然而，结果好就一切皆好，无论如何，拉美西斯二世得救了。不仅得救，还成就了他后来巨大的声名，不然，历史就得改写。

这是人类历史上最早的一场有可靠文献全面记载的战争。战争之后的发展势均力敌，谁也没占着便宜，谁也没取得决定性的胜利，应该说战争陷入了僵局。但双方都称取得了胜利。最后双方停战，握手言和。战争以这样的方式结局是人类历史上的一件大事，因为埃及和赫梯签订了人类历史上第一个和平条约。

无论什么事，凡是第一个就都有其特殊的历史地位。该条约规定了未来和平条约的基本框架和发展方向。首先，它宣布战争的永远结束，既不是暂时停战也不是一方的投降。难能可贵的是，条约不仅停止了战争，还规定一方受到第三方进攻的时候另一方要伸出援手，甚至一方内部发生叛乱等难以控制局面之时另一方都要出兵援助。这简直是个友好条约。此外，条约还规定遣返逃亡人员并不得伤害。这是现代引渡条款的最初形式，看上去很现代，还很人道。

条约在不同民族间签订，只要双方所操语言不同就应该用两种语言书写，且文本内容必须相同。这份人类历史上第一个和平条约也以埃及语圣书体文字（象形文字）和赫梯语楔形文字出现，但有趣的是，两份文本所记内容并不完全相同。更为有趣的是，这并没给双方带来什么麻烦。

这场战争肯定不是人类历史上的第一场战争，但至少是人类历史上最早被记录下来的战争之一。一场大的战争可能不那么容易被人们遗忘，但人类经历的战争实在太多，常让我们无法时时刻刻记起"忘记过去就意味着背叛"的名言。但无论哪场战争应该忘却，这场战争我们都不应该让它从我们的记忆中消失，因为它为后世提出了一个头等重要的主题：战争与和平。

世界自从有了人类似乎就有了战争。因为战争太多，让我们无法确定战争是和平的间歇抑或和平是战争的小憩。战争给人类带来的灾难太大，所以人人痛恨战争，渴求和平。然而，战争却不见停歇。谁之过？人类经历的大小战争各种各样，虽说战争的发动者都有冠冕堂皇的理由，但其战争的原因不外乎这样几种：为了土地、为了财富、为了霸权和为了安全。战争是流血的政治，是人们想得到的东西无法用和平方式完成的获取方式，所以根源还在人类的贪婪和欲望。

三千多年前的这场战争为何而战呢？

古埃及本是个安于本土的民族。不料，这个自尊而固执的民族却在约公元前 1670 年被陆续前来定居的亚洲人夺得了政权，开始了古埃及历史的第二中间期，这些外族统治者被称作希克索斯人。虽然外族统治既没统一过整个埃及，持续的时间也不长，仅 100 年左右，但留给古埃及人的创痛却是无法忍受的。当我们在开罗国家博物馆内看到第十七王朝国王塞肯南瑞 – 陶（Seqenenra Taa）木乃伊头颅上战斧砍开的额头、标头打碎的颧骨和短剑挥过的脖颈，我们便可以推想当时战争的残酷与惨烈。随着希克索斯人被赶回亚洲，埃及人对外面世界的眼界也随之被打开。新王国在埃及历史上第一次成为一个领土广大的帝国，第十八王朝第三位法老图特摩斯一世曾战至奥伦特斯河上的卡尔凯未什，并越过幼发拉底河。这是古代叙利亚、美索不达米亚和安那托利亚的交通枢纽。进军到此地，有图特摩斯一世于此地立起的石碑为证。为了霸权，也是为了财富。埃及木材奇缺，建造神庙的木材，建造船只的木材都要从亚洲运来。然而，霸权不是那么容易建立的。北面安那托利亚高原上的赫梯人也正处于其帝国的巅峰。埃及人每向北推进一步，都意味着赫梯帝国版图的向后收缩。争夺不可避免。

之后两大帝国在地中海东岸广袤大地上屡有战事发生，图特摩斯三世及其子阿蒙霍泰普二世将战火从美吉多（Megiddo）向北推进到奥伦特斯河，卡迭石再次归入埃及势力版图。再之后，埃及开始节节后退，赫梯步步紧逼，直到第十八王朝行将结束之时最后一位法老霍瑞姆赫伯才再次将战事北推。

第十八王朝结束，第十九王朝开始。埃及人的野心再次鼓动起来。第十九王朝第二位法老塞提一世又大动干戈，与赫梯帝国的争夺再度白热化。公元前 1279 年到公元前 1274 年这 5 年间埃及发生了一系列大事。首先塞提一世壮志未酬身先死，拉美西斯二世即位登基。这位十四岁就被父亲塞提一世法老定为辅政王子的储君注定要成就一番大事业，他不到二十岁就登上了王位，正是踌躇满志的年龄。这位野心很大的年轻法老深知，要想称霸地中海东岸，必须有个稳定的后方。于是，他登基后在国内进行了一系列基本建设，除了修建神庙以取得"神"的支持，还在下埃及三角洲的东部中王国首都阿瓦里斯的旧址上修建了新的都城——匹 - 拉美西斯（Pi-Ramesses，意为拉美西斯之领地）。这是为战争做准备，毕竟首都底比斯在上埃及，离亚洲太远。现在只有一件事需要解决了，即夏达纳（Shardana）海盗对埃及地中海沿岸的骚扰。公元前 1278 年，登基一年的拉美西斯二世调兵遣将，巧妙设计，一举将海盗一网打尽，并对俘虏的海盗进行训练，将其转变成雇佣军。现在万事齐备，只欠东风了。

战争打了，胜利了，双方都这么说。其实战争打了，损失了，僵住了，谁也无法取胜。结果出现了人类历史上第一个文字记载完备的和平协议。

有史以来，人们就一直在不断的战争中寻求着通往永久和平的道路。然而，和平对于这个世界仍显得那么珍贵。人类对于实现和平途径的探索不论是理论上还是实践上无外乎两条道路，一条是靠组织，一条是靠教义。靠组织实现和平的突出范例可以从古希腊的历史中看到。城邦征伐，生灵涂炭。为了避免不必要的消耗，临近城邦组织起"近邻同盟"（Amphictyonic League）以限制战争。签约各城邦不得攻击另一城邦或切断其水源。古希腊的奥林匹克运动会四年一次，期间停止一切战事，任何人不得携带武器。古罗马更有著名的"罗马和平"（Pax Romanas），其和平持续两百多年。17 世纪法国政治家马克西米利安·德·贝蒂恩·索利公爵（Maximilien de Bethune, Duke of Sully），设计一个全欧洲各国都派代表参加的会议，以解决各国的分歧和争端。1618 年到 1648 年的三十年战争卷入了欧洲大部分国家，这次开始仅为基督教新教与罗马天主教之间的内战最终演变成欧洲地域与权力的争夺。战争最终以签订《韦斯发里亚和约》（the Peace of Westphalia）宣告结束。此协议试图在欧洲建立一种势力的平衡，均衡各国的军事及经济实力，使任何国家都无法占领别的国家。此后历史，这类组织很多，美国人的"纽约和平协会"（the New York Peace Society）、欧洲人的"常设仲裁法院"（the Permanent Court of Arbitration），直到现在的联合国。然而这一切组织对于和平的维持有效性都有限得很。

从中世纪起，人们开始试图用信仰和宗教的力量制止或至少限制战争。公元 4 世纪，罗马帝国衰落，欧洲战事纷起。基督教开始成为限制维护和平的重要力量。教会呼吁神圣休战，一周中有些日子里不得在私人争执中大打出手。不仅在某些日子里不允许冲突，在像教堂这样神圣的地点也拒绝冲突。虽然教会的约束避免了一些小的争斗，但教会允许"正义"的战争，这又给和平罩上了一层阴影。因为任何战争发动者都可以赋之以正义的名义。十七世纪英国的宗教领袖乔治·福克斯（George Fox）建立了"教友会"（Society of Friends），他们认为基督耶稣的教义是禁止战争的，所以他们反对战争而支持和平运动。19 世纪末，瑞典化学家诺贝尔悔恨自己发明炸药给人类带来的死亡，临死设立了诺贝尔奖，其中包括和平奖。这一切都试图通过教义和舆论的力量促进人类和平。我们感谢这些为人类和平作出贡献的努力，然而，战争还在持续。这个世界上只要有利益就会有争夺，只要有争夺就会有冲突，只要有冲突就会爆发战争。法国思想家伏尔泰曾将和平的希望寄托在民主政治上，天真地认为世界不会有和平，除非所有国家都成为民主政体。换句话说，只要世界各国都变成民主政体，世界就会出现和平。

尽管人们的努力都没有能够消灭战争带来永久和平，但从埃及人和赫梯人签署人类第一个和平条约这一天起，战争也时常以和平的方式结束。战争之后的和平只能在三种情况下出现：一是一方获胜，另一方投降；二是势均力敌，消耗巨大又谁都无法取胜；三是第三种力量出现欲收渔人之利。这第三种情况正好和婚姻相反，当一对夫妻间出现第三者的时候，"战争"宣告开始；而国家或集团间的战争却常在出现强有力的第三者之时出现转机，迎来和平。第一种情况不会有和平条约出现，第二、三种情况双方却常能突然化干戈为玉帛，昨日战场兵戎相见，今天兄弟般握手言和。

卡迭石之战并没有马上解决双方对地中海东岸地区的争夺问题，之后历经十六年的此消彼长，进进退退，都无法将对方彻底赶走。在拉美西斯二世统治的第十六年，他的赫梯对手穆瓦塔利斯死去，儿子乌尔希－泰舒卜（Urhi-Teshub）继位。正像许多年轻王子继位后的故事一样，乌尔希－泰舒卜的叔父哈图西里（Hattusili）篡夺了权力。之后两年中，尽管乌尔希－泰舒卜并不甘心，先后在巴比伦人和亚述人的帮助下试图夺回王位，但都无结果。最后不得不逃往埃及。哈图西里向埃及要人，要求引渡，可遭到拉美西斯二世的拒绝。哈图西里恼羞成怒，立即点兵，欲与拉美西斯二世决一雌雄。可就在这时，逐渐强大起来的亚述夺取了过去臣服于赫梯帝国的哈尼加尔巴特（Hanigalbat），矛头直指卡尔凯米什进而威胁赫梯帝国的国土。哈图西里别无选择，不得不与埃及媾和，终于和拉美西斯二世第二十一年签订了和平条约。虽然埃及失去了卡迭石和阿穆鲁（Amurru），但该和平条约却给埃及带来了北部边境的稳定，随后埃及开通了通往欧洲、黑海和东爱琴海的商路，使埃及的海上贸易空前繁荣起来。还不仅于此，这个和平条约还让拉美西斯二世可以集中力量解决一直困扰埃及西北的利比亚人不断侵入的烦恼。在拉美西斯二世统治的第34年，这位被称作拉美西斯大帝的埃及法老迎娶了赫梯哈图西里国王的女儿，埃及与赫梯两国关系进一步牢固。

战争暂时还无法避免，和平却是人们一直向往的天堂。所以人们将我们所知最早的这个和平条约放大复制挂在了联合国总部的墙壁上，提醒着人们：维护和平仍然是人类努力实现的一个最为重要的主题。

王朝如何更替

古埃及王朝的更替可以总结为几个基本模式：创立式、近亲式、联姻式、争夺式、篡夺式、继承式、混沌式。

创立式是指尚未出现王朝或中央王权崩溃出现分裂混乱，地方势力崛起建立起的王朝。这样的王朝不仅限于埃及人自己建立的王朝，还包括外族在埃及建立的王朝。近亲式指一个王朝后继无人无法为继时将权力转交给另一个信任的近亲家族。联姻式指通过迎娶前王朝公主而建立起自己的王朝。争夺式指分裂时期几个王朝并存，在互相争夺的角逐中胜出而取得国家一统权力模式。篡位式指法老宫中位高权重的大臣或后宫势力通过手段谋杀法老或违背前位法老意愿获取权力。此外还有一种继承式，指法老自己没有继承人于是选择信任的人继位。有些时候这样的王朝更替模式不够纯粹，有些王朝的建立者既是姻亲又靠争夺。混沌式则是指两王朝更替的界限不明。

创立式更替：纳尔迈（第一位统一上下埃及者）、阿赫摩斯一世（第十八王朝建立者）、匹伊（第二十五王朝建立者）

近亲式更替：乌瑟尔卡夫（第五王朝建立者）、斯曼迪斯（第二十一王朝建立者）

联姻式更替：特提（第六王朝建立者）、沙桑克一世（第二十二王朝建立者）

争夺式更替：孟图霍泰普二世（中王国第一位法老）、萨利提斯（第十五王朝建立者）、普萨美提克一世（第二十六王朝建立者）、冈比西斯（波斯皇帝）、托勒密一世（托勒密王朝建立者）

篡夺式更替：阿蒙尼姆哈特一世（第十二王朝建立者）、塞特纳赫特（第二十王朝建立者）

继承式更替：拉美西斯一世（第十九王朝建立者）

混沌式更替：霍泰普塞亥姆威（第二王朝建立者）、佐塞尔（第三王朝建立者）、斯诺夫汝（第四王朝建立者）

创立式更迭首先说纳尔迈，埃及第一次统一的完成者。在纳尔迈之前没有王朝，因此只能说建立不能说更替。但埃及统一之前不但有各个小王朝，还发展到南北两大王朝对立的局面，代表上埃及权力的白冠和代表下埃及权力的红冠都已出现。这南北两大势力各自都具备了王朝的一切特征，只是因为没有文字记载，所以没能被后人称作王朝。虽然时代比较久远，关于纳尔迈的材料却并不少。我们熟知的纳尔迈调色板上记述统一的浮雕图画，纳尔迈权杖标头上接受献上的俘虏与牲畜的场景，阿比多斯滚筒印章上出现的纳尔迈-美尼斯名字，甚至在海外发现的陶片上刻写的纳尔迈名字，无不讲述着这位法老的故事。如果说更替的话，纳尔迈更替的不是前王朝的权力，而是埃及的江山社稷。第十八王朝的建立者阿赫摩斯一世也是通过王朝的建立改变了埃及历史的格局。阿赫摩斯本是第十七王朝法老塞肯南瑞-陶二世的儿子，随父与北方第十五王朝的希克索斯人征战。父亲战死沙场，哥哥继续率领军队与希克索斯人作战。哥哥死后阿赫摩斯一世继承父兄遗志，继续作战，直至最后成功地把希克索斯人赶出埃及，埃及再次统一。虽然阿赫摩斯一世的王位是接替自己的哥哥，但埃及的再次统一及第十八王朝的建立却都在他手里完成。这次王朝的更替既是打出来的，又是继承来的。创立式更替的另一人物是第二十五王朝的建立者匹伊，一个努比亚人国王。他趁埃及第三中间期的混乱侵入埃及建立起埃及的第二十五王朝，又称努比亚人王朝，亦有人称之为库什帝国，第二十五王朝的法老被称作"黑法老"。库什是埃及人对埃及南部努比亚文明的称呼，占据着尼罗河第一瀑布到第四瀑布之间的狭长地带，面积与埃及大小相近。努比亚也是一个文明出现很早的地域，尽管文化上受埃及影响较大，他们却有着自己的语言与文化，崇拜的神祇也不一样。努比亚长期以来一直处于分散的牧人部落阶段，直到公元前16世纪中叶才出现第一个统一的王朝，即科尔玛（Kerma）王朝，也是埃及人口中的库什王朝。从埃及的文献中我们知道，埃及人称努比亚为"弓箭之地"（tA-sti），埃及的军队中亦有努比亚雇佣兵作弓箭部队。匹伊侵入埃及建立起第二十五王朝时他已经是库什王朝的国王，但建立第二十五王朝之后将首都从努比亚的内帕达（Napata）转移到埃及的孟菲斯。第二十五王朝的建立有点像中国元朝的建立。

　　第五王朝与第二十一王朝的建立属近亲式更替模式。第五王朝的建立者维瑟尔卡夫登上王位之前是一位拉神祭司，虽然他父母是谁到现在仍无法确定，但有证据显示在血统上他与第四王朝的法老有很近的关系。有学者认为维瑟尔卡夫是第四王朝法老曼考瑞的儿子，第四王朝最后一位法老舍普塞斯卡夫（Shepseskaf）同父异母的弟弟。这样的亲属关系让第五王朝本不该算作新王朝的建立，但第四王朝最后一位法老舍普塞斯卡夫有自己的儿子，不该由维瑟尔卡夫继位。当然他也不是继位，而是通过建立新的王朝取得法老的权力。因此，第五王朝的建立有点篡位的性质，只是维瑟尔卡夫采取的是另立政权的方式完成的更替，是上层的变更，并无社会的动荡。当然，王朝的划分都遵从曼涅托的《埃及历史》，根据什么原则将第四、第五王朝分作两个王朝，后人只能猜测。之所以这样划分，非常可能是因为维瑟尔卡夫建立的政权虽非推翻前王朝统治，却是法老中央政权的全面改变。第二十一王朝的建立者斯曼迪斯的情况有些相似，他是一位阿蒙神高级祭司的儿子，并不是拉美西斯十一世的继承人，但他通过迎娶拉美西斯九世的女儿而加强了自己在塔尼斯的势力。恰逢第二十王朝最后一位法老拉美西斯十一世统治遇到麻烦，尽管想通过改革力挽狂澜，但最终没能如愿。结果权力三分，拉美西斯成为国家首脑的象征，但实权却已不在他手中。拉美西斯十一世去世，埃及再次分裂，第三中间期出现。斯曼迪斯借此时机在自己控制的地区埋葬了拉美西斯十一世，然后宣布继位，并建立起一个新王朝，即第二十一王朝。可实际权力仍是他早已拥有的北方地区，而不是拉美西斯十一世名义下的整个埃及。

　　古埃及王朝更迭最多见的还是争夺模式，第十一王朝法老孟图霍泰普二世、第十五王朝希克索斯人法老萨利提斯、第二十六王朝法老普萨美提克一世都是凭借自己势力的不断强大而建立起新的王朝或将整个埃及或大部分埃及置于自己手中的，还有波斯皇帝冈比西斯、马其顿希腊军将领托勒密也可归于此模式。孟图霍泰普二世与大多数更迭王朝的法老不同，在古埃及的历史上，王朝更迭的法老多为一个新王朝的建立者，而他却不是。孟图霍泰普二世是第十一王朝的第六位法老，他继位的时候正值第二中间期混乱时期，势力众多，各霸一域。当时最有力量的两大势力是南方的第十一王朝与北方的第十王朝。孟图霍泰普二世登基后将自己的名字恢复到第十一王朝初建时法老的登基名，以表明自己不忘初心。孟图霍泰普，意为"让孟图神满意"。名字很霸气，因为孟图神是古埃及的战神。由此可知孟图霍泰普的野心，即再次通过战争统一埃及。这一想法与第十王朝倒数第二位法老美瑞卡瑞（Merykara）正好相反，美瑞卡瑞的想法是在希拉克里奥坡里偏安一隅，坐守北方的繁荣，与南方底比斯政权和平相处。但孟图霍泰普二世最终没给他和平相处的机会。在美瑞卡瑞去世之后，孟图霍泰普二世立刻发兵讨伐，很快打败北方的第十王朝，再次统一了埃及。孟图霍泰普二世并没有因为统一了埃及就更改年号，而是继续第十一王朝的一切。第十五王朝更是通过力量争夺取得政权。曼涅托的《埃及历史》说希克索斯军队在萨利提斯的率领下侵入埃及并没有遇到任何反抗，但他们占领了孟菲斯，烧杀抢掠，毁坏神庙，无恶不作。从后来希克索斯法老对别的王朝飞扬跋扈、骄横恣肆的态度看，曼涅托的记述非常可信。第二十六王朝的建立者被普遍认作是普萨美提克一世，但其实他父亲内考（Necho）一世才是第二十六王朝的真正建立者。但内考一世时期第二十六王朝只是北方塞伊斯（Sais）的一个小王朝，且在亚述帝国的控制之下，被希腊人称为"十二王统治"，其实就是以塞伊斯为中心的小联邦。内考统治下的第二十六王朝根本无力对抗南方的努比亚王朝，即第二十五王朝。普萨美提克一世继位后，情况有了好转。首先因为普萨美提克一世有结束第三中间期再次统一埃及的野心，恰巧亚述国内有事，班师回朝。普萨美提克一世借此时机放开手脚，在其统治的第九年派军队逆流而上，杀向底比斯。占领底比斯后，将第二十五王朝法老匹伊安插在底比斯做阿蒙神妻的女儿舍普奴佩特二世（Shepenupet Ⅱ）赶回努比亚，不仅将地盘收复，还将神庙大祭司职位夺回，牢牢地把全埃及的政治权力握在手中，埃及随之迎来了第四次大一统。大一统是埃及人的福音，然而，此时的世界已经不再是新王国时期的世界。铁器时代的到来让世界格局发生了意想不到的变化，过去的帝国不再能够称霸，新兴的帝国开始用军队重新划分势力范围。波斯帝国是铁器时代崛起的帝国，对于青铜时代的天之骄子古代埃及来说它们是两个时代的帝国。波斯帝国侵入埃及后，埃及再无盛世可言，古埃及文明开始缓缓落下帷幕。过去的埃及帝国在如今的国际大势中已沦为配角。公元前五世纪初持续半个世纪的希波战争是希腊与波斯两大帝国之间的争夺，最终希腊胜出，希腊军队也于公元前 332 年进入埃及从波斯统治者手中将埃及"解放"出来。公元前 323 年亚历山大突然去世，部将们各自抢夺一块根据地建立自己的领域，托勒密便携亚历山大遗体来到埃及，建立起托勒密王朝。王朝更迭的争夺模式中，主角需要有很大的势力，而这些势力的获得需要地方家族势力的不断强大。强大之后的势力或在国家虚弱分裂时迅速崛起建立新的王朝，或于自己家族地方势力基础上打下天下。这一模式可谓是夺得天下的典型路径，因此也在古埃及的历史长河中最为多见。

　　篡夺式王朝更迭在整个人类历史上屡见不鲜，埃及是否最早经历了篡位的王朝更迭我们不好判定，至少可以说埃及是人类最早出现王朝篡位更替的两个历史有据可查者之一。篡位者在古埃及的历史上有很多，但篡位而让王朝更迭的却不多见。最值一提的是第十二王朝的建立者阿蒙尼姆哈特一世。上一王朝，即第十一王朝的最后一位法老孟图霍泰普四世在位时间不长，只有 7 年。关于他的记述只见于哈玛玛特旱谷（Wadi Hammamat）与红海海岸采石探查远征铭文，而这些采石探查远征队伍的率领者就是当时大权在握的宰相阿蒙尼姆哈特。铭文中提到两个神迹，皆具有象征意义。第一件是在哈玛玛特旱谷采石的时候突见一只母瞪羚跑来，直接跑到为孟图霍泰普四世采集的制作石棺盖的石头上趴下，眼睛盯着众人，产下了一只小瞪羚。另一神迹也出现在这里，开采下来的石头缝隙上突然冒出了水，灌满了整个峡谷，洗涤并净化了刚刚降生的小瞪羚。神迹诞生的真假我们不知道，可从寓意上说都与"新生"相关，无论这新生是预示着孟图霍泰普四世统治力量的新生还是预示新的政治力量新生。既然已经为老王准备石棺了，新生的可能性已经不大。而老王又没有子女可以继承王位，新生来自哪里呢？无论神迹真假，都对宰相大臣阿蒙尼姆哈特极为有利。王室后继无人，自己又身居宰相高位，离最高的法老权力最近，法老之位触手可及。孟图霍泰普四世死后，果不其然，宰相阿蒙尼姆哈特登上法老之位，建立起第十二王朝。尽管有人怀疑第十二王朝的建立者阿蒙尼姆哈特一世是否就是第十一王朝最后一位法老孟图霍泰普四世的宰相阿蒙尼姆哈特，但从阿蒙尼姆哈特一世登基之后的行为可以验证他就是前王朝的宰相大臣。阿蒙尼姆哈特一世统治的第二十年，他把儿子辛瓦瑟瑞特一世扶上法老之位，与自己共治。之所以这么做，有人认为是因为篡位者最怕被别人篡位，共治是为防止此事再次发生之举。结果真的不幸被阿蒙尼姆哈特一世言中，最后他真的死于篡位企图的谋杀。当然，由于他早已将自己的儿子扶上法老之位与自己共治，虽被谋杀却没能让阴谋彻底得逞。另一位篡夺式取得法老权力的法老是第二十王朝的建立者塞特纳赫特（Setnakhte）。第十九王朝的最后一位法老是位女法老——特瓦瑟瑞特（Twosret），在位时间只有两年。可见她也是受任于危难之时，因为可继任的男性王子已经没有了。特瓦瑟瑞特是塞提二世的王后，塞提二世死后由其子西普塔赫（Siptah）继位。西普塔赫是特瓦瑟瑞特的继子，且其父很可能也不是塞提二世。这种情况说明王位继承人已经出现了问题。继位之后其继母就与之共治，不幸西普塔赫在位仅7年便一命呜呼，特瓦瑟瑞特不得不单独担负起法老的责任。然而仅2年，特瓦瑟瑞特也不幸逝世。她怎么死的没人知道，所以有很多猜测，其中就有一种猜测是她被塞特纳赫特谋杀。无论如何去世，她死后埃及出现了权力之争，甚至爆发了内战。当时塞特纳赫特只是第十九王朝家族的远房亲戚，按照当时古埃及人的观念，他根本没有法老血统。他通过迎娶梅尔任普塔赫（Merenptah）法老的女儿而得以拥有接近王室的机会，趁第十九王朝王位继承出现空窗且发生内战时攫取权力，宣布自己为法老并建立起第二十王朝。他夺得权力后立即改变中央权力软弱的现状，收回阿蒙神大祭司不受法老制约的独立权力，对外打退海人的入侵。塞特纳赫特究竟是不是篡位夺得法老权力需根据他是否谋杀了第十九王朝的最后一位法老特瓦瑟瑞特，由西普塔赫的早夭与特瓦瑟瑞特的短命统治推测，他们皆非死于安静。谁是背后黑手我们不难猜想，从中获利的塞特纳赫特显然最为可疑。因此，多数埃及学家将他的登基改朝认作篡夺法老王位。

　　继承式王朝更替模式似乎有些矛盾，因为既然是继承就不是更替，既然更迭了就不能称继承。然而古代埃及的确存在这样的王朝更迭模式，比如第十八王朝到第十九王朝的变更。拉美西斯一世之所以能够被第十八王朝最后一位法老选定为法老之位的继承人，除了霍瑞姆亥卜没有孩子可以继承其位之外，当时埃及王室混乱的局面需要一位强有力的继任者掌控亦是拉美西斯被选中的重要原因。第十八王朝末年，埃及的中央政权经过埃赫那吞的宗教改革与最后的失败，已经大伤元气。小法老图坦卡门的早夭给王权的稳定带来了动荡，阿伊这位非王室血统查提的继位有点让人觉得已经是篡夺了王位，而王权最后落在霍瑞姆亥卜这位将军手中说明第十八王朝到了这个时候王室血统已经让位给王室中的势力。霍瑞姆亥卜出身平常，可能出生在连大贵族都不是的家庭。他完全凭借自己的能力进入宫廷，得到图坦卡门与阿伊两位法老的重用，由法老近侍升至第十八王朝的重要外交大臣，再由外交大臣成为军界首脑。阿伊去世时安排自己的儿子继位，可霍瑞姆亥卜却登上了王位。我们一般不说他是篡位，因为埃赫那吞宗教改革之后政权就很乱，阿伊就是个外姓，霍瑞姆亥卜于乱中取得王位也算是对王朝的稳定作出了贡献。在这样的背景下，拉美西斯一世继位，因为埃及需要一个有能力掌控全局的人掌舵。而此时的拉美西斯一世也像霍瑞姆亥卜一样，虽非王室血统却有非凡的管理才能。还有一个原因很奇特却也很重要，即拉美西斯不仅有儿子即后来的塞提一世，还有孙子即后来的拉美西斯二世，对于几代都因没有继承人造成王室虚弱的现实来说，确保继承人稳定便成了一个法老传位时不得不考虑的因素。拉美西斯一世继位，埃及王朝由第十八王朝顺利地被第十九王朝取代。这一禅让成就了埃及历史上的拉美西斯时代，包括异常辉煌的第十九王朝和第二十王朝。

混沌式更替皆发生在早期王朝，如霍泰普塞亥姆威（第二王朝建立者）、佐塞尔（第三王朝建立者）和斯诺夫汝（第四王朝建立者）。霍泰普塞亥姆威（Hotepsekhemwy）是第二王朝的建立者，但他如何建立的第二王朝却因为时间太早缺乏材料而无法知晓。第一王朝后期王室已经非常虚弱，最后两位法老都只在位很短的时间，因而很多史学家并不把最后两位法老列在第一王朝的王表里，到了卡阿（Qaa）就结束了第一王朝统治者名单。尽管埃及此时并未出现像后来中间期一样的大分裂，但第一王朝的统一并不稳固。然而，第二王朝的建立又不会是创立式更迭或争夺式更迭，争夺式往往在自己的势力范围崛起，创立式多为无中生有。第二王朝既不是没有王朝时建立起的新王朝，也非独霸一方趁中央虚弱而建立的王朝。我们知道第一王朝的都城在提尼斯（Thinis），第二王朝都城也在此城。因此学者们分析，第一王朝和第二王朝是中央权力渐趋稳定时期。虽然第一王朝统一了，但埃及并没有立即适应这一变化，于是在反复中不断加强中央集权。第二王朝中不止一位法老名字中出现了权力字样，说明每位法老都需努力强化中央政权。两王朝更替界限也就不很清晰，故称之为混沌式。第三王朝的建立者著名的佐塞尔如何建立第三王朝，他与第二王朝最后一位法老的关系都不十分清晰。然而，有文献表明他的母亲尼玛阿特哈普（Nimaathap）是一位王后，是第二王朝最后一位法老哈塞亥姆威（Khasekhemwy）的王后。因此，佐塞尔应该是王子。王子继位合情合理，本不该是新王朝的开始，为什么第三王朝出现，让人不得而知。实际上，所谓混沌式王朝更替并不是真的混沌，而是我们后人的混沌。现代学者没有足够的材料确定这些法老到底是怎么完成王朝更迭的。第四王朝的建立者斯诺夫汝也是这种情况，我们无法弄清他与第三王朝最后一位法老胡尼（Huni）的关系。有一种推测，说斯诺夫汝是胡尼的儿子，理由是他的母亲梅尔桑赫（Mersankh）一世很可能是胡尼的妃子。在古代埃及，法老继承权的血统来自父母的双重认定，所以有权力让自己的儿子成为血统上合法的王后应该是王室成员，即公主。而斯诺夫汝的母亲不是王室成员，所以他没有继承王位的全部合法性。回到根本的问题上来，斯诺夫汝到底是不是胡尼的儿子尚无法证明，其母是不是王室的公主问题也就不那么急迫需要解决了。无论如何，斯诺夫汝建立了第四王朝，开始了伟大的金字塔时代。

历史如何结束

古埃及历史的结束不是说结束之后就没有历史了，而是随着古埃及语言的消失，文字的无人能读，古代埃及的历史结束了。之后的历史是阿拉伯人的历史，是阿拉伯埃及史。文明的结束具体原因很多，但有一个原因是根本性的，即没能跟上时代的脚步。人类历史诞生于陶器时代，转折于铁器时代。铁器时代带来的结果是让一些文明崛起另一些文明衰落，古埃及文明便是铁器时代文明衰落的一个典型例证。

铁、铁器时代与古代埃及考古、文献中铁的出现

铁最早被人类使用与铁器时代的到来有许多问题需要探讨，如铁的出现与铁器时代到来的时间便是一个不容易确定的问题，时代久远，精确不易。但随着考古发掘的不断发现，其结论正不断趋向准确。除考古发现外，文献记载亦为研究者提供推证的根据。简单说，对于铁的出现为人所用与铁器时代到来的时间推断我们的依据来自两个方面，即考古发现与文献记述。

铁在文献中出现很早，古代埃及、古代两河、爱斯基摩人以及

古代墨西哥人的文字中都有提及。古埃及人称铁为"天降"。在雷诺尔·汉尼根（Rainer Hannig）的《埃及语－德语大词典》中，铁的词条有两个，一个是广义上的铁 bia，该词条第一个解释是"矿物"和"金属"；第二个词条是一个短语 bia n pt，专指铁，直译的意思为"天上的金属"。这一天降神物因其来自天上，所以被广泛用于神圣仪式之中，比如决定一个人能否进入永恒世界并复活的开口仪式用的工具便是"天上的金属"。该词在文献中最早出现在阿布－辛贝勒（Abu Simbel）的一个十九王朝宗教文献中，文献在描述普塔赫神说他如何打造拉美西斯二世国王的时候写道：用合金打造他的四肢，用青铜打造他的骨头，用铁打造他的胳膊。这里的铁就用的是 bia n pt。人类历史上早期用铁的实证通过考古发掘也多有发现，公元前三千多年就有铁制串珠被人类使用的证据。1911 年，英国考古学家哈罗德·匹克（Harold Peake）在开罗南约 50 公里的格尔扎（Gerzah）发现两组史前铁质串珠。两组串珠分别在 67 号与 133 号陵墓发现，分别断代为 S.D.53-63。格尔扎文化属内加达（Naqada）二期文化，断代于公元前 3200 年以前。因此，在埃及至少公元前 3200 年就有铁为人所使用了。具体到发现于格尔扎的串珠，考古学家断代为公元前 4000 年。由此可见，铁为古埃及人使用已有六千多年的历史了。按照霍尔（H. R. Hall）的说法，"埃及人知道铁并使用铁比欧洲用铁早了 2000 多年"。正像哈瑞·克雷格·里查德森（Harry Craig Richardson）在他的文章《铁，史前与古代》中说的那样："在古埃及，铁的使用比铜要早。"

尽管铁的应用于史前时代即已出现，但需要区分两种情况，即陨铁与冶铁。考古发现早期用铁证据无论是装饰物还是铁制工具都是陨铁，即未被人类冶炼过的铁的原初状态。古埃及语之所以称铁为

"天降"就暗含了古埃及人最初所使用的铁是来自天上，即天上落下的陨石铁。在埃及、两河及希腊挖掘出来的公元前1350年以前的铁串珠、铁片、铁镐、铁匕首、铁环等铁器皆为冷锻的产物，都是在陨铁的自然状态基础上加工而成的。

陨铁与冶铁的一个重要分水岭是这些古老铁器的化学成分。陨铁一般由铁与镍构成，铁含量大约在98%，镍含量在4%到20%。因此，判断史前与早期人类使用的铁是陨铁还是冶铁比较容易，看其镍的含量就一目了然了。格尔扎与乌尔（Ur）短剑的镍含量都超过了7%，因此可以断定为陨铁。"在巴比伦尼亚乌尔皇室陵墓发现的铁残片也证明是来自一块陨铁，其镍含量为10.9%，铁含量为89.1%。"陨铁可以很小亦可以很大，在阿比多斯（Abydos）及克诺索斯（Knossos）发现的陨铁都是不小的陨铁块。陨铁尽管是人类最早拿来使用的铁，但不能大量采集与锻造，因此无法形成工业的规模，只能成为稀罕之物。埃及的陨铁就是如此，被做成镜子、斧头、凿刃。发现时都用亚麻布精心包裹着。其他地方发现的史前时期人类使用铁的情况亦然。"北美印第安人认为（铁）是如此珍贵的东西，他们用之包裹黄金串珠。"墨西哥德斯库伯瑞多拉（Descubridora）和科托瑞泽（Cotorize）发现的搀进铁里的铜凿残片说明铁的应用只是零星现象。

亚洲的情况也是这样。"像在尼罗河流域一样，在底格里斯－幼发拉底河峡谷，早期文明的浪潮随着黄铜而起，又随着青铜而落。铁，除了在亚述，即使可知也所知甚少，且未达工业水平。尽管一篇提格拉特帕拉萨尔一世（Tiglath-Pileser Ⅰ，1125 B.C.-1100 B.C.）文献经常为人所引，成为一个断代更早的证据，但直到公元前8世纪亚述的铁才有了事实上的依据。""在豪尔萨巴德（Khorsabad），尼姆鲁德（Nimrud）和尼尼微（Nineveh）发现的铁是为人所知古代东方最早的大宗储藏。"

人类用铁尽管很早，但铁的出现和被人使用并不意味着铁器时代的到来，只有当铁的应用改变了人类的生产方式与生存方式的时候才可以说人类进入了铁器时代。

学界一般认为铁器时代大约为公元前 1200 年至前 900 年。这一时期世界上许多发达文明地区先后进入铁器时代。传统观点认为冶金技艺及冶铁的诞生地在小亚细亚东北或高加索地区，那里是阿尔戈英雄（Argonauts）为追寻金羊毛而航向的地方，居住着古代世界以铁匠闻名于世的卡律贝斯人（Chalybes）。亚述使用铁制工具的记录最早出现在公元前 9 世纪。古代印度广泛用铁的时间更晚，约公元前 4 世纪，即亚历山大入侵印度之时铁器才开始为印度人所用。中国于公元前 1000 年左右开始使用铁器。无论是中原考古发掘还是新疆地区的发掘，都有铁器出土。属于焉不拉克文化的早期陵墓中就有包括刀、剑、戒指等铁器被发掘出来。中原有属于西周晚期的人工冶铁制品，有河南三门峡虢国大墓中出土的铜柄铁剑。文献记述亦有据可循。《尚书·禹贡》曰："（梁州）厥贡璆、铁、银、镂、砮、磬。"西方学者则认为"中国直到公元前 1200 年才有金属被发现；最早用铁记录只可能追溯到 8 世纪。"值得注意的是，中国发掘出来的早期铁器已非陨铁的零星使用，至少是锻铁。

古代希腊铁器的出现是外族传入的。有一种传统观点，认为铁起源于中欧。哈里·克瑞格·里查德森（Harry Craig Richardson）在他《史前与古代的铁》（*Iron, Prehistoric and Ancient*）一文中说："人类首先于前 1000 年制造出铁的武器与工具。可以正确地指出，中欧与亚述高原是最有可能的诞生地。" 1904 年，"威廉·里奇韦

（Sir William Ridgeway）就提出前 1400 年亚加亚人（Achaean）的入侵将铁带入了希腊；他试图通过特洛伊前亚加亚人的武器追寻与哈尔施塔特（Hallstatt）的某种亲缘关系。是否是亚加亚人将铁带入希腊仍是个争论的问题；但毫无疑问的是多利安人（Dorians）的确将铁带入了希腊。"接下来又说："欧洲的原材料翻越陆地或在内陆河流抵达海岸。铅、银和来自西班牙的黄铜，锡和来自康沃尔（Cornwall）或波希米亚（Bohemia）的青铜再次以工具、武器和装饰品的形式返回内陆。……具体说正是在这里，在多瑙河上游，在一个与现代波希米亚、巴伐利亚和奥地利相当的地区，欧亚两文明相遇并争工业霸主。"

从使用陨铁到冶铁工业诞生从而进入铁器时代存在一个从铜器向铁器的转换时期，被称为过渡时期。《古代世界图鉴》（*Historical Atlas of the Ancient World*，*New Pauley*）将这个过渡时期定于约公元前 1400 年至前 10 世纪。位于奥地利"哈尔施塔特海（Hallstaetter see）"西南岸的哈尔施塔特墓地为考古学者提供了一个欧洲典型的从青铜时代向铁器时代转型的标本。学者们对该遗址进行断代，确定其时间为四个文化时期，即哈尔施塔特 A–D。哈尔施塔特文化 A 和 B 时期又叫瓮棺墓地文化，约为公元前 1200 年至前 750 年。哈尔施塔特文化 C 和 D 时期由拉坦诺（La Tene）铁器时代承接，约为公元前 750 至前 475 年。哈尔施塔特文化 A 和 B 时期为青铜时代，哈尔施塔特文化 C 和 D 时期为铁器时代。

人类发现了陨铁，开始用陨铁锻造成饰品甚至工具，然而铁器时代既没有于最早使用铁的地方又没有在最早锻造铁的地方出现，甚至没有在冶铜技术最为完备的地方发展出冶铁工业，原因是冶铁工业需要充分的客观与技术条件。很多古代文明是从青铜时代进入铁器时代的，但一些青铜时代高度发达的文明却没有率先进入铁器时代，甚至一直没有进入铁器时代。铜铁矿共生非常普遍，冶铜中学会冶铁本来顺理成章，但铜和铁的熔点差异与两者冶炼过程中的还原得快慢却令冶铁工业的诞生异常曲折。冶铁与冶铜的不同在于铁的熔点高，为 1537℃，而黄铜的熔点只有 1083℃。从陶器时代进入铜器时代比较容易，因为烧陶的温度已经达到 900-1000℃，很容易将铜矿石熔化。这个温度距铁的熔点还有 500 多摄氏度，这是一个致命的技术坡度，很难爬过。此外，铁熔化之后不像铜那样还原较快，还原慢的结果是很容易氧化变成铁锈。要想达到冶铁的温度，炼铁的熔炉就需要进行改造，燃料及鼓风手段都需要有新的进步才行。

因此，冶铁业的诞生一定具备这样一些基本条件，即有足够支撑冶铁业发展的燃料供应与足以使温度达到冶铁高度的炉具与吹具。冶铁燃料主要为木炭，因为解决铁的氧化问题是冶铁至关重要的技术。解决铁的氧化需要碳，碳和氧的结合可以蒸发掉铁中的氧，使之成为碳化铁，因此冶铁不能没有木材。对于大多古代文明来说木材都不是一个太大的问题。但对于吹具的决定性进步却成为一些文明迟迟未能进入铁器时代的致命症结。人类很早就发现向火中吹气会让火烧得旺，于是顺理成章地发明了吹管。无论是实物还是古代壁画都证实这是远古金属冶炼的基本技术手段。最初的吹管可能是芦苇，但芦苇的易燃与木炭的黏附让芦苇吹管变得脆弱，于是发明了泥嘴。泥嘴经过烧制便可解决芦苇的脆弱问题，在俄罗斯卡利诺夫卡（Kalinovka）发现的断代为公元前 2000 至前 1800 年的"吹嘴"直径达到 6 毫米。然而，吹管所能达到窑中炭火的最大温度无论如何无法熔化炉中的铁矿石。要想达到更高的温度，就要采用更有效的工具，风箱应运而生。风箱的诞生解决了吹管仅限于人的肺活量与换气造成的间歇问题，大大提高了窑内燃炭的温度。加上熔炉的改造，使之既可以避免送氧的丢失，又保持了炉壁的持续温度，冶铁的技术条件开始具备。

古埃及用铁与其未能真正进入铁器时代的原因

进入铁器时代之后欧洲的发展突飞猛进，埃及却在这一大势之下停止了脚步。欧洲于铁器时代把握住了这个崛起的契机，借着冶铁工业大步前进，欧洲武器亦随着铁的应用迅速发展。而与此同时，包括埃及在内的东方世界却仍在使用铜制武器砍杀。最早的冶铁匠人诞生于赫梯，具体说是诞生于高加索地区，卡律贝斯人被认为是最早的铁匠。他们居住的地方就是古希腊传说中阿尔戈英雄们剪取金羊毛的地方。文献中对于卡律贝斯人的描述主要来自荷马、斯特拉波、色诺芬、普鲁塔克等经典作家。尽管还有另一种观点认为最早的铁匠是塞西亚人（Schythian），但都源于小亚细亚东北。还有一种理论认为最早的铁匠来自中欧，上文已经提到。无论是否为亚加亚人将铁带入希腊，地中海世界的铁越过多瑙河而来是确切无疑的。当然中欧的铁是否是随着小亚细亚向欧洲移民首先传入欧洲的可能性不能排除，但无论是否，欧洲在铁器时代登上了工具文明发展的铁器时代快速列车。接下来是突飞猛进的发展，熔炉从锻铁炉发展到鼓风炉，吹氧从吹管、风箱发展到水力机械，燃料从木炭发展到煤焦，生产方式从作坊发展到工业。然而遗憾的是，古埃及经过了一千多年冶铜的发展之后却在铁器时代来临之际错过了这趟时代列车。

在最早用铁的古代文明中，埃及是其中最为引人注意的一个。考古发现与文字记载都证明了这一点。古埃及丧葬仪式中非常重要的一个环节是开口仪式，从古王国开始，这一仪式持续了近三千年。开口仪式中所用的工具凿子便是铁制工具。古埃及人之所以使用铁制凿子作为开口仪式的用具与丧葬仪式中开口仪式的神圣性有关。古埃及人极其看重来世，人一生之终极目标就是能够进入永恒世界，而开口仪式便是确保逝者在永恒世界复活的必要环节之一。神圣的仪式要用神圣的工具，而复活需要的一定是一种强大的力量。古埃及人擅长于冶铜锻铜，技艺亦非常高超，但铜矿石开采自地下，无法让人联想到强大的神圣力量。陨铁却来自天上，陨石飞落，势如雷霆，足以唤醒"睡"去的死者。古埃及语中铁被称作 bia n pt，直译为"天降"，或者译为"天上的金属"。古埃及语"铁"字的表意部分为代表水的"井"的符号，因为古埃及人认为水来自天上。这也为古埃及的铁来自天上添加了一个注释。埃及自古以来就常有陨石降落，公元 856 年，5 块石头从天而降，其中一块烧毁了一个贝达维帐篷（Bedawy tent）。1877 年到 1916 年三十九年间有四次这样的陨石雨降落埃及。施魏因福特（Schweinfurth）在开罗以东 30 公里的杜格拉旱谷（Wadi Dugla）发现一个"炮弹球"，检查后发现是一块陨铁。上埃及第九诺姆艾赫米姆（Akhmim）是皿神（Min）守护的诺姆，其诺姆标志亦为守护神皿神符号。这个符号与古希腊宙斯神雷霆霹雳符号几乎完全一样，艾赫米姆因此被称作雷霆霹雳之城。而古埃及唤醒死者的开口仪式主祭司住在该城亦非偶然，与陨铁被制成凿子作为开口仪式工具有关。史前用铁的例证在埃及考古中也多有发现，如格尔扎史前墓穴中出土的串珠。测其成分，断定其源自天上，即陨铁。该串珠断代在约公元前 4000 年，之后的埃及，铁一直能够在各个遗址出土发掘出来。吉萨大金字塔中发现的铁片时间断代为约公元前 2900 年至前 2750 年之间；阿布西尔（Abusir）发现的铁镐时间断代为约公元前 2750 年至前 2625 年；阿比多斯（Abydos）遗址发现的铁块被断代于约公元前 2625 年至前 2475 年间；图坦卡门法老陵墓中发现的短剑断代于约公元前 1350 年；而拉美西斯三世时期发现的铁戟被断代于约公元前 1198 年至前 1167 年间。

虽然埃及用铁的时间非常早，但古代埃及却一直没能真正地走进铁器时代。考察一下古代发掘的铁器，基本都是陨铁。"古埃及熔铁的最早物证断代于公元前六世纪的考古记录中"，这正是亚述、波斯入侵埃及之时，亚洲早已进入到铁器时代。尽管在埃及不同地区以及西奈半岛上有很多铁矿资源，铁矿，包括磁铁矿、赤铁矿与诸如红玉等副矿物在东部荒漠中的达巴旱谷（Wadi el-Dabba）被人发现，几乎与明亚（el-Minya）同纬度的西部荒漠的巴哈瑞亚（Bahariya）绿洲今天也是铁矿的资源之地，提供着赤铁矿、褐铁矿与针铁矿石，巴兹（El-Baz，1984）为我们提供了一份该地区最新的铁矿以及诸如阿斯旺砂岩中铁矿的目录，然而，这些沉积的铁矿在王朝时期极少被开采，如果有，也只是开采别的金属矿中别的东西，我们推测应该是冶铜的助溶剂。古埃及发掘出来的与冶铁相关的遗址有三个，第一个是东北荒漠中的阿布格瑞达旱谷（Wadi Abu Gerida），但这是罗马统治时期的遗址。另外两个是金属作坊遗址，都在三角洲，一个是瑙克拉提斯（Naukratis），另一个是代分纳台地（Tell Defena）。两地皆发现冶炼熔渣，甚至在瑙克拉提斯还有铁矿石被发现，但断代于公元前 6 世纪的这些发现无法证明冶铁在埃及已很广泛，恰好相反，证明埃及到此时仍无成规模的冶铁工业。代分纳台地遗址不仅发现了熔渣，还发现了冶铁必用的木炭，但木炭却并未使用。正如杰克·奥格登（Jack Ogden）所说："历史上冶金的重要性因我们将过去划分成青铜时代与铁器时代伴之以各自细分的习惯而得以强调。这样方便的年代划分方法隐含着历史上金属使用的很大的割裂而不是严谨的真实。

不同金属合金的使用分期常有重叠，一种新技术的首次出现与其在社会上被广泛接受之间常有很久的延迟。沛匹二世（Pepi Ⅱ）法老立于希拉康坡里比他本人还大的黄铜雕像不朽屹立 1000 年后，埃及农民仍使用燧石镰刀收割庄稼。"虽然有些学者认为"铁从史前便为人所知，但直到新王国铁才进入埃及的工业生活。图特摩斯三世的战争将埃及带来与北方的接触，因此，铁的时代如期到来。"但埃及只是从其他国度甚至是敌国进口铁器，且其数量不大。埃及并未真正进入铁器时代，并未拥有自己的冶铁工业。因此，哈瑞·克雷格·里查德森才在其《铁、史前与古代》一文中说"实物与相关文字都见证了，埃及在特洛伊二期文化出现青铜之后很久仍主要依靠黄铜。"并说"可能埃及提供了一个经典范例。数百年间，其冶金者奋力前行，将著名的黄铜工艺巧妙地用于青铜生产。"古埃及唯一让人认为可作冶铁证据的是第十八王朝大臣瑞赫米瑞（Rekhmire）陵墓中的壁画，画中展示了一个完整的冶炼金属的过程。然而，经过分析可以推断：无论是炼炉的大小还是使用的工具，都显示画中所展示的是古埃及人在浇注金属却不是冶炼金属，更不会是冶铁。

　　古代埃及没有出现成规模的冶铁业，其主要原因与埃及缺少木材有关。冶铁需要木炭，因为铁矿是氧化物，与氧有极其亲近的关系，在冶炼的时候极其容易与氧气反应形成氧化铁。我们看到铁容易生锈就是这个原理。铁在高温冶炼之后需要还原，解决氧化问题是古代冶铁的关键。虽然铁与氧有很强的亲和力，但炭却比铁与氧的亲和力更强。用木炭冶铁便会让氧与碳结合成二氧化碳随着燃烧消失，铁就不会氧化，冶铁便会完成。然而，埃及却是个木材极其短缺的国度。且不说支撑一个需要大量木炭的冶铁工业，即使维持小规模的冶铁作坊，埃及的木材也远远无法满足需要。在 15 世纪的英国，一家炼铁厂一年就要消耗掉 400 平方英里还要多的森林，这在根本没有森林可谈的埃及是无法想象的现实。木炭的最好木材原料是松树与杉树，而埃及不仅缺少森林，就是零星的树木也多以无花果树与杂木为主。且古埃及人是极其重视来世的民族，棺椁不仅用石头制作，亦多木棺。仅有的一点木材也会首先考虑用于棺椁而不是冶铁。由于缺少木材，埃及的船只大多用来自黎巴嫩的雪松建造。黎巴嫩的古代海口城市比布鲁斯（Byblos）作为一个埃及草纸出口的商贸中心也证明该地对于埃及的重要性。回溯比布鲁斯的历史，埃及第一王朝陵墓就开始使用来自那里的木材了。在很长一段历史时间里，比布鲁斯都是埃及的殖民地。该城于埃及第十二王朝独立，但仍是埃及重要的贸易港口城市。其对于埃及的重要不仅在于草纸的出口贸易，更重要的是埃及用于制造船只的木材大多来自黎巴嫩。第四王朝第一位法老斯诺夫汝（Snefru）曾建造 40 艘大船前往该地运回雪松。古埃及的王名圈及埃及文字在比布鲁斯也多有发现。然而，黎巴嫩的雪松主要用来造船，新王国时期文献《温阿蒙报告》（*The Report of Wenamon*）中反复强调温阿蒙前往比布鲁斯购买雪松是为了建造阿蒙神圣船。

　　古埃及未能出现成规模的冶铁业的另一个原因是技术原因。冶铁技术的传播随亚加亚人向南移民散布地中海东部沿岸与海上岛屿，但拉美西斯三世却将这个冶铁工匠民族拒于埃及国门之外。文明的传播有多种途径，在古代世界，战争与迁徙是其中特别重要的两条。公元前 1500 年左右，战争将武器制造技术迅速推向高速发展轨道，冶铁技术随冶铁民族的迁徙扩散到欧亚各地。欧洲借铁器崛起，南移大潮将冶铁技术传向克里特岛与爱琴诸岛。之后的百年，亚加亚人又在海上南侵，塞浦路斯与埃及沿岸受到侵扰。这些被称作"海人"的侵扰者中有大量的亚加亚人，此外还有安纳托利亚水手特瑞什（Teresh），

安纳托利亚海滨居民卢卡（Lukka），撒丁岛人舍尔丹那（Sherdana）
等人。中国学者通常将这些人称之为"海上民族"，不确。正如威
廉·K. 铺伦蒂斯（William K. Prentice）1929 年在《美国考古杂志》
上发表的论文《亚加亚人》中所说："他们是没有国家的一群海人，
成分也较为复杂，并非一个民族。"海人灭了赫梯帝国，占领了地
中海上诸多岛屿，但最后却被拉美西斯三世成功拒之埃及门外。从第
十九王朝的梅尔恩普塔赫开始抗击海人，直到拉美西斯三世成功将其
打败，历时六十多年。拉美西斯三世打败海人的策略不可谓不高。他
先将防卫力量部署在东部边境，再加强三角洲尼罗河重要支流要塞，
只留若干支流让海人进入。待海人进入后便将其后路水道堵塞封死，
一举将其全歼。这一仗打得不可谓不漂亮，但冶铁民族也因此未能将
冶铁技术带给埃及，让埃及错过了铁器时代给文明发展带来的机遇。
当然，我们也不能不说这是埃及法老战略上的一个失误。并不是说埃
及要宽容海人的入侵，但在拒敌于国门之外的同时却未能高瞻远瞩地
看到整个文明世界已经开始进入铁器时代的大势。在世界上还有国界
的时代，强国才能生存。强国是生存之本，既需有强大的制度文明，
亦需有强大的工具文明。在铁器时代，一旦面临战事，用铜制武器对
抗铁制武器，再强大的制度文明都无法逃脱任人宰割的命运。拉美西
斯三世如果将俘虏的海人中的铁匠为己所用发展冶铁工业，之后的历
史可能就会改写，而不至于从此一步步走向衰落，挡不住利比亚人在
埃及建立起第二十二王朝，努比亚人建立第二十五王朝，更挡不住亚
述人、波斯人、马其顿－希腊人、罗马人的一次次入侵。

古埃及文明于铁器时代衰落机理

拉美西斯三世被称作古埃及新王国最后一位重要法老。从他开

始，第二十王朝经历了八位拉美西斯，来到了该王朝最后一位法老拉美西斯十一世统治时期。我们常用内忧外患形容一个王朝面临的困境，新王国从拉美西斯三世开始虽然暂时缓解了外患，但内忧却愈演愈烈。内宫阴谋虽被平息，但拉美西斯三世的生命也走到了终点。此后八位法老有六位统治时间未及十年。拉美西斯九世略长，也只在位 18 年。最后一位拉美西斯（十一世）力图改制，迎来的结果却是王朝崩溃。统治时间的短促显示出内政的不稳，力图改革政制说明其危机严重。拉美西斯十一世于统治的第十九年更改年号，改称🐝🐝（whm mswt）元年。whm mswt 意为"重生"，西方学者将其译为"文艺复兴"（Renaissance）。重生也好，复兴也罢，新的政制欲将过去集于一身的王权、教权与军权一分为三，斯曼迪斯（Smendes）与赫瑞霍尔（Herihor）分别于北方塔尼斯城与南方的底比斯城行使行政权，同时，法老拉美西斯十一世在匹－拉美西斯城享受其法老的象征权力。埃及在亚洲的势力范围开始逐渐丧失，埃及的对外战争从此不再深入亚洲，而是一次次在埃及自己的领土上与敌人作战。亚洲的敌人背着礼物来请求埃及法老给予"生命的呼吸"的时代转眼就发生了变化。新王国这个东方帝国从此衰落，走向分裂，走向异化，走向消失。利比亚人、努比亚人、亚述人、波斯人、希腊人、罗马人，你来我走的统治，让古埃及人失去了语言、文字、宗教、习俗，最后变成了完全不是古埃及人的异族。从古埃及历史的大势可以看出，其衰落的直接原因是外患。

对于文明衰亡原因的探索史家早已建构出各种理论，政治的、经济的、自然灾害的，各种各样的衰亡原因分析在文章与著作中出现。探索途径亦非止于一端，进化论、历史论、技术论，皆对文明衰落理论贡献出智慧。学术探讨，不同见解会时常碰撞。且不说文明衰落这样一个大的话题，就是某一具体文明衰落原因的分析结论也会多有互相商榷之处。然而，在某一文明的衰落是综合因素造成这一宏观论断上多数学者都倾向同意。正像雷蒙德·E. 克里斯特（Raymond E. Crist）和路易斯·A. 帕格尼尼（Louis A. Paganini）在分析玛雅文明衰落时得出的结论那样：是什么原因造成了玛雅文明的衰落？以相关社会科学为基础解释其地理与历史记录，我们可以得出结论说是综合因素所导致，其因素包括生态的恶化、劳力的剥削、管理的失当、用兵的泛滥、气候的恶劣、饥荒与疾病蔓延。安德烈·皮加尼奥尔（André Piganiol）在其《罗马帝国衰落的原因》（*THE CAUSES OF THE FALL OF THE ROMAN EMPIRE*）一文中一气列出了十多个原因，包括气候的、人口的、政治的、民族感情的、财政的、经济的、社会的、道德的、宗教的、学人的、灾难的，几乎无所不包，罗马帝国在劫难逃。 还有更为宏观的研究将古代文明的衰落归于气候的突变，"历史学、考古学及古气候学的证据，证明 2200BC–2000BC 在尼罗河流域、两河流域、印度河流域及黄河流域均发生了向干旱转变的气候突变。"虽然不再是含混的综合原因论，但对于古代埃及来说，第一中间期与此次天气突变时间较为吻合，但第一中间期之后是中王国的繁荣，埃及并未因此一蹶不振。同样的理论亦见诸伊凡·D.G. 弗雷泽（Evan D.G.Fraser）与安德鲁·睿玛斯（Andrew Rimas）的著作《食物帝国：宴饮、饥荒与文明的诞生与衰落》。气候突变、城市人口的增长都会造成食物的短缺，结果导致文明的衰落。

　　没有多少文明的衰落是仅由于某一种单独的原因。但是，在众多综合原因之中总有一个原因是致命的。就像大坝决堤，原因很多，洪水泛滥、植被破坏、材料缺陷、管理不善，但致命的一击却有可能仅仅是蚂蚁的洞穴。因此，我们在全面考察一个文明衰落诸多原因的时候，不能不思考这一文明衰落的致命原因到底是什么。唯此，才不至于给人以各打五十大板而模糊了是非的粗放论断的印象。一个文明的毁灭一定是综合原因造成的，但各原因之间一定有主有从，且必有一个原因是致命的。没有哪一个文明从始至终一点缺陷都没有，缺陷并不会让一个文明轻易衰落。只有某一缺陷或某几个缺陷严重与时代脱节才会吞食衰落的恶果。致命因素可以是席卷而下的一个大潮，也可以是压折骆驼脊背的最后一根稻草，亦可以是造成决堤的几个蚁穴。无论是什么，致命因素都会决定性地改变一个文明的走向，使之改弦易辙，使之由盛到衰，甚至使之一蹶不振或像古代埃及文明一样永远消失。一个文明可以灭于外族入侵，可以灭于内部分裂，可以灭于自然灾害。灭于入侵者其战力必不如人，灭于分裂者其文韬必不高明，灭于灾害者其国力必不昌盛。入侵、分裂、灾害对于其造成的文明衰落而言皆可构成众多原因中的致命因素。

我们还需引进一个工具文明的概念。这个概念一目了然，无须解说。文明的进步体现在两个方面：工具文明与制度文明。工具文明的进步可以让一个文明的硬实力得到巩固与提升，制度文明的进步可以使一个文明的软实力得以加强。遭遇入侵往往是工具文明落后的结果，尤其是工具文明中的战争工具文明的落后，内部分裂却多因制度文明没有跟上急剧的变化，而灾害导致的文明衰落则既有工具文明的原因又有制度文明的因素。文明衰落的致命因素就潜伏在工具文明与制度文明之中，某一具体环节落后造成的内部力量或外部力量的失衡往往就构成该文明衰落的致命因素。

埃及从拉美西斯十一世开始的每况愈下直接表现在内政的失控，但埃及帝国尽管分崩离析却并未因此就立即死去。此后的七百多年分分合合由弱到衰，直至托勒密王朝马其顿－希腊王朝建立，埃及永远地失去了独立，甚至失去了语言文字，失去了宗教文化，最终彻底变成了一个名副其实的死去的文明。对于这个结果，尽管内政的失控要负很大的责任，但致命因素却并非内政的软弱。古埃及的王朝历史经历了近三千年的风雨，三次大的分裂，也有过外族的统治。第一中间期的大分裂之后是中王国的繁荣，第二中间期的大分裂之后是新王国帝国的诞生。前两次都恢复了过来，并且在经历过大分裂的磨难之后变得更加强大。唯独第三次大分裂后未能再次崛起，外族的入侵占领才是古埃及文明衰落的致命因素。而工具文明的落后，特别是战争工具文明的落后到达一个绝对失衡程度的时候，埃及文明的命运才到了一个致命的转折路口。考古与文献材料都显示，黎凡特地区一直受埃及影响很大。然而，公元前 850 年开始，该地区考古挖掘不再像从前那样出土那么多的埃及文物了。此时正是黎凡特地区铁器时代一期和二期的开始时期。公元前 850 年是埃及帝国走向衰落的分水岭，铁器时代的到来像一堵高墙将埃及与亚洲隔离开来。分析古埃及战争工具演进，从有图画记载的原史时期就以标头杖、战斧、矛和弓箭为主要武器，阵势无论怎么排列，主要手段都是短兵相接地砍杀。第二中间期由希克索斯人引进了战车与镰剑，速度更快，力量更强了，但武器并未发生根本的改变。铁的时代仍用铜的武器与列强抗争，这就是拉美西斯十一世之后的法老面临的严酷现实。就古埃及文明来说，经历了无数次自然灾害而没有毁灭，经历了无数次大小分裂仍没有毁灭，经历了无数次外族侵扰也没有毁灭，却没有挺过用铁制武器武装起来的外族的一次次砍伐。埃及在新王国之后变得如此软弱，如此不堪一击，被如此之多的民族征服。这一结果仅说多用雇佣兵导致埃及人疏于战争经验恐怕说服力不强，不能令人信服。埃及使用雇佣兵为自己作战不自晚王国时期开始，然而埃及并未因此而衰落。正如伊恩·肖

（Ian Shaw）在他的《古埃及的战争与武器》一书中所说，纵观古埃及历史，金属，特别是铁一直完全依赖进口，其武器的制造自然还是铜斧铜剑。古代埃及未能像同时代其他强大的民族一样成功进入铁器时代。

历史上有过蛮族入侵文明民族却被同化的例证，这让我们相信文明终将战胜野蛮。但文明被野蛮毁灭的例证亦在历史长河中屡见不鲜。我们无须怀疑文明的力量，但文明不单指文化发展的高度，技术的进步亦在文明发展之列。一个民族制度文明与工具文明发展的不平衡，甚至某一方面文明的滞后，在世界竞争的大舞台上就可能败下阵来。文明被野蛮打败的例证在历史上并不少见，令人们怀疑文明在与野蛮的战斗中到底有没有力量。其实，文明从来未被野蛮打败过，历史上任何一个野蛮战胜文明的个案无一不是在特定战场上高度发达的特定文明打败该特定文明弱者的历史事件。之所以有野蛮战胜文明的印象是因为我们看错了角斗场。在战争的角斗场上，再伟大的诗人队伍也打不过不识字的武士，因为这个战场比的是战争文明，而不是诗书礼乐。战争文明发达的民族在与文化文明发达的民族在战场上相遇的时候，胜负一目了然。这不是文明的失败，而是文明的胜利，因为我们是在战争文明的视野中进行判断。古代埃及也曾攻城略地无数，南方的努比亚，北方的叙利亚巴勒斯坦地区都曾臣服于法老的战车之下。古埃及不乏战争文明中的战略战术，然而在公元前七八世纪却突然变成了任人宰割的羔羊。不能说此时埃及的文明不再发达，甚至战争文明总体来说亦不落后。问题的关键在于埃及战争文明中的工具文明，即武器文明突然远远落在了其他列强之后。结果这个带着数千年辉煌文化的老大帝国在铁的武器武装的民族面前任人蹂躏，轰然倒地。

第三章
法老之巅

　　历史是人民创造的，可史书却只记录伟人。这是一个矛盾的话题，却又无法改变。因为写伟人是能够将历史大势理清的最好路径，写许多普通的工匠普通的农民很难让历史成为有框架、有主线、有规律的科学。然而，创造历史的真正主人是人民，这一点却是我们共同认可的历史价值观念。为了解决这一矛盾，我们尽可能在历史的书写中寻找人民的代表。尽管很难，我们还是努力搜寻，无论普通人的记载是在正史里还是在野史中。显而易见，书写的结果对大多数历史人物来说还是大人物占据绝大多数篇幅。没办法，不是我们历史观有问题，而是数千年的历史书写者全都如此。

蝎子王何许人也

　　之所以从蝎子王开始法老之巅的人物篇章，不仅因为蝎子王时

蝎子王名号

泥封印文   蝎子王权杖标头浮雕图画

代较早，更因为由于影视等作品的炒作让他成为一个充满神秘色彩引人入胜的历史人物。写蝎子王首先得从一个遗址开始，这个地方叫作阿比多斯。人们都知道阿比多斯是一个充满传奇色彩的古埃及大墓地，许多埃及早期有名的法老最后都安息在这里。我们之所以对阿比多斯这个名字并不陌生，是因为无论是在英国著名浪漫主义诗人拜伦的笔下，还是在法国浪漫主义画家的画作中，都出现了《阿比多斯的新娘》这样广为流传的作品。当然，这些作品中的故事虽然生动却都是后来的事情，我们首先要进入的遗址却非常早。阿比多斯，位于埃及南部，是尼罗河西岸的一个非常古老的聚集地，属于上埃及第八诺姆。此地从很早起就是埃及王室的大墓地，古王国时期虽然王室的墓地在北方的萨卡拉，南方的阿比多斯仍被用作古王国法老们的"衣冠冢"。阿比多斯这个名字并不是这里的古称，埃及称之为 AbDw，读作"阿布渚"。虽然这个名字与我们所熟悉的阿比多斯读音上有点像，阿比多斯这个名字却并不是由阿布渚音译而来。希腊人首先来到这个地方，用了一个他们熟悉的达达尼尔海峡（古称赫勒斯滂）上的一座城市名阿比多斯命名，而后人们忘记了原名，都称这个地方为阿比多斯。公元前三千多年到公元前一千多年的约两千年时间里，这里曾经非常活跃，虽不好用繁荣来描述，因为这里的一切都与王室和贵族的丧葬相关，但这里一直仪式不断，人员往来不断。这之后，这里衰落了，失去了嘈杂的人声，失去了摩肩接踵的人影，变得越来越荒凉。

时间不断消逝，来到了 19 世纪 90 年代，这片看上去非常凄凉的荒丘上来了几个穿着考究的男人。领头的是一位胡须梳理得非常整齐的绅士，披着深色斗篷，身着小开领西装，尽管太阳晒得很厉害，仍显得神采奕奕。这个人就是大名鼎鼎的现代考古大家弗林德尔·皮特里，他是史前考古序列断代理论的创立者。他率领的考古队要在这里进行挖掘，以便重建古埃及早期的历史。阿比多斯从此再次出现人影晃动的场景，就在这荒漠下边埋藏着五千多年以前的陵墓。考古不仅要挖掘出埋在地下的遗址，地面的梳理对于考古学家来说亦十分重要，因为数千年的风吹日晒外加野兽出没挖掘啃食，有些本来埋在地下的东西会露出地面随沙土滚动到各处。皮特里率领的这组人雇了很多埃及人为他们工作，时至今日，这一模式仍在埃及实行。在考察过程中，他们有了很多发现，多集中在阿比多斯的乌姆－卡阿伯（Umm El-Qa'ab）。这个地名是阿拉伯语，翻译过来的意思是"陶罐之母"，可见此处无论地上地下发现最多的文物是陶罐。此外还有一些陵墓被找到，其中有三个陵墓就关涉我们今天讲的蝎子王，一个编号为 U-j 号陵墓，另一个编号为 B50 号陵墓，第三个编号为 HK6-1 号陵墓。

这三个陵墓中都出土了很多象牙等材料做成的小标牌，而且每个牌上都有一角有个圆洞，显然是用来穿绳子将标牌系在什么物品上的洞眼儿。这些考古人员分析，这些小标牌可能是各地献给王的贡品，因此其上书写的名字可能不是地方长老的名字就是献上贡品地方之名。三个陵墓的墓主人都有共同的标志和名字，即六角（有的七角）花瓣与蝎子。这个花瓣图案在第三王朝之前的图像中经常出现，伴随着王或者大人物出现在画面中。这个符号是一个象征，象征着图画中人物的身份。当然，有人说这个符号后来直接变成了书写法老名字的塞瑞赫，再后来又演化成王名圈。而每当无论是陶片上还是浮雕上出现蝎子符号的时候都伴随着这个花瓣标志，且人物都戴着王冠，于是认定这个人物为蝎子王。随着研究的深入，考古学者对这些涉及蝎子王的遗存进行了断代，结果让人吃惊。从蝎子王与其他人物关系上看，比如与公牛王、卡王、纳尔迈王的关系，似乎蝎子王在世的时间有两百多年。这就在蝎子王身上蒙上了一层神秘的色彩，难道他真的是半神半人的历史人物？严肃地说，世间没有活两百多岁的人，更何况普遍寿命仅三十年左右的五千多年以前。于是，学者确定，蝎子王不止一个，应该有两个王都给自己取名蝎子。从后来的历史看，重名的国王比比皆是，这是古埃及的文化传统。两个蝎子王之间是什么关系因为挖掘出来的材料太少无法证明，可能两人并无关系，只是同名而已。这样，我们称两个蝎子王为蝎子王一世和蝎子王二世。其实准确的叫法应该是蝎子王一和蝎子王二。U–j 号墓是蝎子王一世的陵墓，B50 号与 HK6–1 号是蝎子王二世的陵墓。蝎子王一世的陵墓中出土文物中的象牙标牌显示进贡之地有布托（Buto），还有巴塞特（Baset），都是北部三角洲地区的势力范围。而标牌上称蝎子王一世为提尼斯（Thinis）王，在上埃及阿比多斯以北。尽管死后葬于阿比多斯，可他是否成为上埃及之王我们尚不可知，葬于南方是此时埃及的传统。回过头来说现代影片中的蝎子王率领蝎子部队作战也并非完全虚构，底比斯荒漠道路上的涂鸦被考古学者发现，所记述的内容就是蝎子王打败另一个内加达王"公牛头"的内容。战争是此时称王的必由之路，没有哪个王可以例外。虽然电影中蝎子王部队那种看着过瘾的神一样的形象不可能存在，蝎子王军队的战斗力却一定很是强大。蝎子王一世墓葬中还有葡萄酒容器残渣的存留，葡萄籽、树胶、草药也都有发现，这一切都让我们想象到当时蝎子王生活的真实场景：打败了别的王国，载歌载舞地庆贺胜利，宴饮中将士们喝着葡萄酒，唱着欢庆的歌曲，受伤的将士敷着草药，用亚麻布的绷带包裹起伤口，依然加入胜利的狂欢。当然，蝎子王之所以叫蝎子王很可能与蝎子神有关。在之后的三千多年时间里，把神的名字纳入法老名字的屡见不鲜，孟图霍泰普（意为"让孟图神满意"）、阿赫摩斯（意为"月神之子"）、图特摩斯（意为"托特神之子"）、拉美西斯（意为"拉神之子"），太多太多这样的例证。因此有理由猜想蝎子王的名字是因为崇拜蝎子神而起的。但这一判断很不确定，因为蝎子女神被埃及广泛接受是在古王国时期，蝎子王时代却比古王国早很多。也可能蝎子是蝎子王部落崇拜的图腾，就像后来各个诺姆都有自己的标志一样，无论这些标志是野兔还是鳄鱼，是瞪羚还是豺狗。有点像后来的国旗，也有点像我们现在熟悉的 LOGO（徽标）。

　　蝎子王一世逝世一百多年以后，南方另一位蝎子王横空出世，我们称之为蝎子王二世。蝎子王二世陵墓及其他地方出土文物比蝎子王一世要多，不仅有很多小标牌，还有权杖标头和泥封印文被考古学者们发现。虽然仅隔了两百年左右，蝎子王二世文物所载信息量却有了质的飞跃。尤其是在希拉康坡里遗址主坑中发现的蝎子王权杖标头上的浮雕，栩栩如生地记述了蝎子王二世农业生产仪式画面。图画主题是播种，蝎子王二世身居中央，戴着上埃及的白色王冠，手执木犁掘开沟渠浇灌土地。他面前的人手执簸箕向地上撒种，身后是长满植物的土地，有载歌载舞的人群在祈求风调雨顺。上一栏描绘的是参与播种仪式的各地方徽标架，架上是诺姆图腾，架中悬挂着田凫。在埃及语中田凫读作瑞希特（Rekhyt），意为人民，显然表达的是各诺姆首领带领其土地上的人民与蝎子王一起开始播种庄稼。值得注意的是，这个权杖标头上的浮雕与纳尔迈调色板上的浮雕无论是艺术风格还是表达方式都非常相像，且两件文物都在希拉康坡里遗址主坑中被挖掘出来，很难不让人想到纳尔迈与蝎子王之间的关系。纳尔迈调色板上一面纳尔迈戴着白冠，另一面上戴着红冠，因此断定纳尔迈是上下埃及即整个埃及的统治者。如果蝎子王权杖标头上的另一面上蝎子王也同样戴着红冠，是否意味着蝎子王也是上下埃及统一的国王呢？我们只知道这两件文物都是从希拉康坡里遗址主坑出土的，却不知道哪件更早一点，于是留下了这个历史悬念。从图画的上一排徽标上出现塞特神（Seth）、皿神（Min）和内姆提神（Nemty）上看，此时的埃及南北应该已经统一，因为塞特神是北方主神，而内姆提神和皿神都是南方重要神祇。蝎子王权杖标头上的浮雕图画显然是圆形环绕过去的，对面的正中间非常可能是对称的图画，即蝎子王戴着红冠的形象，但遗憾的是权杖标头另一面的浮雕破损丢失，尽管推测符合逻辑，但仍无法确证。假设这一推断正确，那么蝎子王与纳尔迈谁是真正的埃及统一者便成了问题。这个问题的解决要依赖这样一个判断，即谁更早。这个问题本来不难解决，看一看这两件文物挖掘的主坑土层便可明了，哪个层次更深哪个便在时间上更早。然而再次让人失望的是由于当时考古实践与理念都处鸿蒙初创时期，考古学者只知道挖掘文物，并没有对挖掘遗址进行分层记录。即使蝎子王二世权杖标头上的图画无法确实证明他既是上埃及的王又是下埃及的王，但他是王这一点已毫无疑问，不仅有戴着白冠出现的图像，还有其他地方发现的陶器上印有他的名字作为佐证。陶器上的泥封印文把他的名字（一只蝎子）放在了塞瑞赫里，我们知道，塞瑞赫是第四王朝之前刻写王名的标记，后来演化成王名圈。既然把名字写在了塞瑞赫里那就一定是王，既然戴上了白冠，就一定是上埃及之王，崇拜北方的塞特神说明北方亦在其把握之中，不管蝎子王到底戴没戴上红冠。根据这样的推测，蝎子王已经是一位统一的埃及之王了。可埃及王朝的法老中并没有他的名字，于是人们想到在第一王朝之前一定已经有一个统一的埃及王朝出现。学者们称这个第一王朝之前的王朝为第零王朝。

蝎子王，即第零王朝法老。

纳尔迈还是美尼斯

蝎子王有名是因为现代影视对人们的影响，纳尔迈有名则完全是凭借自己的历史地位。本来纳尔迈也有像蝎子王一样的神秘与传奇特征，只是由于现代影视作者的想象力限制了纳尔迈作为现代作品英雄的潜质，没能拍出一部以纳尔迈为主角的电影。纳尔迈名字由两个符号构成，第一个符号是鲇鱼，读作"纳尔"，第二个符号是凿子，读作"迈尔"，合在一起意为"凶猛的鲇鱼"，亦有人将其译为"疼痛鲇鱼""严酷鲇鱼"或"刺痛鲇鱼"。鲇鱼虽没有蝎子那么毒，但

阿比多斯印章

塞瑞赫印文

水中之王也很有神秘色彩，完全可以拍一部电影——《鲇鱼王》。因为纳尔迈的历史材料更多，故事会更为引人入胜。我们要做的不是写一个《鲇鱼王》的剧本，而是首先回答读者想知道的第一个问题：纳尔迈是谁？

纳尔迈的名字在很多文物上发现，包括有名的纳尔迈调色板、墓地印章和一些陶罐上的封印。当然，这些刻写着纳尔迈名字的地方书写并不都像纳尔迈调色板上出现的名字那么正规，有的只有鲇鱼符号而没有凿子符号，有点甚至更加简略，只书写了一条横线代表鲇鱼。之所以能够将这些符号认定为纳尔迈的名字，与其出现的地方有关，因为这些符号多刻写在塞瑞赫里，是王的名字。在这些文字当中，出现将纳尔迈列作古埃及第一位法老的文献。这让人们能自然而然想起希罗多德的《历史》中提到的第一位统一埃及的国王美尼斯，而纳尔迈调色板上刻画的统一的内容又有力地佐证了这一判断。都是埃及的统一者，都是第一个统一埃及的国王，纳尔迈与美尼斯是同一个人的可能性极大。可人们仍然追问，美尼斯到底是谁？希罗多德书写其《历史》的时候从哪里知道的美尼斯这个名字？如果希罗多德所依据的材料是古埃及人所书写，那么埃及人笔下的原文到底是怎么写的？是写的 ⬌▮（nar mr 纳尔迈）还是别的字符？如果是纳尔迈，希罗多德又是怎么误读为美尼斯的？如果不是误读，那么美尼斯的原名在古埃及文字中是怎么书写的？考古发掘没有发现单独可以读作美尼斯的文物，只有与纳尔迈名字同时出现的印章图案上有疑似美尼斯名字的符号出现。阿比多斯发现的这个印章上下两排都是读作 Mn 的符号与纳尔迈的塞瑞赫间隔出现的图画，后来演化成字符中的 ⬯⬯⬯。后来 Mn 在古希腊语中就读作 Menes（美尼斯）。此外，还有一件文物被学者们认为非常能证明两者是一个人。这件文物是一个标牌，从内特霍泰普（Neithhotep）陵墓中出土。标牌上有一个塞瑞赫，里边刻写着第一王朝早期法老阿哈（Aha）的名字。阿哈在很多王表中都被列作第一王朝的第一位法老位置上。阿哈塞瑞赫旁边有一处圈起来的图标，其中符号被很多学者认定为书写的是美尼斯的名字。奇妙之处在于，这个陵墓主人内特霍泰普被认定是阿哈的母亲，更有趣的是阿哈的父亲非常有可能是纳尔迈。于是人们猜测，既然阿哈的名字出现在母亲的陵墓里，另一个名字不可能是别人的名字，只能是阿哈的父亲。既然阿哈的父亲被认定是纳尔迈，阿哈母亲陵墓中出现的另一个名字也应该是纳尔迈。因此，结论是纳尔迈就是美尼斯。可这里所有推测都是可能或非常可能，因为所有可能的推论都有学者质疑。真是剪不断理还乱，看来纳尔迈与美尼斯是纠缠不清了。甚至内特霍泰普是不是纳尔迈的王后，都是问题。这个问题之所以难以解决是因为古埃及法老的名字至少有 5 个，即荷鲁斯名、两女神名、金荷鲁斯名、登基名与出生名。后来法老名字出现的时候习惯于多用其出生名和登基名了，但早期法老的名字使用时却并非如此。既不是 5 个名字全写，也不固定在出生名或登基名上，而是常常只写一个。纳尔迈是荷鲁斯名，而美尼斯很可能是出生名。这就让两者的认同出现问题，从可能性上分析，两者完全可以是一个人，出生名是美尼斯，而荷鲁斯名是纳尔迈。亦可以是两个人，纳尔迈另有出生名，而美尼斯也另有荷鲁斯名，只是两人的其他名字我们都不知道而已。

有关纳尔迈的文物很多，尽管其上所书文字都很短，甚至很少有完整的句子记述事件，但图画的记述却很丰富。大家都熟悉的纳尔迈调色板正反两面的浮雕成为记录上下埃及第一次统一的最为重要的文献史料，纳尔迈权杖标头上的浮雕图画则记述了这位法老日常统治生活中的重大事件。无论后者记述的是纳尔迈娶亲还是农业生产仪式，关于纳尔迈的史料比蝎子王多了很多。在这些文物中，特别值得注意的是在海外特别是迦南发现的刻有纳尔迈名字的塞瑞赫文物。在迦南考古遗址中有 9 个遗址关涉纳尔迈，在总共发现的 33 个塞瑞赫之中，有 20 个书写着纳尔迈的名字。由此可见，纳尔迈统治时期迦南是埃及的一个重要殖民地。纳尔迈之前埃及在迦南就有存在的证据，说明两地的贸易有悠久的历史传统。但到了纳尔迈时期，埃及在迦南的存在就不只是贸易的往来了，迦南遗址中发现埃及人修建的要塞，说明已有军事存在。这是纳尔迈之前所没有的，且等纳尔迈去世之后，随着他名字的不再出现，埃及的痕迹也突然减少，不仅是塞瑞赫的减少，埃及式的建筑也不再出现。埃及可能失去了对迦南的控制，失去了地中海沿岸一个重要的亚洲殖民地。

金字塔开创者——佐塞尔

古王国既然被称作金字塔时期，其最伟大的法老一定与修建金字塔相关。第一位伟大的金字塔修建者是第三王朝的佐塞尔（Djoser）王。佐塞尔，埃及第一个强盛时期的建立者，开启了埃及第一个伟大的时代——古王国。当然，古王国开始的第三王朝到底是不是佐塞尔建立到如今仍是个存在争议的问题。因为曼涅托的《埃及历史》中写下的第三王朝第一位法老叫内科洛夫斯（Necherophes），而都灵王表所列第三王朝的第一位法老则是内波卡（Nebka）。无论佐塞尔是不是第三王朝的建立者，有一点是毫无疑问的，即佐塞尔是第二王朝最后一位法老哈塞亥姆威（Khasekhemwy，"两大王权出现"）与尼玛阿特哈匹（Nimaathap）的儿子。

佐塞尔虽然因为萨卡拉的梯形金字塔而非常有名，但他的名字在遗址中被发现的地方却是一座非常有趣的建筑。萨卡拉梯形金字塔的东北角有一个小的石头砌起来的小屋，小到只能容纳一个等身半身雕像。小屋正对北方有两个平行的圆洞，透过圆洞可

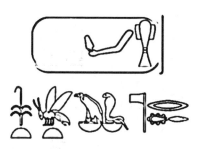

阿比多斯王表王名圈与开罗博物馆雕像
底座上的登基名

以看见里面的一尊等身雕像戴着内玫斯（Nemes）头巾庄严地目视着小屋上的两个圆洞。现在这座雕像已经是原件的仿制品，珍品藏在开罗博物馆。这个小屋就是古埃及早期墓葬建筑结构中的一个组成部分，被阿拉伯人称为塞尔达巴（Serdab），古埃及语叫佩尔－图特（🔲🐍），译为"雕像小屋"。这个小屋是供逝者的卡（灵魂）居住的地方，小屋的两个圆洞不仅让逝者之卡可以看到北方的世界，还可以供逝者之巴（灵魂）自由飞出并飞回。这让我们想到《辛努亥》传奇中的一句话："神奔向他的地平线，上下埃及之王飞向天空，与太阳结合在一起。"意思是这个国王已经去世。按照古埃及人的观念，法老是神在人间选定的代表，是人间的荷鲁斯神，死去就会走向天际与父亲奥西里斯神合为一体，成为冥界神主。我们回过头来，走近这个小屋里的雕像仔细搜寻会在雕像底座上看到这样一段文字："上下埃及之王，两女神，内彻瑞赫特（Neterkhet）"，这是该法老的登基名，我们到阿比多斯王表中一查，这个法老的出生名就是佐塞尔。

佐塞尔建立了古埃及的第三王朝，也开启了古埃及历史上三大黄金时代的第一个时代——金字塔时代。佐塞尔出身王族世家，母亲

萨卡拉南墓假门浮雕

是前王朝最后一位法老哈塞亥姆威的王后尼玛阿特哈匹。他是如何成为第三王朝第一位法老的学界一直没有统一意见，特别是佐塞尔的母亲头衔中有一个头衔是"国王的母亲"，而"国王"用的是双数。这说明佐塞尔的母亲除了佐塞尔之外还有一个儿子坐上过法老的王位。那另一位佐塞尔王的兄弟也登上王位的法老是谁？是内卜卡（Nebka）吗？或者内卜卡是佐塞尔王的父亲，那内卜卡与哈塞亥姆威又是什么关系？扑朔迷离，令人头痛。接下来一个问题是佐塞尔王到底统治埃及多少年，根据曼涅托的记述，他在位的时间是29年，而都灵王表上他在位的时间却是19年。后来的学者根据萨卡拉金字塔等建筑修建的工程量所用时间推测，29年应该更接近历史的真实情况。根据巴勒莫石碑上饲养牛数两年一次的统计次数记述，仍推出佐塞尔王统治时间在28年多的时间范畴之内，更加接近曼涅托29年的陈述。然而无论围绕着佐塞尔存在多少历史谜团，一切都并不影响他成为古埃及伟大法老的历史地位。

佐塞尔的名气虽因其金字塔的修建而流芳于世，他的"政绩"却并非仅限于此。他在位期间不止一次派遣军队前往西奈半岛征服那里不老实的土著，使整个西奈半岛成为埃及与亚洲诸势力的一个缓冲地带，确保了埃及东北边界的安宁。当然，佐塞尔的远征西奈半岛也不仅出于安全的考虑，还因为西奈盛产绿松宝石与铜，这都是埃及人所需要的。也正是从佐塞尔开始，埃及派遣军队去远征西奈半岛，远征西部的利比亚部落，远征亚洲，甚至沿红海远征蓬特（Punt），皆出于双重目的，一是征服，二是开拓资源。以后两千多年埃及远征的军队无不以这两个目的为要务。但是，佐塞尔最值得一提的还是他在萨卡拉修建的梯形金字塔，是这座金字塔开启了古埃及千年的金字塔时代。佐塞尔不仅修建了梯形金字塔，还在南方的阿比多斯修建了一座陵墓，尽管没有完成，仍引人瞩目，可除了专业研究者之外人们知道的还是他的梯形金字塔。

梯形金字塔的修建是人类历史上的一大创举，此前人类从未出现过用采集并切割的石头修建而成的大型建筑。佐塞尔的梯形金字塔不仅从工艺上开创了用采集来的石头切割成型修建大型建筑的先河，还首创了金字塔这种集宗教思想与建筑奇观于一体的陵墓地上建筑。这座金字塔高 62.5 米高，底边为 121 米 × 109 米，略呈长方形，用石三十三万多立方米。这样一座巨大的建筑考验着当时修建者的能力，材料的采集调运，人力的组织与安排，都表现出很高的水平。当然，这样一座巨大建筑的完成也说明佐塞尔在位时间足够长。我们知道金字塔并不是孤零零的一座地面建筑，金字塔周围都有一个大大的院落。尽管现在大多数金字塔的院落都早已不复存在，但建筑之初是都有的。这一传统也是自佐塞尔修建梯形金字塔开始的，所幸的是，佐塞尔的梯形金字塔院落虽损坏严重，但基本框架都保存了下来。院落围墙高 10.5 米，总长 1645 米，占地

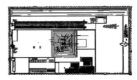

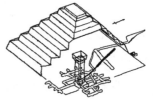

佐塞尔梯形金字塔及院落

面积 90 多亩。这是一个南北走向的长方形院落，梯形金字塔坐落在这个长方形院落的中间。金字塔的南部与北部各有一个空院，北部院落并无太多建筑设施，可能因为塞尔达巴面向北部，不能用建筑阻挡住塞尔达巴里面的佐塞尔通过两个圆洞观看院中举行的仪式的缘故吧。当然，金字塔正北面中间处有北神庙，丧葬仪式中很多重要内容就在这里举行。南部院落靠近金字塔有一个祭台，与祭台相对的院落中央有一对塞得节"公牛跑"折返标记石标。南围墙处则建筑较多，中间靠墙是南陵与祭拜堂。祭拜堂外墙顶端用神蛇形象点缀的屋檐仍保存较好，让人看见便会肃然起敬充满遐想。院落的西侧是几条较高的台地，其上并无建筑，应该有所象征。因为西方对于古埃及人来说是进入永恒世界的入口，山川险恶劫难频现之地。无论如何解说，金字塔院落西侧实际上内容不多，而与之相对的东侧则内容丰富。从围墙的东南角说起，首先是一个柱廊入口，进入金字塔院落的入口就在这里。时至今日，这个入口仍是游客们进入金字塔院落的必经之路。进入院落之后由南向北紧接着是一座神庙与塞得节小院，院中有很多建筑仍然存在，虽经四千六百多年的风沙侵蚀破损严重，其基本建构却仍非常明晰。再向北走又是两个院落，其中各有一个亭阁，分别称为南亭阁和北亭阁。这样的围绕金字塔修建的围墙结构被现代学者称为金字塔综合建筑，是一个蕴含丰富文化内涵的建构设计。在当时，这是从来未有过的浩大工程。且不说内部建筑的复杂，单说围墙的修建就令今人仍感震惊。围墙 1645 米长，墙面均匀布满凹龛，经考古学家研究得出结论，这些凹龛并非先在石头上刻好再垒起围墙的，而是先垒起好围墙再凿出凹龛。仅这一项工程就需要大量的建筑工匠花费足够多的时间才能完成。

　　金字塔建筑过程是一层一层建起来的，因为金字塔之前的王室墓葬是马斯塔巴。马斯塔巴是一种长方形的地面建筑，多用泥砖修建。所谓泥砖就是土坯，这种建筑材料一直持续到古埃及文明末期仍在使用。马斯塔巴墓由最初的坑墓发展而来，坑墓之上只有一个石头堆标明被葬者陵墓的位置。后来地面上标记位置的石头堆修建得越来越大且越来越有形状，渐渐发展成长方形的马斯塔巴墓。马斯塔巴的修建方式多以中心石头为基础，围绕着中心石头修建一面围墙，然后在围墙与中心石头之间填上碎石与土坯，形成一个长方形的平台状地面建筑。马斯塔巴墓最初多为泥砖修建，后来随着王室陵墓的越来越奢华越来越气派，泥砖材料改成了石头。至少中心石头与外墙是较好的石头材料修建的，里面填充的多为不那么完整不那么好看的石头。这一建筑方式对于后来金字塔的形成有着基础性的影响。当佐塞尔的梯形金字塔修建到第二层的时候，由于每层都修得很高，巨大的重力造成的张力让外墙的支撑越来越困难。于是工匠们将每一层的外墙都向内倾斜以抵御重力张力造成的坍塌可能。佐塞尔梯形金字塔建造的第一阶段似乎并未想到后来要在此基础上扩大建筑，最终建成一座六层的高六十多米的庞大建筑，因为金字塔第一层的中间部分是一个较小的马斯塔巴墓，且外层用光滑的石头贴面。显然是马斯塔巴墓完成时的模样，如果从一开始设计建造的就是座巨大的金字塔，工匠们完全没有理由这么装饰金字塔建筑中的一小部分然后又将其盖住。

　　现在我们回到佐塞尔梯形金字塔本身，走入这个神秘的巨型建筑内部，看一看这人类第一个金字塔为后世设立了一个什么样的样板。就内部结构的复杂而言，萨卡拉梯形金字塔让所有后来的金字塔都望尘莫及。我们看看佐塞尔梯形金字塔的地下建筑，简直就是个地下王宫。一条巨大的竖井从金字塔中央垂直下降一直通向地下"王宫"的入口。竖井很大，7平方米向下挖掘直到28米深处。围绕着这个竖井，古埃及工匠们凿出了好多条通路通向竖井。竖井的底部便是停放棺椁的拱形墓室。墓室不大，北部有一个向外通气的圆洞，待棺椁停放妥当之后封死。尽管地下建筑像迷宫一样复杂，但功用不太大，大多都只作贮藏之用。当初修建时应该主要是为了施工方便吧。

从佐塞尔梯形金字塔的建造我们能够清晰地看到，金字塔的诞生不是天才凭空想象设计的结果，而是一步步完成的。从坑墓到马斯塔巴墓，再从两级马斯塔巴墓发展成梯形金字塔，人的想象和创造是有基础的，离开了这一层层的基础，人的想象与创造力便无所依托，也不会有积极的结果。梯形金字塔虽然打开了金字塔建造的黄金时代，但梯形金字塔很快发展成真正的金字塔，一级级的阶梯被外层贴面的石头填补上，金字塔更显得辉煌灿烂。但若无佐塞尔在萨卡拉建造的梯形金字塔做先例，便不会有后世的吉萨等地金字塔身影的炫目。佐塞尔以梯形金字塔被历史铭记，而梯形金字塔的设计修建者却是他的大臣伊姆霍泰普。这位古代世界的达·芬奇式的人物因其智慧被后世崇拜为神，在"大臣与王后之巅"一章我们将走近这位先贤。

追求完美的法老——斯诺夫汝

斯诺夫汝是第四王朝的建立者。对于大部分现代人来说他的名字并不那么显赫，反倒是因为他的儿子有名人们才记住了他。但对于埃及学学者和广大的历史爱好者来说，斯诺夫汝这个名字却耳熟能详。无论是曾经前往埃及旅游的游客还是读过古埃及历史的人，对于这个名字都不会陌生。不仅因为他是异常有名的法老胡夫的父亲，还因为他在埃及建造了至少三座巨大的金字塔。斯诺夫汝是个追求完美的法老，从他的名字我们就可以看出。由于时代较早，文字中出现他的名字只有两个，一个叫内卜玛阿特（Nebmaat），另一个叫斯诺夫汝。内卜玛阿特名伴着前边的荷鲁斯神鹰的形象出现，因此应该是他的荷鲁斯名。而斯诺夫汝前边冠之以"上下埃及之王"字句，因此应该是他的登基名。我们没有发现斯诺夫汝的出生名，因此有人说很可能荷鲁斯名就是他的出生名。出生名大多由不得自己，多是父母给起的，而登基名却都是自己在登基大典上及从此以后给自己起的名号。自己起的名号很能反映名字主人自己的喜好与性格，斯诺夫汝这个名字就很好地诠释了这位伟大法老的性格特征。无论斯诺夫汝的名字写作还是，名字中的或都读作 nefer，意为"美丽"，读作 w，是埃及语中的复数，表示很多事物都美丽，读作 s，是古埃及语中的使动词标志，意为"使……"。因此，斯诺夫汝的名字就是"让所有事物都美丽"。由此我们推断，这个法老是个追求完美的帝王。根据其名字推断其性格只能是一种猜想，猜想是否可信还需看其做事的追求与风格，即读其名观其行。

斯诺夫汝所有丰功伟绩至少从我们能够看到的史料看全都集中在一项工程之中，即金字塔建筑。就工程的规模来说，古埃及没有一位法老金字塔修建规模能与斯诺夫汝的相比较。即使拿胡夫的金字塔的修建与之相比，也远远不及，尽管胡夫的金字塔是所有金字塔中最大的一座，因为斯诺夫汝修建了三座巨大的金字塔，每一座都能排在所有金字塔规模的前 5 位。由于金字塔修建工程巨大，需要大量的人力、物力支撑，斯诺夫汝派军队前往努比亚，前往利比亚，前往西奈半岛，前往叙利亚巴勒斯坦地区，不仅采回大量石材、木材，还俘获大量俘虏带回埃及充实金字塔建造的队伍。当然，大量的俘虏成为劳动力，同时也需要大量的食物供养这些劳力。因此，斯诺夫汝的军队在捕获这些俘虏的同时也将当地的牲畜一并赶回。都灵王表上就有斯诺夫汝一次远征就从黑人之地带回 7 千俘虏，2 万牲畜的记载。建造金字塔不仅需要人力物力的储备，亦需要时间。一个在位很短的法老是没有足够时间修建起一座宏伟的金字塔的，更不用说修建 3 座。因此人们对他究竟在位多久的问题提出了疑问。都灵王表记载他在位 24 年，虽然时间不短，但在 24 年内修建完成 3 座巨大的金字塔仍然让人不敢轻易相信。如果时间平均分配的话，3 座金字塔意味着每 8 年完成一座金字塔，这在没有任何现代设备的四千六百年前谈何容易。胡夫大金字塔按希罗多德《历史》中的说法是 10 万劳工建了 20 年才完成，斯诺夫汝的金字塔尽管略比胡夫的金字塔小些，但在很少前人修建经验的基础上修建三座，在位 24 年显然不够。后来的学者对斯诺夫汝的在位时间进行了研究，发现达赫舒尔红金字塔里发现的铭文提到了斯诺夫汝在位期间进行过 24 次牲畜的清点。又根据梅杜姆金字塔中的记载，至少有 3 年没有清点牲畜。这样推断，他在位时间至少是 27 年。然而，这个推断又引出另一个猜想，既然这三个记年没有清点牲畜，牲畜的清点是否不是每年都做？如果这个推断正确，那么几年清点一次？如果是两年清点一次，在位时 24 次清点就意味着他统治了 48 年。然而，无法确定，因为仍然是没有实据。远古历史无法确定的东西太多，尽管学者做了大量的努力，使历史的记述越来越精确，但还有大量的史实悬而未决。这大概也正是古埃及历史引人入胜的一个原因吧。

斯诺夫汝究竟建造了多少金字塔我们还不知道，但至少建造了三座是毫无疑问的，因为这三座金字塔时至今日仍矗立在梅杜姆与达赫舒尔的地面上。梅杜姆位于尼罗河与法尤姆湖区之间，是一个以斯诺夫汝金字塔为中心的丧葬之地。中间是金字塔，四周有很多泥砖马斯塔巴墓围绕。梅杜姆的古埃及语名字叫⛏𓊌𓏲（mri–itm），意为"阿图姆神所钟爱之地"。除了金字塔与周围的马斯塔巴墓，此地一片凄凉。这个地方其实不太适合建造高大的金字塔，因为土地不是岩基。这也为后来梅杜姆金字塔的倒塌埋下了隐患。梅杜姆金字塔的建筑经过几次修改，并不是一次设计成型的。金字塔高约 65 米，比萨卡拉佐塞尔的梯形金字塔高出 2.5 米左右。金字塔呈南北—东西轴向，塔门开在北面。向下延伸 17 米左右的一个斜坡通道来到金字塔中的竖井处，然后垂直向下 3 米直抵墓室。墓室似乎没有使用过，就是说最初建完这座金字塔斯诺夫汝并不满意，因此将之弃用。因此该金字塔又被称为"假金字塔"。金字塔最初是模仿佐塞尔的梯形金字塔修建的，当梯形金字塔完工之后改变了主意。可能因为虽然比萨卡拉梯形金字塔高了几米，但不合斯诺夫汝的审美。总觉得模仿没有新意，外观也缺少细腻。于是，决定给梯形金字塔贴面，让它看起来更加漂亮。贴完面的金字塔看上去是好看了许多，可仍只是小打小闹地改动，斯诺夫汝仍不满意。于是决定将整座金字塔的阶梯都填平，让它变成四个三角面顶端聚合的建筑。工程变大了许多，外面也都砌起来形成了真正的金字塔模样。然而，这毕竟是一座过于巨大的地面建筑，巨大的重量压在沙土的地面上，重量的失衡或者地面坚实程度稍稍改变就会造成金字塔的垮塌。这个不幸的结果还真的发生了，发生在古代。我们虽然无法确定倒塌是否发生在斯诺夫汝修建这座金字塔的过程当中，但倒塌危险的出现恐怕在当时已经显露。一位"让一切完美"的法老在其统治的最强大时期怎么能够容忍这样的事情发生？于是决定再造一座金字塔。当然，金字塔到底是什么时候垮塌的有各种猜测，但无论是什么时候塌的，金字塔都没有真正使用过，就连附近的马斯塔巴墓也都没有使用过的痕迹。甚至金字塔到底是否修完仍旧让很多人怀疑。

　　达赫舒尔比梅杜姆距离首都孟菲斯近了许多，已经靠近孟菲斯。埃及的金字塔成为真正的金字塔就是从这里开始并最终完成的。虽然此地建造了不少金字塔，包括黑金字塔、白金字塔等，但最为让人瞩目的仍然是斯诺夫汝修建的两座巨型金字塔，即弯曲金字塔与红金字塔。弯曲金字塔指金字塔每一边的坡度都是弯曲的，由最初的54度变成了43度，因此形成了金字塔四面都呈下半部梯形上半部三角形的形状。因为是第一次尝试把巨大的金字塔修建成每面都是三角形的地面建筑，因此在设计上并未考虑周全。随着建筑不断增高，发现沙土的地面有点承受不住继续以54度角的坡度修建带来的高度和压力。发现这个问题之后修改了方案，将坡度减小，最终完成时让斯诺夫汝觉得遗憾。这仍然不是他心中完美的金字塔形象，拍板决定再建一塔，于是才有了古代埃及的第三大金字塔，排在其儿子胡夫金字塔和其孙子哈弗瑞金字塔之后。弯曲金字塔内部构造显然要比佐塞尔在萨卡拉修建的梯形金字塔简单得多，中间仍然是主墓室，空间比较大，上边的石头呈递错式层层收拢穹顶，形成现代人说的大走廊，大走廊墓室底下还有一个稍小的墓室。墓室的北侧和西侧各有一个通道通向入口，西侧入口通道直通大墓室，快到大墓室处设置了两个石头吊闸，以防盗墓者盗入。北侧入口通道通向大墓室，亦有吊闸关口防护。金字塔外建筑也相应简单，一个方形院落围绕金字塔，南部是座小金字塔，北部则一条甬道通向尼罗河河谷神庙。金字塔东部脚下建有一个献祭室，有两块石碑矗立左右。

　　红金字塔又称北金字塔，因为南面一公里处就是弯曲金字塔。之所以称之为红金字塔，是因为这座金字塔表面石头是红色石灰石，远远看去呈现暗红色。这是后人给予它的名字，当初修建时最外层的石头是白色石灰石，但随着时间的推移表层石头大多不知去向，残存的一些也被后人凿下来运走建造别的建筑了。只在靠近地面的角落处尚有很少的白色石灰石表层石头存留。这座金字塔的正规名称是"哈斯诺夫汝"，意为"斯诺夫汝闪耀"。由其名可以想到斯诺夫汝心目中的完美的金字塔形象。金字塔105米高，底边每边长220米。这个长度底座的面积与胡夫吉萨金字塔底座面积相当，之所以矮了41米左右是因为红金字塔的坡度较小，只有43度多，而吉萨胡夫的金字塔坡度为51.5度。43度的坡度正好是刚修建完的弯曲金字塔弯曲之后的坡度，显然是吸取上一座金字塔修建经验教训的结果。红金字塔的考古发现非常有趣，德国考古学家在红金字塔周围发现了很多破碎的金字塔贴面石头碎片，这些石头碎片的内侧，即砌在里面的石头表面上，考古学家发现了书写的文字。这些文字多用僧侣体书写，因为是用墨笔书写的，所以比较潦草。其中有一块石头上的文字中记述了这样一个年份：清点第15年西角石运到地面……清点显然指牲畜的清点，如果两年一次，说明工匠写下这句话以记录修建工程进度的时间是斯诺夫汝登基后清点牲畜的第15次。如果是两年一次的话，这一年应该是斯诺夫汝在位的第30年。更为有趣的是，德国考古学家还在这些散落在金字塔脚下的乱石中发现记载金字塔修建到某一层的文字与时间，对照分析得出这样的结论：其中有一段30层石头垒起的时间是4年。这对于后世推算金字塔建造时间具有重要价值。红金字塔的内部结构更加简单。入口在金字塔的北面，长长的通道斜着向下一直通到地面高度处，两个前室平行前后排列，守护着真正的墓室。墓室从第二个前室进入，要向上爬15米才能进入。这种设计很独特，可能是为了防止盗贼进入吧。其实红金字塔在这一设计上不同于之前与之后大多数的金字塔，它的墓室其实是在地面之上的，因此

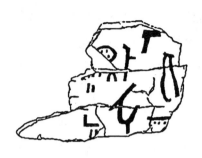

红金字塔碎石涂鸦文字

没有竖井。金字塔外围结构也很简单，除了北面金字塔脚下的祭室外似乎就没有什么太多的建筑了，甚至没有修建通往尼罗河谷的通道和连接两端的神庙。可能的原因是金字塔修建刚刚完成或者接近完成时斯诺夫汝去世，因此便一切从简了。斯诺夫汝修建金字塔的过程完全证实了自己的审美追求——让一切完美。

吉萨三高——胡夫、哈弗瑞、曼考拉

之所以将三位这么有名的伟大法老放在一起讲而不是单列题目分别书写，是因为虽然三位都特别有名，尤其是胡夫，几乎成为古代埃及的代名词，三者的材料却都不是特别多。名气大来自他们在吉萨修建的金字塔，胡夫的金字塔成为古代世界七大奇观唯一幸存者，哈弗瑞金字塔前面的大斯芬克斯也为旷世奇观。除此之外，后世流传着他们的故事，一代代积累起来，形成一个传统，让后来的关注者没法绕过他们而走近古代埃及文明。吉萨高原上三座金字塔东北—西南一字排开，祖孙三代像一个三代之家就座于吉萨高原之上。对于三座金字塔整齐地从吉萨的东北向西南延伸，现代人有各种各样的猜测。有人说三座金字塔的位置正好构成猎户星座的图像，因为猎户星座在古埃及人心目中是代表着冥界主神奥西里斯。可对比吉萨俯瞰照片与猎户星座图像发现此说不对，因为对不上。还有一种猜测，认为东北—西南轴线正对着东北方向的赫留坡里，那里是太阳神拉神的崇拜中心，还是九神诞生之地。从理论上讲，这一猜测有其逻辑的合理性，因为毕竟金字塔建筑体现的是太阳神崇拜。如果我们看一看古代埃及的太阳光芒普照人间的浮雕或绘画就会发现，其光线的角度都似金字塔尖向下至地面的斜坡，胡夫也是第一个将自己看作是拉神的法老。胡夫的继承人长子斋代弗瑞（Djedefre）在自己的王衔中首次加入"拉神之子"的字样，为后世开创一个传统，也同时告诉我们，胡夫已将自己看作太阳神拉神。以后的法老都称自己为拉神之子，显然从胡夫开始，埃及的法老们都将自己看作是太阳神了。

　　关于吉萨三座金字塔的传说我们得从近代向前追溯。公元642年，阿拉伯人占领埃及。他们来到吉萨高原考察金字塔群，并努力想给金字塔的建筑一个合理的解说。他们询问了许多埃及人，可无一人能够说出这三座金字塔都是谁修建的以及为什么要修建它们。因为此时的埃及人已经忘记了自己民族的语言，更读不懂古埃及的文字。于是，阿拉伯人根据自己的猜想与推理对金字塔进行解说。他们认为吉萨金字塔是由伊德利斯神（Idris）或一个叫索力德（Saurid）的埃及之王修建的。故事很是奇幻，说索力德国王连续几天晚上做噩梦，梦中大地翻转，星辰坠落，人类惊恐尖叫，被掠走压在两座大山之下。先知告诉索力德洪水将至，于是修建大船将财宝与智慧之书尽数带走，并修建了三座金字塔以备躲避洪水灾难。显然，这是受了《古兰经》和《希伯来圣经》创世纪中大洪水记述的影响。现代人仍然有人沿着这个方向试图用古埃及文字文献与《希伯来圣经》文字相对照的方法来证明金字塔的修建是为了躲避洪水之用。显然这一方法一千三百年前阿拉伯人就已经尝试了。早在阿拉伯人的势力尚未成器之时，希腊的辉煌已经普照西方世界。希腊人笔下的埃及更是让这个已经消失了的古老文明被后世记起。希罗多德，这位被称作"历史之父"的史学家在其著作《历史》中用了一卷多的篇幅记述古埃及的历史，胡夫这样的大法老自然不会被遗漏。但读过希罗多德的《历史》就会发现，希罗多德笔下的胡夫法老不是个好王。首先，他为了修建自己的金字塔，强令自己的女儿去卖淫，用女儿卖淫得来的钱修建巨大的金字塔。在希罗多德笔下，胡夫是埃及传统信仰的异端。他登上王位之后便开始拆除神庙，杀死祭司，让全民成为他的劳工。希罗多德《历史》中说这一切都是他听埃及人自己讲给他的，他如实记录而已。然而，两千多年流传至希罗多德的故事一定会有所改变、有所选择甚至有所编造的成分。甚至故事到希罗多德这里有所取舍都是很正常的。无论如何，胡夫修建大金字塔这件事两千多年前的希罗多德的著作就已经记载。最有趣的还是金字塔的修建方式，希罗多德记载的修建方式非常值得琢磨。他说胡夫金字塔是先建起了地基，然后在此基础上用木制设备将石头一层层运到上边去的。这样一层层建上去，然后再从上边向下一层层地完成外部斜面的修砌。这一记述与我们后来对众多金字塔的考古考察结果相似，金字塔的确是从里面开始修建的，先梯形，后贴面。无论是斯诺夫汝的梅杜姆金字塔还是达赫舒尔金字塔都展示了建造过程的这个顺序，虽然后世金字塔爱好者们对此有许多质疑并有自己的猜想，但是希罗多德告诉我们的与考古发掘告诉我们的应该是可信的。另一位记述胡夫的是希腊的另一位历史学家狄奥多鲁斯，在他的《历史丛书》里，胡夫也被描写成一位坏法老，埃及后世人民都普遍仇恨这位法老。有一点不同于希罗多德，他认为吉萨三座金字塔都不是别人认可的胡夫、哈弗瑞与曼考瑞的陵墓，而是他人的杰作。这一陈述被后世的考古所证伪，但狄奥多鲁斯关于大金字塔的修建方式采用斜坡向上运石头的说法却得到了后世考古的证实。当然，这个时代对埃及记载最为详尽也最为专业可信的是埃及的历史学家曼涅托。虽然他的《古代埃及》是用希腊语书写的，且不幸亡佚，但在古典作家著作中的引用中我们还是看到了埃及人自己的历史记述。

对于胡夫及其子哈弗瑞、其孙曼考瑞，更加可靠的记录还得从埃及人自己的历史材料中去寻找。公元前 7 世纪至前 5 世纪的一座伊西斯女神神庙中发现了一个货物清单石碑，石碑上出现了胡夫和他王后的名字。同时期还发现了大量的刻有胡夫名字的护身符，可见古埃及人并没有像希罗多德等人书中说的那样仇恨胡夫。对于胡夫如果我们想了解更多，还得到古埃及的考古遗址去寻找。因此，我们越过时空回到远古，按照时间的顺序考察历史，看看胡夫到底为我们留下了什么。首先是古王国时期，从第四王朝直到第七王朝，埃及的丧葬在整个国家的经济生活中扮演了重要角色。人们甚至称当时的经济为丧葬经济。古王国的王家墓地修建了很多葬祭神庙，相应地配备了许多专职人员供职于此，这些葬祭祭司与官员世代因袭这一职务。一位法老的葬祭祭司等专职人员的多少可以看出其在世与身后的影响力有多大。为胡夫吉萨金字塔综合建筑群配备的祭司与官员最多，根据职务头衔分析，后世为胡夫服务的葬祭官员包括葬祭祭司至少有 73 位，是之后所有古王国法老中最多的。到了中王国，关于胡夫的记述变得更多，不仅有文献上提到名字，胡夫还作为主人公出现在文学作品之中。《法老与魔法师》就是以王子们围绕法老讲魔法师的故事的结构将几个故事汇总在一起的作品，而这位法老就是胡夫。翻开湖水找头饰、蜡做的鳄鱼吃掉仇人等精彩故事对后世的文学产生了极大的影响。考古学者在哈玛玛特旱谷挖掘发现的铭文中也找到了 5 个王名圈，其中 5 个名字的第一个就是胡夫。可能 5 位法老的名字因中王国将其看作是圣人而受到崇拜，因此才被刻写下来。至于这 5 个王名圈中的两个名字可能只是王子是否当过法老的争论，我们且不管它，因为至少这两个人当过加冕王子，即中国古代的太子。太子名字被写在王名圈里受人崇敬也不为过。新王国时不止一位法老在吉萨修建伊西斯神庙，神庙中的铭文提及伊西斯女神的祭司，同时拥有胡夫祭司的头衔，可能古王国时期法老葬祭祭司职位在新王国之后得到了恢复。可见胡夫在古埃及的历史上一直受到尊崇，并非像希罗多德所说是人民仇恨的对象。

回到胡夫本人，我们还需从他的名字说起。因为古典作家笔下提到胡夫的时候所书所写各不相同。古希腊人都称之为齐奥普斯（Cheops）或苏菲斯（Suphis），甚至苏菲，阿拉伯人称他为索力德（Saurid）或萨尔胡克（Salhuk）。当然，这些名字都与胡夫自己的古埃及语言中的名字相关联，或借用发音，或借用传说。胡夫的古埃及名字是 𓆣𓅱 ，读作胡夫，其文字的意思是"保护"，从另一种写法 𓆣𓅱𓆑 更能看出其名字的本意。名字叫"保护"有些奇怪，其实胡夫是其惯用的写法，并不完整，完整的名字是哈努姆胡夫，即 𓏞𓆣𓅱𓆑 。哈努姆是古埃及的一个神，常以公羊头人身的形象出现，哈努姆的典型图像是用陶轮造人。我们不知道胡夫是否开创了用神名起名的先河，但胡夫的确把神名纳入自己的名字了。哈努姆胡夫的完整意思是"受哈努姆神保护之人"。

胡夫的身世充满着疑问。我们都知道胡夫是第四王朝的建立者斯诺夫汝的儿子，其实这一判断是没有确凿根据的。之所以认定他是斯诺夫汝法老的儿子仅凭两点：第一，是胡夫继承了斯诺夫汝的王位，一般来说都是儿子继承父亲的王位；第二，是胡夫在吉萨的大金字塔东侧有一座小金字塔属于一个叫赫泰普赫瑞斯（Hetepheres）的女人的，其墓中发现的铭文有她的头衔"国王之母"，因为是在胡夫陵墓之侧，因此被认为"国王之母"中的"国王"指胡夫。她还有另一个头衔"神圣躯体之女"，而"神圣躯体"在古埃及是法老的称呼。因此推断她是一位公主，公主与王子结婚是古埃及保持血统纯正的传统，故而推断她是王后，她的儿子也一定是王子了。无论胡夫是不是斯诺夫汝的儿子，都不影响他是一位古埃及历史上最为伟大的法老之一。然而，这位伟大法老的真容却不像后来的伟大法老那么清晰。原因很简单，他没有给后世留下太多自己形象的文物，无论是雕像还是图像都非常稀少。最有名的是现在陈列在开罗博物馆的只有 7.5 厘米高的小雕像。这一雕像是考古学家皮特里在阿比多斯发现的，最初只是发现了一尊没有头的坐姿象牙雕像，当皮特里发现雕像腿上一侧刻写着麦斋度（Medjedu），另一侧刻写着哈努姆胡夫的时候，他意识到人们一直寻找的胡夫形象终于有了展现在世人面前的希望。于是让考古工人细细寻找，找到有奖。经过两个星期的细细筛查，终于找到了这个虽然很小却异常重要的胡夫雕像断掉的头颅。当考古队将胡夫的头像安回到坐姿雕塑之上时发现，建造了人类最伟大金字塔的胡夫原来形象并不那么高大伟岸，而是略带沮丧的表情。这尊小雕像是以胡夫坐在王座上的姿势展现在人们面前的，左手自然下垂放于左腿之上，右手弯曲于胸前，拿着一个象征权力的连枷置于右肩之上，头戴下埃及的红冠。后来在吉萨又发现了不止一尊胡夫的小雕像，都只有头像，证实了胡夫的长相的确是这样，嘴有点扁，看上去不那么精神。

　　无论胡夫长什么样，他在吉萨的金字塔建筑作为古代世界七大奇观唯一幸存者的地位都是永远不可动摇的。吉萨这块神奇的高原之地以金字塔"三高"闻名于世，三座金字塔占据了古埃及全部金字塔的两高，胡夫的大金字塔与哈弗瑞的金字塔超过第四王朝开创者斯诺夫汝法老的金字塔而最为引人注目。三座金字塔各有一个院落，周围还星罗棋布地围绕着许多小金字塔，让吉萨更加丰富神秘。在这神秘建筑群中，大斯芬克斯雕像以其巨大的身姿守护着这块大墓地的东方之门。更有胡夫金字塔的太阳船环绕着巨大的地面建筑，增加了后人对这块第四王朝法老大墓地的时空穿梭想象。吉萨最大的一座金字塔是胡夫金字塔，院落早已消失不见，毕竟从完成到现在已经有4600多年。胡夫金字塔又称大金字塔，曾保持四千五六百年的人类建筑最高的荣誉。曾有一条通道连接起金字塔葬祭神庙与尼罗河河谷神庙，现在这条甬道和河谷神庙遗址已被村民的民宅覆盖，但地面的甬道痕迹还在。连接金字塔的葬祭神庙也破坏得差不多了，只留下玄武岩地

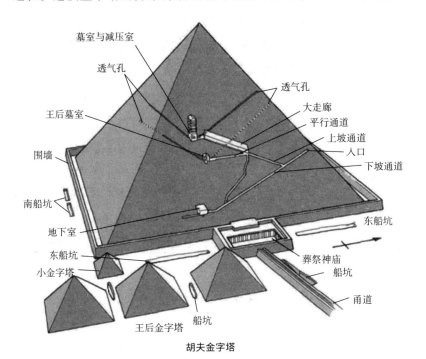

胡夫金字塔

面。金字塔本来外层是用白色石灰岩将表面贴得光滑美丽的，但阿拉伯人侵入埃及之后开始从上向下欲将这座巨大的石头几何建筑拆解，用拆解下来的石头建造开罗。但是只拆了表面的石灰石贴层便放弃了。金字塔庞大，但里面的结构却也很是通达。墓室在金字塔中间，有通道从金字塔北侧半腰处的入口处向内斜着向下一直通向地下的墓室。地下墓室考古发现并未启用，修建得也比较粗糙。在这条向下的通道半腰处有个向上的通道通向一个空间很大很高的"大走廊"。这个"大走廊"与佐塞尔萨卡拉金字塔很像，但要大得多，有近6米高，5米多宽，接近10多米长。越到高处越向里收，形成一个很像哥特教堂内部的穹顶。通过这个"大走廊"，再向上爬进入墓室，胡夫的红花岗岩石棺就放在墓室中。墓室上方是人字形结构的减压室，将上方沉重石头的重量分解，以免压塌墓室。墓室南北各一个20厘米边长的正方形通气孔通向金字塔外。大走廊与胡夫法老墓室之间有一个防护装置，由三块巨大的石头用吊闸的方式堵住通道，以防止非法盗入者进入。大走廊有个平行通道连接着另一个墓室，人们称之为王后墓室。墓室内也有一个通气口通向南方，北方也应该有一个，但尚未打开。金字塔南侧和东侧各有一个大船坑被考古队发现，里面埋着太阳船。小金字塔周围也有船坑被发现，可见胡夫时代的丧葬是非常注重太阳船的。太阳船不仅在丧葬过程中起到运送木乃伊的作用，还在进入来世的过程中载着法老在永恒世界每日东升西落地运行。

　　吉萨第二高的金字塔是胡夫的儿子哈弗瑞的金字塔，但哈弗瑞却不是胡夫的直接继承人。胡夫死后，胡夫的儿子斋代弗瑞继位，在位十年后去世，哈弗瑞这才登上王位。斋代弗瑞不知何故没有在吉萨修建自己的金字塔，而是选择了阿布－拉瓦什（Abu Rawash）作为自己最后的安息地。可能自己感到有生之年无力修建一座与父亲胡夫

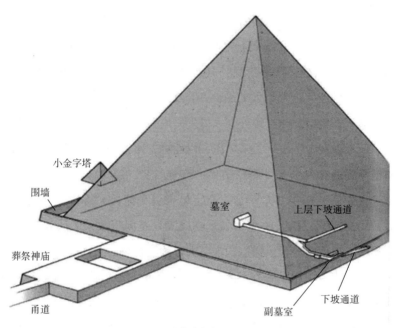

小金字塔

围墙

墓室

上层下坡通道

葬祭神庙

甬道

副墓室

下坡通道

哈弗瑞金字塔

的陵墓比肩的金字塔，所以离开吉萨，也可能是别的什么原因。但从其在位的时间来看，修建一座与胡夫金字塔相仿佛的陵墓在父亲胡夫已经将埃及的资源耗费得差不多的时候确实困难重重。也正是因为斋代弗瑞的"低调"为哈弗瑞留下了充足的人力、物力准备，才得以修建一座远远看上去比胡夫金字塔还要宏伟的金字塔。古希腊人对于哈弗瑞的描述几乎与对胡夫的描述相同，残暴、挥霍，捣毁神庙、压榨人民。然而，真实情况恐怕并非如此。古埃及第四王朝是金字塔经济，这一点恐怕古希腊人很难理解，残暴是古希腊人能够理解的解说理论。哈弗瑞的金字塔内部结构比较简单，仍然是墓室在中间，由上下两层坡道通向墓室。围墙也比较小，东侧有葬祭神庙将金字塔与尼罗河河谷神庙相连接。金字塔外面的贴面在金字塔尖之下仍然保留着，由此我们可以推想当初贴面没有遭到破坏时石灰石平滑的表面会是多么光彩夺目。这是埃及金字塔贴面保存最好的一处，显然破坏者是从下向上凿走贴面的石灰岩石的，越往上凿越加困难，最后不得不放弃。哈弗瑞在吉萨的金字塔综合建筑群，除了金字塔外最引人注目的就是大斯芬克斯雕像了。大斯芬克斯雕像就在哈弗瑞金字塔通向尼罗河谷的河谷神庙北侧向西一点的地方，河谷神庙就与斯芬克斯神庙并排修建，河谷神庙直通金字塔，而斯芬克斯神庙向金字塔方向正好与这条甬道平行。大斯芬克斯是一个用一座石头山丘就地雕凿出来的独体雕像，尽管背后有庞大的三座金字塔映衬，还是显得那么宏伟雄浑。这个卧着的狮子雕像长 73.5 米，高 20.22 米，宽 19.3 米，神情庄严，面向东方。头像是哈弗瑞法老，头戴内玫斯头巾，将头像与狮身完美结合。当然，这座雕像究竟是哈弗瑞还是他的前任斋代弗瑞的真容尚有异议，但镇守在吉萨大墓地东侧，且屁股正对着哈弗瑞的金字塔，更让人相信它属于哈弗瑞金字塔综合建筑中的一个组成部分。由于古王国时期的文献中没有一处提及大斯芬克斯，因此我们不知道当时的人们怎么称呼这座雕像。但到了新王国，人们称这个大斯芬克斯为赫尔－姆－阿赫特（ Hr-m-Axt），意为"地平线上的荷鲁斯"。现在如果有机会前往吉萨走近大斯芬克斯就会发现它的两只前爪之间有一块石碑，上面刻有铭文，讲述第十八王朝图特摩斯四世法老还是王子的时候在此狩猎，曾在大斯芬克斯头下休息睡着做梦的故事，因此这块石碑被称作梦碑。梦碑讲述的内容是图特摩斯四世梦中听到斯芬克斯对他说话，说如果你能将我身上堆积的沙土清理掉我就让你做下一任法老。显然，三千四百年前大斯芬克斯就已经被黄沙掩埋得只剩脑袋露在外面了。此时的名称是"地平线上的荷鲁斯"。这个名称也许是新王国时期人们对它的称呼，也许一直这么叫只是之

梦碑上半部

前的文字中没有出现，或者出现的文字都被时间破坏掉了。也正是因为这个名字，后世学者怀疑这座斯芬克斯雕像不属于哈弗瑞法老，而是整个墓地的镇守者。斯芬克斯对后世的影响很大，不仅埃及几千年一直持续着这一传统，如今有很多斯芬克斯被发现，还被整个地中海各文明所借用发展。古希腊不仅有了自己的斯芬克斯，给狮身人面的怪物变了性，加上了翅膀，还创造出了至今流传的"斯芬克斯之谜"。斯芬克斯还有一个称呼——筛塞朴昂赫（🏛️〰️🐦 Ssp），意为"活着的形象"。当然，活着的形象既指荷鲁斯神，亦指法老本人，因为在埃及人心中法老就是现世的荷鲁斯神。围绕着大斯芬克斯流传着各种各样的传说，也有各种各样的猜测与理论，关于它的建造时间，关于它的含义，我们不做过多的论述。但大斯芬克斯鼻子是如何丢失的却应该略作介绍。现在的大斯芬克斯鼻子已经掉了，怎么掉得众说纷纭。最常见的说法有两种，一是拿破仑的军队练习射击，用炮将其轰掉；另一说法是当地农民向大斯芬克斯献祭乞求丰收让阿拉伯人非常恼火，因为这与阿拉伯人的信仰相抵触，因此将鼻子凿掉。掉了鼻子的地方发现凿子凿的痕迹似乎为后一理论添加了证据，但也不排除鼻子被破坏之后人们再加几凿的可能。

　　吉萨三高的第三高明显比另外两座金字塔逊色不少，也可能正是从金字塔规模上小了很多才让曼考瑞在古典著作家的笔下变得善良而有人性了不少。后世传说中的曼考瑞不再像胡夫与哈弗瑞那么残暴了，而是说他回归了传统，重新尊崇神祇。但也不是所有的传说都是颂扬。希罗多德笔下的曼考瑞虽然是位好王，但却遭受了不该遭受的折磨，唯一的女儿先他而逝，让他痛苦不堪。痛苦的他又得到了布托神谕，说他只剩六年时间的寿命。于是他日夜放纵以把这剩下的 6 年当成 12 年来过。金字塔高只有 65 米，占地也只有 102 米 ×104 米，比其父哈弗瑞的金字塔与祖父胡夫的金字塔都小了一半还多。曼考瑞的金字塔虽然小，研究价值却远比另外两座金字塔高。因为这座金字塔在曼考瑞去世的时候还没有完成。一座未完成的金字塔就像庞贝古城一样，在维苏威火山的突然喷发掩埋中保存下了当时城市和社会生

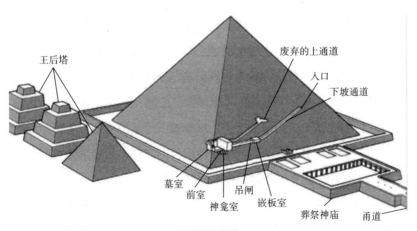

曼考瑞金字塔

活的原貌，曼考瑞的金字塔也因曼考瑞的突然离世而将很多正在进行中的工程展示给了后人。曼考瑞在他统治的第 26 年突然去世，未完成的金字塔综合建筑由其继任者晒朴塞斯卡夫（Shepseskaf）草草完成，所用材料有很多泥砖而不再是上好的石头了。金字塔是小了很多，可现代考古学家们却发现曼考瑞金字塔综合建筑群中所用的材料中精美的花岗岩数量显著增多，且葬祭神庙的规模与前辈相比扩大了许多。因此推断不是曼考瑞开始低调，更不是他开始改弦易辙，而是他更加注重与神的关系而不是丧葬的陵墓本身。金字塔内部建筑与前辈大同小异，但比前辈们的金字塔更加精美。墓室仍然在金字塔的中央，由上下两条向下的斜坡通道进入，上通道在修建未能完成的时候就放弃了，只留下了下通道供人进出。入口通道斜坡到墓室的平行之处变得平直，斜坡与平直通道之间有一个装饰精美的嵌板室连接。嵌板室内各个嵌板都是假门，非常好看。嵌板室再往里去是吊闸，守护着墓室的安全。之后进入墓室的前室，再向下进入通道才能最后进入墓室。墓室与前室之间通道中有一个岔道口通向神龛室。从整个金字塔内部构造来看虽不及佐塞尔在萨卡拉的梯形金字塔内部构造那么复杂，但在吉萨却是最为复杂精美的一座。金字塔外部建筑仍然是由围墙围起来，东边是葬祭神庙，并由一个 1600 多米长的甬道连接，向东直抵河谷神庙。葬祭神庙与河谷神庙发掘出很多文物，最引人注目的是曼考瑞的雕像，特别是三人组雕像。它将三人组雕像形式发挥到了极致，之后再无这么精美的三人组雕像了。曼考瑞的三人组雕像都是以曼考瑞站立中央两侧各一位女性陪伴的雕像，而这三人中间常常出现一位女神。在其河谷神庙中发现的许多三人组雕像中都是中间站着戴着白冠的曼考瑞，一侧是哈托尔女神，另一侧是头顶诺姆标志的诺姆神的雕像，比如阿努比斯诺姆标志的女神，应该是上埃及第十七诺姆即豺狗诺姆之神。这样的三人组雕像在开罗博物馆就有三座在展出，都是曼考瑞河谷神庙的雕像。女神紧紧守护着曼考瑞，有的与曼考瑞拉着手，有的用靠近曼考瑞法老的手从后背绕过去揽住曼考瑞的另一侧臂膀。揽臂之亲是古埃及表达亲近的一个象征，但三人组的形式却只属于曼考瑞。

吉萨高原，三座金字塔，三代法老的辉煌，古王国辉煌的顶峰，随着第四王朝的结束开始暗淡下来。

新时代开创者——阿蒙尼姆哈特

阿蒙尼姆哈特是谁？这是个我们既知道答案又不知道答案的问题。他作为第十二王朝的建立者和第一位正式建立起共治制度的法老是每一位历史学者都知道的，但这个突然成为法老的人是不是第十一王朝最后一位法老孟图霍泰普四世同名的查提（宰相）却仍无定论。阿蒙尼姆哈特是他的出生名，意为"阿蒙神在前"，而他的登基名叫塞亥泰普伊布瑞（Sehetepibre），意为"让拉神心里满意"。有趣的是他的荷鲁斯名，叫外亥姆麦苏特（Wehmemesut），意为"再生"或"新生"。我们知道后来新王国末期的拉美西斯十一世在统治的第19年改年号为"再生"，是不是受了阿蒙尼姆哈特荷鲁斯名字的影响我们无从知晓，但至少可以说阿蒙尼姆哈特是革新想法的先驱者。无论他是不是前朝的宰相，阿蒙尼姆哈特都是位有故事的法老。

首先从第十一王朝最后一位法老孟图霍泰普四世派队去哈玛玛特旱谷为自己的石棺采集石材说起。我们知道，古埃及法老登基之后一生都要做的一件事是为自己身后的居处修建座"宫殿"，即自己的陵墓，而陵墓内最后的居处则是墓室里的棺椁。棺椁有好几层，装载木乃伊的是人形棺，然后是石棺，石棺的材质都是选择最好的石头。这位末代法老后世记载不多，甚至在有些王表中都找不到他存在的痕迹。反倒是在他的继承人——第十二王朝建立者阿蒙尼姆哈特的文献中出现了他的名字。有两篇哈玛玛特旱谷采石文献记述了两次奇迹，这两次派队采石都是法老孟图霍泰普四世派出的，带队者都是当时的宰相大臣阿蒙尼姆哈特。第一个奇迹发生在哈玛玛特旱谷寻找最好的石头为法老的石棺做棺盖的时候。铭文中记载，当人们正在寻找的时候，突然发现一只母瞪羚出现在人们面前看着众人，它与人们对视丝毫不回避，然后径直走向一块人们选定的石头，当着众人在石头上产下小瞪羚。人们从这一瞪羚的举动中看到了神的暗示，于是将母瞪羚的头颅砍下并在这块石头上烧灼，作为牺牲献给神祇。这篇铭文的记述者就是带队远途前往哈玛玛特旱谷采石的宰相阿蒙尼姆哈特。第二个奇迹也发生在哈玛玛特旱谷采石的过程中，突然间天启出现，神祇现身，整个山峦立刻被水弥漫，水就从法老选定做自己石棺的石头中喷涌而出。只有法老能够看见并掌握住喷涌的时间，也只有法老能够看见神与石头喷水的机制。我们知道，旱谷是埃及东部沙漠中的通道，人们通过这些通道从尼罗河谷地前往红海海岸。几百公里的旱谷在远古时候是很难的道路，炎炎烈日下行走水的补给就显得十分重要。人们随身带不了太多的水，旱谷中的水井变成了能否穿过沙漠到达红海海岸的关键。当时人们需要找到水，挖出水井。而水井里并不是总有水，来水的季节和时间对于想要越过沙漠的埃及人来说就变得非常神秘。水出现之后很快又会消失，因此石头上涌出泉水是神迹。现代学者分析，认为这两则铭文都是阿蒙尼姆哈特所书，也许只是这位宰相的编造，并非真实记录。那么阿蒙尼姆哈特为什么要编造这样的奇迹呢？这让我们想到新王国时期记录流传下来的一个古王国时期背景的预言故事《内弗尔提预言》，从用词到风格，这篇在新王国时期被反复抄录的经典作品却是中王国时期的作品。预言讲述了一个发生在斯诺夫汝法老宫廷中的故事：法老工作累了，找来大臣让他们推荐个能给他带来快乐的口才好的人来为他解闷。于是有人推荐了阿蒙尼，一个有智慧能预知未来的祭司。他来到斯诺夫汝法老面前讲述了一个未来发生的故事：灾难袭来，尼罗河干涸，亚洲人从西奈侵入，整个国家陷入混乱，一切都发生了颠倒，穷人富有，富人变穷，死人无人哀悼，活人面露狰狞。尼罗河干涸，饿殍遍野。人与人战争不断，神远离开埃及。就在这天翻地覆的困难时刻，神派来一位国王，力挽狂澜，再次统一国家，让玛阿特再次回到埃及。这位法老就叫阿蒙尼。学者指出，这位预言者预言的好王暗指阿蒙尼姆哈特。将这个预言与阿蒙尼姆哈特两个奇迹的记载放在一起来读会让我们不由想到，没有革命的理论，就不会有革命的行动。无论是两个奇迹还是一个预言，都告诉人们旧的世界不行了，新的世界马上到来。于是，一个叫阿蒙尼姆哈特的人建立了新的王朝——第十二王朝，而恰巧前王朝最后一位法老的宰相也叫阿蒙尼姆哈特，他大肆宣传神迹的出现和前世预言要改朝换代。这一情况不得不让我们思考这两者应该就是一个人。在里施特发掘出来的一个石碗上的文字更增加了这一推测的可靠。这个石碗外侧刻写着孟图霍泰普四世的王衔，而内侧刻写的则是阿蒙尼姆哈特的王衔。内外王衔书写的风格浑然不同，因此人们猜测内侧的王衔是后刻上去的。两个王衔毫无龃龉地共享一碗很让人想到二者应该还有感情，因此推想第十一王朝最后一位法老的宰相大臣应该就是第十二王朝的建立者，两个阿蒙尼姆哈特是一个人。

　　既然知道两个阿蒙尼姆哈特是一个人，那么前朝的宰相结束了一个王朝创建了另一个王朝是不是篡位便自然而然成为人们心头的疑问。之前提到的铭文与故事都指向阿蒙尼姆哈特改朝换代的舆论宣传，有了舆论就会有行动，结果他不出所料成了新王朝的建立者。史料中没有材料证实孟图霍泰普四世有孩子，这就为阿蒙尼姆哈特的登基增加了另外一种可能，即孟图霍泰普四世指定由他接班。如果是这样，这次政权更迭就没有篡位发生，毕竟这样的事情在古埃及的历史上也多次出现过。无论如何，阿蒙尼姆哈特建立了第十二王朝，并且将第十一王朝的都城由底比斯迁移到伊池塔威。伊池塔威遗址到现在埃及学家们也没能找到，根据文献记载以及其墓地里施特（Lisht）的位置判断伊池塔威应该在法尤姆地区。名字的意思是"控制住两土地"，应该在埃及的中部，法尤姆地区也符合这一含义。像所有的法老一样，在位期间会修建自己的陵寝。然而此时的金字塔已经无法与古王国的金字塔相提并论，但阿蒙尼姆哈特做的另一件事却为后世历史学家、政治学家、文学家留下很多话题。这件事就是古埃及正式开始的共治。共治是老法老还在世的时候出于政权交接顺利的考虑将接班人扶上法老之位，与年轻的法老共同统治。在阿比多斯发现的石碑上刻有两个年份，一个是阿蒙尼姆哈特在位的第30年，另一个是辛瓦瑟瑞特在位第10年。根据这块石碑上的年份签署可以推断，阿蒙尼姆哈特在位的第20年，他将自己的儿子辛瓦瑟瑞特扶上了法老的宝座，与自己共同治理国家。阿蒙尼姆哈特为什么要进行这样的政治改革，我们只能根据有限的材料加以推测。一种观点认为是出于权位被外人篡夺的担心，此观点的逻辑是篡夺别人权力者最怕别人对他以其人之道还治其人之身。持这一观点的学者自然将阿蒙尼姆哈特的上位看作是篡位者，是他利用了自己的宰相权力谋害或架空了孟图霍泰普四世，然后将法老之位据为己有。历史上的篡位多有残酷时刻，甚至是杀戮。阿蒙尼姆哈特想要极力避免的就是这残酷的结局，然而，他自己却并没有逃脱这一历史宿命。虽然他在统治的第 20 年让自己的儿子辛瓦瑟瑞特加冕为法老，与自己共同执掌埃及法老权力，权力虽安然无恙，他自己却在宫廷的一次密谋中遇害。

关于阿蒙尼姆哈特被谋杀，并没有宫廷的正式文献记载此事。但有两部被后世看作文学的作品都记录了这次谋杀，一个是《阿蒙尼姆哈特教谕》，另一个是《辛努亥》。这篇教谕以阿蒙尼姆哈特第一人称的口吻教育自己的儿子人生智慧，并以自己被谋杀为例告诉儿子不要轻信任何人。教谕中甚至详细描写了他被杀的经过：

> 晚餐已过，夜幕降临，我寻求片刻歇息；我上床休息，瞌睡进逼，昏昏沉沉随梦而去。突然间似有宝剑挥舞，向我偷袭，我像墓中之蛇透迤躲避。我一旦回过神来就醒来战斗，发现是保镖对我发起攻击。如果我能迅速握剑在手，我本可以杀得这些爬虫退回洞里；可夜晚无人勇敢，无人战斗中不畏孤立，没有御者好运不会理你。看看发生了什么，没有你在场谋杀浮现，我没有机会让朝臣听到我把一切传给你。今后我不再能与你并坐王座，忠告随时教你。我不再是你的后盾，我不再有我的思虑。我也不再信任仆人的忠心。(John. L. Foster, Ancient Egyptian Literature, University of Texas Press, 2001, p.87.)

第一人称肯定是假托，没有已被谋杀了的人能够现身说法，为儿子写下教谕。教谕是假托，背景却很真实。《阿蒙尼姆哈特教谕》并非孤证，另一部作品《辛努亥》再次告诉我们宫廷谋杀的真实。虽然人们把《辛努亥》当作一部传奇作品，内容也的确曲折，文笔流畅，但这个故事最后却说抄自辛努亥的陵墓。陵墓里的传记是真实的记述，本不该归于文学作品，可辛努亥的陵墓却一直没有找到。辛努亥是阿蒙尼姆哈特后宫的一个高级随从，陪同当时共治的小法老辛瓦瑟瑞特远征利比亚。不小心听到了从首都伊池塔威秘密前来报信的人同小法老辛瓦瑟瑞特的谈话，得知老王被谋杀了。辛瓦瑟瑞特立即带着随从与护卫连夜返回，辛努亥出于害怕逃离军营。他究竟害怕什么，为什么害怕，文献中都没有说，可能是怕受到牵连吧。宫中派系林立，老王被谋杀，小王回去一定会清洗叛党，宫中的每个近侍都难逃审查。他不仅逃出了军队，还逃离埃及，前往地中海沿岸之地瑞侪努。一路逃跑，经历千辛万苦。先到"真理之海"，应该是法尤姆湖，再到"斯诺夫汝岛"，可能是梅杜姆或达赫舒尔，因为这两地都有斯诺夫汝的金字塔，接着来到"公牛码头"，已经来到三角洲之地，越过"红山"和"统治者之墙"，逃出边境进入亚洲。出了埃及便是蛮荒之地，贝多因人在他精疲力竭之时给予他水与食物，让他得以继续北逃，一直来到瑞侪努，即古时的叙利亚。千里逃亡最终落脚于遥远的异乡，过去的身份、财富、尊贵全都化为乌有，开始了蛮荒之地争取立足的惊险生活。虽然这个传奇自传没有记述老王如何被杀，但阿蒙尼姆哈特死于非命却言之凿凿。与《阿蒙尼姆哈特教谕》参照来读，阿蒙尼姆哈特被谋杀的史实已不容怀疑。当然，阿蒙尼姆哈特为了防止权力旁落而设立的共治虽未保住自己的性命，政权的稳定却未因老王被杀而发生动摇。辛瓦瑟瑞特很快回到宫中收拾残局，该杀的杀该抓的抓，埃及的政治生活并未受到太大震动。

　　阿蒙尼姆哈特与儿子辛瓦瑟瑞特之后5位法老都不仅继承了他们的法老王位，还继承了他们的名字，3位叫阿蒙尼姆哈特，2位叫辛瓦瑟瑞特。因此阿蒙尼姆哈特便被后世学者称为一世，即阿蒙尼姆哈特一世。

悲情英雄——塞肯南瑞-陶二世

　　越过中王国，第一位引人瞩目的法老便是第十七王朝的塞肯南瑞-陶二世了。作为与第十五王朝并存且臣服于这个希克索斯人王朝的第十七王朝法老似无资格被列入伟大法老行列，但作为赶走希克索斯人统治战争的发动者与殉道者，他无愧古埃及历史上伟大法老的荣誉。看看在戴尔-埃尔巴赫瑞（Deir el-Bahri）发现的他满头致命伤痕的木乃伊就会让人不禁发出两字的赞叹——英雄。他践行了自己为自己取的登基名展示的精神追求，塞肯南瑞——"英勇的拉神"。

　　英雄要从他的木乃伊说起。

　　19世纪70年代，卢克索市场上出现了一些很有价值的文物，比如凯诺皮克罐与草纸文书都在市场上出现，其中皮内宅姆（Pinedjem Ⅱ）的《亡灵书》就以售价400英镑卖给欧洲人。人们立马警觉，因为皮内宅姆是新王国时期的阿蒙神大祭司。这是一位重要人物，他的《亡灵书》过去从未有人见过，因此价值不菲。更重要的是，这样珍贵的文物是从哪里来的，这不能不引起官方的警觉。经过多年的追查侦破，终于将阿卜杜·埃尔拉苏尔（Abd el-Rassul）盗墓家族抓获。警察在对盗墓兄弟进行了严刑拷打之后其中一位终于交代了他们盗墓的地方，位于戴尔-埃尔巴赫瑞南侧的一座陵墓。据阿卜杜交代，他是在那里放羊的时候发现这座陵墓的。他说他放牧的一只山羊不见了，于是到处寻找，最后发现掉到了一个洞里。在他进入洞里救他的山羊的时候发现这个洞是一个竖井，竖井是连接陵墓墓室的通道，而古代的墓室特别是有竖井的大陵墓中一定是陪葬品众多的，他马上意识到发财了。待他们真的挖通竖井进入陵墓发现这真是一个无法想象的宝藏，仅法老家族的木乃伊就有五十多具，因为木乃伊头上王冠前的神蛇标志阿卜杜是认识的。石棺、宝藏到处都是，陵墓中三个墓室三段通道都装得满满的。这就是有名的底比斯陵墓320号，又称皇家密窖。皇家密窖名称虽好，可命运不济。当埃及政府与两个埃及学家前往考察保护的时候，不仅被盗走的东西已养活盗墓者家族很长时间，就是剩下的东西也因为经验不足造成了再次破坏。清查保护团队行动迅速，两天时间便将墓中所有东西完全运出陵墓，包括众多木乃伊，但并没有进行清理和登录。石棺的位置、文物的原始状况都没有登录在案，结果很快人们发现最初的记忆一片混乱，已经无法还原原本的状态了。石棺多有破损，陵墓中也发现很多残片，可由于陵墓内容转移得粗暴，残片无法拼对回原物，甚至石棺最初停放在哪里都无法判断了。三个墓室究竟最初是什么陈设已没有办法推断。不仅石棺的位置，哪具木乃伊属于哪个石棺都无法判断。木乃伊本来就破损严重，再加上陵墓探查转移得不科学，结果一片混乱。有些木乃伊头被拧掉，有些肢体遭到破坏，这些应该都是盗墓者搜寻宝物比如项链、项圈与护身符等造成的。在这些木乃伊当中，有40具木乃伊属于皇室，这让人百思不得其解。40具皇室木乃伊无论是法老的还是王后的属于不同时代，相距时间有五六百年之久，怎么会葬于一墓呢？难道是盗墓者之所为，为了寻宝方便而将不同陵墓中的木乃伊甚至石棺搬运到了一起？帝王谷与这里距离很远，这么大的工程恐怕盗墓贼不会也做不成。无论如何，法老几世同堂蔚为壮观。欢聚一堂的法老中有赫赫有名的第十八王朝法老阿赫摩斯一世、阿蒙霍泰普一世、图特摩斯一世、图特摩斯二世、图特摩斯三世，第十九王朝的拉美西斯一世、塞提一世、拉美西斯二世，第二十王朝的拉美西斯九世等法老的木乃伊。在这些名人的木乃伊当中还有一具木乃伊亦注定出名，这就是第十七王朝晚期的法老塞肯南瑞－陶二世的木乃伊。1886 年这具率领第十七王朝埃及军队与希克索斯统治者浴血奋战的法老的木乃伊被打开查看，结果让所有在场的人都大吃一惊。马斯佩罗（G. Maspero）在《埃及、喀尔迪亚、叙利亚、巴比伦与亚述的历史》第四卷中详细记述了当时的情形：

> 　　提瓦克尼（塞肯南瑞－陶二世）、卡莫苏（卡摩斯）和阿赫摩西斯（阿赫摩斯）很快接连继位。提瓦克尼非常可能发起了对牧人（指希克索斯人）的战争，我们不知道他是否是在战斗中匍匐沙场还是某种阴谋的受害者；他的木乃伊显示他死于暴亡，年约 40 岁。两个人，行刺者或战士，可能包围了他并于其援手到来之前送走了他。他的左脸颊遭到一把战斧的砍劈，牙齿展露，下巴断裂，他立即昏倒在地；另一打击重重地打在头上，短剑或投枪将右侧前额穿透，就在右眼的上方。他的躯体就趴在他被砍倒的地方好一段时间：当被发现的时候，躯体已开始腐败，木乃伊的制作只能尽可能匆忙完成。头发浓密坚硬编结整齐；遇难之日早晨显然刮过脸，但触碰一下脸颊我们可以确定头发是多么粗糙而浓密。木乃伊显示他是一个健康而强壮的男人，可以活到一百岁，他可能曾毅然与攻击者搏斗；他的面容时至今日仍带有愤怒的表情。一块渗出的脑浆透出在一只眼睛上，前额皱起，嘴唇收缩在牙龈上，牙齿咬紧舌头。

　　人们从他木乃伊的勘察中可以推断，他是突然被人砍倒的，因为木乃伊的胳膊上没有伤痕。面对攻击，人的正常反应是要用胳膊格挡的，结果必然造成胳膊先受到刀斧的砍杀而受伤。胳膊没有受伤说明只有两种可能，一种是突然被人袭击，在没有反应过来时就已经倒地而死；另一种可能就是已经被俘，在捆着的时候被人杀死。然而，捆住被杀不会滥砍一气，应该是一击致命，且不会任其腐败后再交还。因此，死于战场的可能性更大。但法老亲征身边护卫很多，怎么可能让法老被敌人团团围住而不知呢？莫非是保镖投敌突然杀死法老？阴谋论也是一种可能。无论如何，塞肯南瑞－陶二世死于战场应毫无疑问。也正因为老王死于战场才更加激起埃及人与希克索斯人血战到底的斗志，经塞肯南瑞－陶二世的大儿子卡摩斯的前赴后继，最终也殒命沙场，再到小儿子阿赫摩斯挑起重任继承父兄遗志继续杀敌，终于打垮北方的第十五王朝，将希克索斯人赶出了埃及。塞肯南瑞－陶由于在位时间不是很长，且主要精力都用在了与希克索斯人的战争上，因此没有太多的建筑留存下来。但他将第十七王朝的首都迁移至戴尔－埃尔－巴拉斯（Deir el-Ballas）却是一件政治上的大事。这个都城王宫遗址已经被考古队找到，王宫较为简陋，只用泥砖砌成。迁都可能也是为了战争，因此从一定意义上说新址更像是对希克索斯人战争的前哨与司令部。待阿赫摩斯在母亲的帮助下终于赶走了希克索斯人建立起第十八王朝，首都再次迁回到底比斯。戴尔－埃尔－巴拉斯遗址发现很多努比亚人的容器，说明努比亚人一定作为第十七王朝埃及人的联盟帮助埃及人获得了对希克索斯人战争的胜利。

帝国梦想——图特摩斯一世

图特摩斯一世是古埃及第十八王朝的第三位法老。虽然是第三位法老，他却是开启埃及帝国时代的第一位法老，对亚洲的占领与控制是在他的时代变得最大也最为牢固的。不仅如此，他还是开辟新王国法老墓地帝王谷的法老。尽管有一种推测，认为他的前任法老阿蒙霍泰普一世可能是第一位将自己的陵墓建在帝王谷的法老，但并无确凿证据证明。因为他的陵墓是在帝王谷上很高的崖壁上凿出来的，并不像其他陵墓是在谷底。因此不好确定是否属于帝王谷。阿蒙霍泰普一世法老，也就是他的前任，第十八王朝第二位法老可能是图特摩斯一世的父亲，之所以这么说是因为所有王室人员的头衔中都没有提及他们的父子关系。就是说历史文献中没人说图特摩斯一世的父亲是谁，也没人提及阿蒙霍泰普一世有一个叫图特摩斯的儿子。我们知道图特摩斯一世的母亲叫塞尼塞内卜（Seniseneb），因为她只有一个头衔被提到过，即 𓈎𓏏𓆑𓏏（mwt nsw），因此无法确定她是否是阿蒙霍泰普一世的妃子。因为头衔简单，因此学者认为她应该出身平民。但她是图特摩斯一世的母亲是毫无疑义的，在哈勒法（Halfa）旱谷发现的一块石碑上明确刻写着在她儿子图特摩斯一世登基典礼上她宣誓拥护的字句。但从继位的结果看，图特摩斯如果不是阿蒙霍泰普一世的儿子，他继位的合法性就成了问题。阿蒙霍泰普一世与王后阿赫摩斯－美瑞塔蒙（Ahmose-Meritamen）有一个儿子，可不幸幼年早逝，而他们的女儿则嫁给了图特摩斯一世，也就是后来的女王哈特舍普苏特的母亲。从这一层关系我们有一个猜测，图特摩斯一世如果不是阿蒙霍泰普一世的儿子，那就是通过娶了阿蒙霍泰普一世的女儿而获得了继承王位权力的。可仅凭女婿身份继承王位毕竟不是埃及的传统，因此人们还是猜测图特摩斯一世的母亲是阿蒙霍泰普一世的妃子，图特摩斯一世继位就顺理成章了。他后来娶了自己同父异母的妹妹，也显示他要让自己王室血统更加纯正的强烈愿望，可能出自母亲非正宫

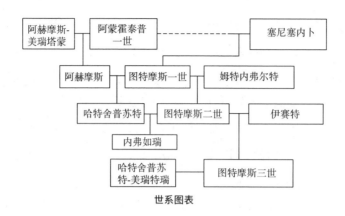

世系图表

王后的潜意识自卑心结。这段家系历史有点乱，甚至有人认为图特摩斯一世的王后阿赫摩斯也不是阿蒙霍泰普一世的女儿，即不是图特摩斯一世的同父异母妹妹，而是他的亲妹妹，因为她从来没有称自己为国王之女。更有人提出阿蒙霍泰普一世晚年曾与图特摩斯一世有过共治。如果两位法老真的没有一点血缘关系，这应该就是一场改朝换代了。但无论是希罗多德还是曼涅托都没有说图特摩斯一世的继位是改朝换代。无论如何，在没有出现更为确凿有力的证据足以改变现在普遍为人接受的这个世系图表的时候，我们还是选择相信这个世系关系。即图特摩斯一世是阿蒙霍泰普一世与非王室出身的塞尼塞内卜的儿子，娶了父亲与另一位王后的女儿生下哈特舍普苏特，嫁给了自己与另一位王妃所生之子，即后来继承他王位的图特摩斯二世。

图特摩斯是图特摩斯一世的出生名，意思是"托特神降生"。他的登基名是阿奥赫坡瑞卡拉，意为"拉神之心灵的创造力伟大"。图特摩斯一世开启的埃及帝国之路，首先向南平定努比亚人的反叛。当时的一位三朝老臣阿巴那之子阿赫摩斯在他的自传中记述了他跟随图特摩斯一世前往努比亚镇压叛乱者的经历，因为勇敢而获得奖励。

这位大臣从阿赫摩斯建立第十八王朝就跟随法老，中经阿蒙霍泰普一世，一直到图特摩斯一世统治时期仍远征作战。从他的自传铭文中我们读到胜利后的图特摩斯一世将杀死的努比亚国王遗体挂在战舰船头返航，顺尼罗河而下一直返回底比斯，彰显法老的力量，震慑努比亚人。没多久，法老再次发兵努比亚，这是他统治的第三年，只距第一次远征一年。图特摩斯显然有长远而宏大的考虑，不仅镇压反叛者，还疏通了第一大瀑布的运河，以使埃及与努比亚之间交通毫无阻碍。这条运河是通过乱石嶙峋的第一大瀑布的必经之路，早在第十二王朝就已经修建完成。我们知道，尼罗河上的大瀑布并非我们熟悉的垂直降落的那种瀑布，而是一段乱石嶙峋的下坡河道。早期船只经过大瀑布都是将船抬上陆地运过瀑布再放到河中航行，挖通了运河船就不用再费力抬上岸了。我们说图特摩斯一世有长远考虑不仅因为他刚登基就两次远征努比亚，而且越过尼罗河第二大瀑布，在接近第三大瀑布之处修建一系列军事要塞。显然是要永久控制努比亚，不仅用军事手段，还派了总督管理努比亚事务。这样，整个努比亚就像埃及的一个大诺姆，成为法老图特摩斯一世不再担心反叛的帝国南部边境。这是他整个帝国战略的第一步，南方边界扩大到第三大瀑布，北方边界不可能不推向亚洲。一方面有一雪前耻的心理，因为希克索斯统治在埃及人心中造成的阴影还没清除，虽然阿赫摩斯一世赶走了希克索斯人之后跟踪追击一直打到幼发拉底河，但并未在那里留下太大的影响。而阿赫摩斯一世的继任者阿蒙霍泰普一世时期没有文字记载他远征亚洲。图特摩斯一世安定了南方努比亚之后远征亚洲，地中海东部沿岸几乎都成了埃及的势力范围，军队一直打到幼发拉底河，越过幼发拉底河，竖起一块胜利石碑，声称这是埃及的新边界，当地的王子们纷纷宣誓效忠埃及。但是，当图特摩斯一世率军返回埃及之后，这些臣服的王子们又停止向埃及纳贡。在返回的时候，图特摩斯一世在尼伊（Niy）猎象以庆贺自己的胜利。还有一件事情非常有趣，埃及人通过这场战役知道了世界上有一条"倒流的河流"。这条"倒流的河流"就是幼发拉底河，因为在埃及人心中河流是从南向北流的，就像尼罗河，而幼发拉底河却正好相反，从北向南流。从亚洲班师回朝庆贺胜利，本该国内国外一片祥和。不想在统治的第四年南方的努比亚再次反叛，这一次，图特摩斯一世的军队居然打过了尼罗河第四大瀑布，将埃及的疆域扩展到了托姆伯斯（Tombos），在那里留下了哈戛埃尔梅尔瓦（Hagael-Merwa）石碑。

图特摩斯一世对外战功卓著，国内建设也很有成就，留下了众多神庙、陵墓建筑与雕像供后人凭吊。众多的建筑会成就伟大的建筑师，就像第三王朝佐塞尔王修建梯形金字塔成就了伟大的伊姆霍泰普一样，图特摩斯一世众多建筑成就了大臣伊南尼（Ineni）。这是位服务阿蒙霍泰普一世、图特摩斯一世、图特摩斯二世和图特摩斯三世与哈特舍普苏特女王共治四代五位法老的大臣，主要负责建筑。他的头衔很多，有国家谷仓总管、王室建筑总管、卡尔纳克神庙建筑总管等职务。在进王室之前他就是一个贵族家庭的年轻人，受过良好的教育，因此得以在阿蒙霍泰普一世时期进入宫廷负责卡尔纳克神庙的扩建工程。卡尔纳克神庙建筑群虽然在中王国时期就已经开始修建，但整个建筑显得平淡无奇，只是一条通道直通圣殿而已。到了第十八王朝，特别是图特摩斯一世时期，伊南尼为图特摩斯一世修建了两个高大的塔门，即现在卡尔纳克神庙的第四与第五塔门。塔门的修建立刻让神庙变得高大宏伟起来。塔门仍然建在从西向东的纵轴线上，塔门两侧各设一根旗杆，还立起了两座高大的方尖碑。方尖碑现在有一座已经倒掉了，但另一座方尖碑经历三千多年的风雨仍岿然屹立在那里。显然，第五塔门从正面（西面）迎着初升的朝阳走入的时候，太阳覆盖住塔门的缺口形成一个大大的埃及文字"地平线"，神旗招展处巨大的方尖碑直冲云霄，那景象一定让人肃然起敬。后来又修建了第四塔门，并修建了围墙将第四、第五塔门围拢起来，里面竖起很多从黎巴嫩运来的雪松雕凿出来的巨柱，构成一个多柱厅。后来这些雪松巨柱被图特摩斯三世用石头巨柱替换下来得以永恒留存。图特摩斯一世是一位开创者，没有他在卡尔纳克修建塔门与多柱厅，这个古代世界的伟大奇观恐怕不会像现在人们看到的这个样子。到过卡尔纳克神庙的人都对神庙第二与第三塔门之间的大多柱厅记忆深刻，因为那里实在太过震撼。但图特摩斯一世这个卡尔纳克神庙多柱厅却是拉美西斯二世大多柱厅的榜样。

　　开创者的另一个开创性工程开始于当时的首都底比斯对岸的崇山峻岭之中，这便是人们熟知的帝王谷。古埃及陵墓从坑墓发展到马斯塔巴墓再到金字塔经过了千年，金字塔经过千年的发展法老的陵寝再生变化。以往的陵墓都是地上建筑与地下建筑两部分组成，图特摩斯一世打破了这一千年多的规矩，选择了底比斯西岸的山谷，将陵墓的地下部分与地上部分合为一体，在山岩上凿出陵墓。凿岩陵墓的另一大变化在于过去金字塔与尼罗河相勾连的甬道没有了，这一变化的结果是不再建河谷神庙，葬祭神庙也与陵墓分离。凿岩陵墓虽不是全新的改革，因为法老仍然选择外形酷似金字塔的山头之下凿出自己的陵墓，但整体的变化却是翻天覆地的。金字塔中通向墓室的通道只是通道，几乎没有浮雕与壁画，就是金字塔文也出现得不多。但凿岩陵墓通向墓室的通道更加宽敞，宽敞程度几乎是金字塔中通道的六到八倍。这么宽敞的通道就留有大面积的墙壁与通道顶的棚面供法老装饰表达走向永恒世界之旅的图画与文字。图特摩斯一世开创的这一丧葬形式让整个新王国法老都紧随其后，这个过去无人问津的山谷从此变成了极为奢华的帝王丧葬墓地。伊南尼为图特摩斯一世修建的陵墓因其被现代考古发现的时间先后编号为 KV38，在这个陵墓里发现的黄色石英岩石棺上刻写着图特摩斯一世的名字。但人们发现这个石棺的时候，石棺却是空的。石棺空了只有两种可能，一是被盗墓者偷走了，这种可能性在古代埃及并不多见，盗墓者一般只盗取木乃伊身上的珠宝，并不拿走木乃伊；二是被人有意移到了别处。让考古学家与埃及学家吃惊的是之前发现的另一座凿岩陵墓中也发现上刻图特摩斯一世名字的石棺，即编号为 KV20 的凿岩陵墓。这座陵墓中不仅发现了图特摩斯一世的石棺，还发现同一个墓室中放着的另一具石棺，其上刻着的名字是图特摩斯一世的女儿、后来成为伟大女王的哈特舍普苏特的名字，可这两个石棺中也空空如也。我们且不管哈特舍普苏特的木乃伊去了哪里，图特摩斯一世的木乃伊最终却在哈特舍普苏特女王戴尔－埃尔－巴赫瑞的葬祭神庙附近的神秘墓窖中被发现，而他的葬祭神庙至今没有发现。人们猜测，他的葬祭神庙非常可能就修建在密窖附近，但后来被修建哈特舍普苏特女王神庙的工匠们拆除，石头用在了女王神庙的修建上。至于图特摩斯一世在帝王谷的两个陵墓哪个是他最后安息之地，考古学家分析是 KV20，后来其女儿哈特舍普苏特为了向世人表达她对父亲的爱，同时宣扬是父亲选定她为继承人，从而将自己的棺椁葬在父亲的陵墓里。但到了图特摩斯三世单独执政之时，这位图特摩斯一世的孙子将爷爷的遗体转葬在 KV38 陵墓中。可最后如何与那么多的法老与皇室成员的遗体一起来到 TT320 密窖则是另一个历史的也是考古的传奇故事。

图特摩斯一世在位 13 年，建筑、雕像遍及上下埃及，远在努比亚都能看到他建筑的遗迹。

古埃及的拿破仑——图特摩斯三世

图特摩斯三世的名字恐怕对古埃及有些了解的人都不陌生，这位威震亚非的君王曾一度成为地中海东部沿岸乃至整个世界的第一霸主。只是他并不知道更远的世界，更远的世界也并不知道他。西方学者称他为古代埃及的拿破仑，原因有两个，一是他像后来法国的拿破仑一样建立起了自己的庞大的帝国；二是他像拿破仑一样身材不高。当然，关于图特摩斯三世的身高存在争议，有人说他身高 1.60 米，有人则说他身高 1.71 米。我们不得不再次提到在哈特舍普苏特女王神庙之地戴尔－埃尔－巴赫瑞意外发现的被称作皇室密窖的陵墓 TT320，在这座堆满了法老木乃伊的密窖之中就有图特摩斯三世的木乃伊。既然木乃伊被发现，用尺一量争论就可解决，但事情并没这么简单。上边这两个数字都是丈量了图特摩斯三世木乃伊后得出的结果。之所以测量木乃伊会出现这么大的误差，原因在于皇室密窖的考察清理过于匆忙又粗心，造成图特摩斯三世木乃伊的脚不知去向，后来尽管找到接上也不是原来的模样，更何况这双后找到的脚是否就是图特摩斯三世的也成疑问。当然，这不能怪在考古队身上，是古代的盗墓者将这位伟大的法老木乃伊几乎分尸，四肢完全被拧掉，胳膊从肘部断成两截。考古队看到这样的场景非常震惊，埃及博物馆因此停馆 5 天。正因为如此，图特摩斯三世身高的问题至今没有解决。结果持后一观点的人认为既然图特摩斯三世身高有 1.71 米之高，那就不能把他比作法国的拿破仑，这位法老不仅比拿破仑高而且战功也远胜拿破仑，应该称他为图特摩斯大帝。怎么称呼这位法老不重要，重要

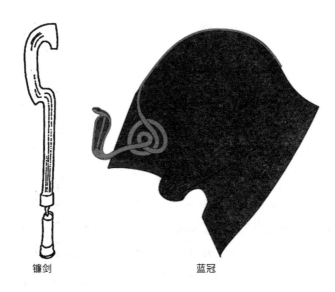

镰剑　　　　　　蓝冠

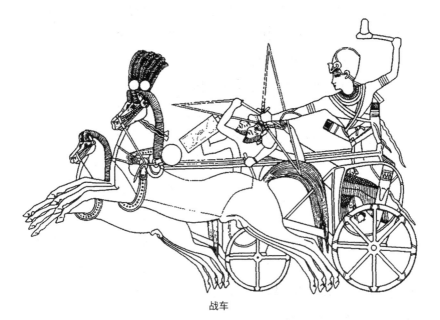

战车

的是他为古埃及历史不仅留下了太大的版图，还留下了一个伟大帝王的形象。

在叙述这位伟大的帝王之前，我们有理由就其人格特点做一个基本的判断，因为他一生所做的事情大多出乎常人的预料，也正因此才成就了他伟大帝王的形象。简单说，图特摩斯三世是一位超理性天才。他因为与姑母哈特舍普苏特共治，真正的权力在女王手里，因此待他稍微长大便在军中打拼，显露出超强的军事才能。说他是超理性天才，是因为他与埃及所有的军中将领不同，他从未因为受过军队训练与战争经验洗礼而变成一位机械的将军，而是在战争中凭借自己的超乎寻常的判断做出惊人的部署安排屡建奇功。他对很多方面都有着浓厚的兴趣，植物、动物、文学、宗教、建筑，多方面的兴趣让他成为一个知识渊博的法老。他战争与政治直觉极为准确，在他单独统治的 32 年里，埃及作为地中海东部世界独一无二的超级霸权国家威名远播。在古代世界，在率军打仗方面，无论是战争的数量还是战争的频次上都没有任何一位帝王可以与之比肩。即使在被称为古埃及帝国时代的新王国，此前的伟大帝国帝王从阿赫摩斯到图特摩斯二世虽战事很多，但平均算起来也就接近每 5 年打一次。图特摩斯三世之后的帝王，阿蒙霍泰普二世、图特摩斯四世、阿蒙霍泰普三世 70 年间平均每 10 年一仗。而图特摩斯三世在他独立执政之后的 19 年里仅对亚洲就打了至少 17 仗，几乎平均每年一仗。他在战争中积累的经验让他成为一位伟大的军事家，不仅是战争结果给他带来的声誉，战争进程中他表现出来的智慧让他被誉为图特摩斯大帝名副其实。无论是战略战术，还是后勤补给，许多细节让他大帝的形象更为坚实可靠。他常以戴着蓝冠的形象在浮雕中出现，我们知道蓝冠是战冠，让我们立即想到战神孟图。看上去很像现代的头盔，用牛皮制作而成，上边镶嵌满了钉子似的装饰，漆成蓝色，看上去威风凛凛。在埃及的历史上，法老的战冠第一次这么突出地在法老头上展现。此外，过去一直作为法老威望和打击敌人象征的权杖在图特摩斯三世这里也发生了变化，他的形象开始更多地使用一种威震亚非的武器骇俳佀——有点像巨大的镰刀形状的宝剑，因此又称镰剑。镰剑本来是希克索斯人的武器，引进埃及的也不是图特摩斯三世，但他把锡引进埃及，使埃及锻造的青铜武器硬度更高，铸造的镰剑也于此时大规模装备埃及的军队。这种武器我们现代人称之为镰剑，古埃及语叫骇俳佀（ ⚏ ），原意为"腿"，因为镰剑的形状有点像人腿。图特摩斯三世身高不高，脸有些方，显得非常坚毅。从他的雕像与浮雕绘画上都能看出他的自信，即使是在战场上他都面带微笑。他长着一双深邃的眼睛，鹰钩鼻子让人联想到鹰神荷鲁斯。图特摩斯三世作为一位具有超群军事才干的帝王还是一位对神极其虔诚的法老，这可能与他十几岁加入军队之前曾经接受过祭司教育有关。因此，他的图像无论在哪里出现只要在神的面前他都显得特别虔诚。他所有战事都说是神的意愿，在所有记述他军功的文字中都将胜利献给神，且将战争的战利品献给神。他特意在卡尔纳克修建了大节日厅以加强战神孟图神的圣殿。

图特摩斯三世两岁登基，姑妈哈特舍普苏特作为共治代理朝政。之后女王大权独揽，图特摩斯三世的身影便开始神秘起来。名义上他是军中统帅，从十几岁一直到 24 岁单独执政，他的少年时代和青年时代都是以法老的身份潜藏在哈特舍普苏特女王的阴影之中的。无人知道他都在做什么，因此显得极为神秘。他两岁登基，且是独立"执政"。当然谁都知道两岁执政是个什么情况，但名义上他是唯一的法老。在他独立执政两年后哈特舍普苏特加冕为法老，他成了一个共治

者，尽管此时他根本不懂什么叫共治。待他懂得了共治的意思，懂得
了自己傀儡地位的时候，开始在心中逐渐积累起对哈特舍普苏特女王
的不满甚至愤恨。这种愤恨最终等到了宣泄的时机，在与女王名义上
共同执政 22 年的时候，女王去世了。权力重新回归到自己手里，他
很快便颁布命令将一切建筑上刻有哈特舍普苏特女王的文字铲掉。他
还有理智，没有将所有女王留下的建筑与雕像毁坏，但毁掉作为人最
为重要的 5 个构成因素之一的名字，对于古埃及人来说就已经毁掉了
她的永恒。他身上的神秘之处还不止他前半生与姑母共治的际遇，还
有考古学家发现的他木乃伊皮肤上的点子，肩膀上、胳膊上、胸前、
臀部都有，非常可能他在世时曾患过类似天花的皮肤病。如果这些点
子的确是某种疾病，这疾病一定是天生遗传而来的，因为在他父亲图
特摩斯二世以及他的儿子阿蒙霍泰普二世木乃伊上也都发现了同样的
点子。

　　图特摩斯三世个人风格上像一位伟大而低调的法老。他的陵墓
在帝王谷装饰精美的陵墓中显得非常素淡，无论是风格还是色彩都比
较简略，好像只画上了底稿没有完成一样。他完全有能力将陵墓装饰
得富丽堂皇，而且也有资格这样做。但他没有这样做，而是把更多的
精力投入到了帝国的战争当中。虽然他是个从战争中打出来的伟大帝
王，却有一颗慈悲之心。不像别的帝国将军，战争胜利意味着屠杀，
在所有记述他战争的文献中从没有屠杀俘虏的文字出现。他对待自己
的下属也一样宽厚，乐于与部下分享战利品，也赢得了战士们对他的
信赖。当有的军队中的军官在战士中分配时少斤短两，战士们立即提
出警告说你这样我们会向法老报告，于是军官不敢继续克扣，说明图
特摩斯三世与他军队的关系极其密切。对于战争的胜利，他都归功于
神，并不吝笔墨刻画战士们作战的勇敢。可能由于早年一直在军队中

摸爬滚打，很多底层军人都成了他的朋友。当他回到王位单独执政之时，图特摩斯三世没有忘记这些昔日的战友。当他们因年老而生活窘迫之时，这位伟大的法老伸出援手，厚奖他们并告诉他们说：你们过去对埃及的奉献我一直都记得。图特摩斯三世除了是一位帝王，把心思放在战争与统治之外，他还是个兴趣广泛的学者。我们都对后来的亚历山大大帝与拿破仑津津乐道，说他们如何重视学术与文化，前者建立了以图书馆为中心的亚历山大学园，后者则在自己率军进入埃及的队伍中带上了很多各方面的学者。图特摩斯早他们一两千年就随军带上了学者，对异国他乡的珍奇植物进行记录研究。他对他的父亲图特摩斯二世在努比亚遇到白犀牛的故事津津乐道，可见他兴趣之广。图特摩斯三世时代埃及的艺术百花齐放，各种形式都得到鼓励。他因此被称作是古埃及艺术的保护神。

对图特摩斯三世进行一番历史形象定位之后，我们走入他的家系与早年时期。图特摩斯三世是图特摩斯二世的儿子，母亲伊赛特并非图特摩斯二世的正宫王后，正宫王后是著名的哈特舍普苏特女王。女王既是图特摩斯三世的姑母，又是他父亲的王后，还是他的王后美瑞特瑞的生身母亲，就是说他的王后美瑞特瑞是他同父异母的妹妹。他母亲的名字其实就是伊西斯，为了在叙述中将她与伊西斯女神区分开因此译成了伊赛特，这是古埃及语读法。他本来是没有可能成为图特摩斯二世接班人的，只是因为他父亲图特摩斯二世与哈特舍普苏特所生的儿子不幸早夭，这个未来的天才方得以登上王位，成就了埃及最为辉煌的历史。

图特摩斯三世最引人瞩目的是他的战事，仅对叙利亚巴勒斯坦一带用兵就达 17 次之多。在全面考察他对外远征与埃及政治大格局之前，我们有必要就图特摩斯三世时代地中海沿岸世界的国际格局大背景做一个大势展示。这一世界格局包括几大势力，除了埃及外还有迦南、米坦尼与努比亚。先说埃及，且需要把埃及对外国防政策演变做一个简短的梳理。埃及从王朝刚刚诞生时期开始就一直存在法老与地方势力互相支撑并钩心斗角的复杂关系，因为直到中王国埃及才拥有了国家常备军队，因此法老需要地方势力的军队支持，而地方势力的特权与土地等亦需要法老的赐予。这有点像欧洲封建社会的情形。在这样的政体之下埃及国家维系了一个人类历史上最早的两大国家之一。国家有边境，有边境就有对外关系，有对外关系就会有国防的基础政策。埃及新王国之前的国防政策就在这样一个背景之下诞生、发展、变化起来。对于古代埃及来说，国家很大，边境线也很长。但因为尼罗河谷东西两个方向都是荒漠，没有直接的敌人需要防备，甚至无须防备越过荒漠侵入埃及的域外势力的威胁。南方的尼罗河大瀑布构成一道天然屏障，只需修建一些要塞即可成功抵御住侵扰。北方是地中海，在战舰并不发达的时代也是易守难攻的边界。这就让埃及的国防基本策略围绕着防御制定，对埃及人来说，埃及已是天堂，只要看好家园就好。因此此时政策是防御性安全，目标是确保埃及不受境外的侵扰。有了这样的国防基本政策，最有效的战略战术必然不是矛的出击，而是盾的防守。我们知道埃及的传统敌人主要来自两个方面，一个是南方的努比亚，另一个是东北的亚洲力量。因此我们能够在南方看到很多修建的要塞，东北则修建有"王子墙"，其实也有点像要塞。王子墙并没有古代中国修建的长城那么崇高和险要，但思路相同，都是用墙作为防御的基本阵地，将敌人挡在国境之外。这一防御政策伴随着一些对侵扰者惩罚式的打击，一直持续了一千多年。这一政策让埃及安安稳稳地享受了一千多年的平静，即使是第一中间期的混乱也没能动摇这一国防的基本架构与方向。然而，这一政策却大大地限制了埃及人的眼界，以为世界就这么大，埃及是世界的中心，世界上一切美好的东西尽出埃及，守住家园就好。但到了后来，亚洲首先开始出现变化，迦南地区安纳托利亚高原先后崛起了米坦尼与赫梯。两地的各个部落势力也一个个地开始壮大，南方的努比亚也越来越多地侵扰边境，让埃及不得安生。埃及的国防政策因此发生一些微调，在整体防御的框架下开始采取对侵扰者进行搜索加摧毁的行动。尽管如此，埃及的国防政策仍未发生变化。

这一持续千年的对外国防政策终于在埃及第二中间期遭到了颠覆性摧毁。希克索斯人侵入了埃及，将埃及的大一统再次碾碎，同时碾碎的还有埃及人自视甚高不可战胜的心态。从希克索斯人建立的第十五王朝国王阿波菲斯给南方臣服的第十七王朝的侮辱信件中可以看到，埃及人在希克索斯这个外族人政权的霸道中深深地感到了屈辱。在接下来的反抗外族统治的斗争中，第十七王朝前仆后继，经过两代人的英勇牺牲，终于打败希克索斯政权，将外族赶回了亚洲。这一历史的起伏跌宕让埃及人意识到埃及安全仅凭防御已无法保障，这个世界不只埃及一个大国，轻而易举就能得到国家安全的时代结束了。为了不让外族入侵并欺压埃及民族，不仅需要安全的边境，还有必要在埃及的国境之外建立一个大大的安全环境，用我们现代的话说就是需要建立一个国家安全缓冲区。这个缓冲区要用更为聪明而复杂的战略才能建立起来，包括外交的、条约的、盟友的手段，当然这一切需要有个前提，就是军事威慑甚至镇压反叛。图特摩斯一世完成了这一新的国防政策的实践，可也恰在此时赫梯与米坦尼帝国崛起。埃及本应积极应对这一新的国际形势，但图特摩斯二世性格软弱，不适合做大国争霸中的帝国国王。加上接下来哈特舍普苏特女王执政，兴趣更多放在埃及的帝国繁荣上，使得埃及的国际势力范围变得越来越不受管控。埃及帝国在亚洲的影响受到了严重的削弱，甚至在卡迭石形成了一个反对埃及帝国的反叛中心。在这样的一个历史背景下，埃及迎来了一位能征善战的伟大法老——图特摩斯三世。

图特摩斯三世要重新建立国际秩序，恢复帝国的辉煌，最根本的手段是实力。没有实力的支撑，外交、条约、结盟都无法实现。这就是他单独执政一开始就对亚洲 17 次用兵的根本原因。结局大家都能看到，埃及再次将势力范围拓展到最大。麦基多之战作为人类战争史上战争战术最为经典的战例名垂青史，我们会在接下来的章节中单辟一节讲述，这里略过。

接下来关于图特摩斯三世的是一个一直争论却一直无法确定的时间问题，即图特摩斯三世在位时间的确定。他在位时间最常见的有两个推断，一是公元前 1479 年至前 1425 年；二是公元前 1504 年至前 1450 年。两个时间有一个共同点，即都是 54 年。不仅如此，在具体的登基月日时间与去世的月日时间都毫无差别地一致：加冕时间为 4 月 28 日，去世时间是 3 月 11 日。这要归功于图特摩斯三世的一位军队将领陵墓铭文的记述，这篇铭文明确记录了图特摩斯三世登基与去世的具体时间。但公元前没有统一纪年，没办法与现在使用的公历对应。因此需要一个准确的时间点将古埃及的时间的某一点与现代的公历的某一点对应起来，而第十八王朝就出现了一个这样的基础时间点，阿蒙霍泰普一世时记录下了一次天文现象，天狼星偕日升。在某一具体地点，天狼星偕日升现象周期出现的循环是 1460 年，只要在公元前的世界历史上无论什么时候能确定一次天狼星偕日升与公历时间的对应，便可以找到这个古今时间对应的钥匙。对于图特摩斯登基与去世年份的推算不仅涉及他一个人，还涉及整个十八王朝法老的统治年份。这一切年份的推算都以阿蒙霍泰普一世统治时期的将军下埃及的阿蒙尼姆赫伯草纸文献记录的天狼星偕日升为基础，然而，文献记录没有注明这次天狼星偕日升的观测地点在哪里，因为在不同的纬度观测到这一天文现象的时间不同，以观测地在孟菲斯与底比斯为例，观测到这一天象的时间可差20年。于是就出现了几个推测，以上埃及为观测地的推测，以下埃及为观测地的推测与以中埃及为观测地的推测，这就得出图特摩斯三世登基时间最早可能为公元前1504年和最晚可能为公元前1479年的差异，之间居然相差25年。

图特摩斯三世还是个伟大的建设者。他一生建造了50多座神庙，虽然很多没有保存下来，但仍有很大数量的神庙存世。卡尔纳克神庙是图特摩斯三世在他所有神庙建筑中最为用心的一处建筑。首先，他为他的爷爷图特摩斯一世重建了多柱厅。显然，图特摩斯三世对爷爷的崇敬远胜于对父亲的尊崇。接着他拆除了哈特舍普苏特女王在卡尔纳克修建的仪式堂，这是他抹掉人们心中女王形象的重要举措。接下来是一个大举动，他在卡尔纳克为神庙群修建了第六塔门。第六塔门仍在东西轴线上，从现在的建构上看，第一塔门到第六塔门都面向西，一条纵轴线将六个塔门连成一串。第七到第十塔门则在与这条纵轴线的九十度方向，形成另一条轴线。第六塔门是东西轴线上的最后一个塔门，门前竖立起两个方尖碑。我们知道卡尔纳克神庙建筑群最后有十个塔门之多，人们按照进入的顺序排序，但图特摩斯修建的塔门是建筑最早的。在修建的塔门区，他还修建了一座圣船殿，同时前面修建了神庙前厅。这是一个非常别致的建筑，漂亮的棚顶由纹理巨柱支撑。图特摩斯三世在卡尔纳克神庙群建筑得最为恢宏的除了第六门之外，就是他的节日厅。这是他为了庆祝塞得节而修建的建筑，准确地说应该是建筑群。因为这个厅不仅仅是一个非常恢宏的中心建筑，还围绕这个建筑修建了围墙。围墙上刻写了很多珍贵的内容，首先是他远征亚洲的年纪，17 次远征大多记在这里。围墙内的结构就像一座单独的神庙一样有着复杂的内容。院落里有祭拜室、厅、储藏室，还有圣殿。其中一个阿蒙神小仪式堂的墙壁上刻满了精美的浮雕，刻画的都是异域的动物与植物，形成了一个很好的动植物志。这些动物和植物都是在对亚洲的远征中看到的，是埃及所没有的。因此，这些浮雕被现代学者称之为"动植物园"。他给这个节日厅起了一个名字叫⬛，意为"神圣的建筑"。这里还有一个建筑值得一提，即"唯一方尖碑"（⬛）。这是古埃及所有方尖碑中唯一一个从一开始就设计成单一竖立的方尖碑，其他方尖碑都是成双成对凿出来的。当然这个方尖碑并没有立即按照计划竖立在卡尔纳克，而是在 35 年之后由图特摩斯四世立起来的。现在这个方尖碑在罗马，被称作拉特兰方尖碑，后来图特摩斯三世的另一个方尖碑也被辗转迁移到罗马。图特摩斯三世后来又修建了一个塔门，开始了卡尔纳克神庙群塔门纵轴的另一个方向，即第七塔门。这个塔门正好位于自己修建的神庙南方，介于自己修建的神庙与卡尔纳克神庙群穆特神庙之间。第七塔门是为了他登基大庆建造的，其上刻写打击敌人的画面。门前竖起巨大雕像，南侧还有两个方尖碑立在门口的两侧。东侧的那一个方尖碑还在原地，西侧的一个现立于土耳其的君士坦丁堡。沿着这一条新的纵轴线，他又修建了第八塔门。这第八塔门本来是哈特舍普苏特女王开始修建的，但未能完成。之后又在这条轴线的东侧挖掘出一个圣湖，122 米长、76 米宽，蔚为壮观。

　　图特摩斯三世的陵墓值得一提，不仅因为他的陵墓也是帝王谷最早的凿岩陵墓之一，更因为他的陵墓无论形制还是风格都有其明显

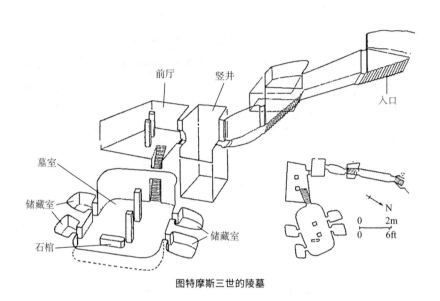

图特摩斯三世的陵墓

的特征。首先，他的陵墓是在帝王谷一个较高的悬崖峭壁上开凿的。入口进入斜坡向下是三段阶梯连接两个走廊来到一个四棱竖井处，竖井上缘有亥赫尔（𓉴）缘带装饰，象征着走向奥西里斯，走向永恒。走过竖井便是前厅，不知道出于什么考虑，前厅与连接竖井的通道形成了一个转弯，西方学者戏称之为"狗腿弯"。前厅中墙上画着阿姆都阿特中神祇的形象，像墓室一样，前厅中也有两个立柱。前厅斜向东下方便是图特摩斯三世最后的休息之处——墓室。墓室呈略显长方的椭圆形，因为有点像王名圈的形状，因此又称王名圈形墓室。墓室中两根方形柱子立于墓室中央，支撑整个屋顶。墓室的东侧，在立柱与东墙之间安放的便是图特摩斯三世的石棺。这位伟大法老的身躯本来应该休息在这具石棺里，然而，由于盗墓猖獗，后来的法老将其转移到了戴尔－埃尔－巴赫瑞的 TT320 号陵墓集中安放。木乃伊的转移显然是遭到盗墓者亵渎之后的事情，因为 1898 年当维克多·洛雷特发现并挖掘这座陵墓的时候，棺盖早已被打开，石棺也有一些损毁。墓室中墙壁上装饰的是阿姆都阿特的内容，笔法有些与众不同，用现代人们熟悉的说法就是整个图画都采用了"火柴人"似的简单线条勾勒而成。图画色彩也明显有别于帝王谷其他陵墓中的壁画，除了在一些特别重要的地方用红色或粉色勾勒之外，整个图画看上去都显得特别的素气。内容是亡灵每日要经历的12个小时，跟随着太阳神打败阿波菲斯巨蟒，跟随太阳船进入此岸世界，然后再次进入奥西里斯的世界。日复一日地循环往复，固化在图特摩斯三世陵墓墓室的墙壁上。两个柱子上刻画与书写的则是拉神的连祷。阿姆都阿特与拉神的连祷与金字塔文、棺文及亡灵书都是古埃及丧葬文书，虽然其中咒语及场景不完全相同，但主要的用途与主要内容是一脉相承的。阿姆都阿特主要书写亡灵进入另一个世界的12个小时应该怎样度过，而拉神连祷则是呼唤太阳神拉神与赞美并通过赞美与拉神及其他神祇结合，获取这些神的能力。墓室南北各有两个储藏室，当陵墓被打开的时候，四个储藏室早已被挪空，东西除了被盗墓者拿走的，剩下的便都散落在图特摩斯三世的墓室里。

关于图特摩斯三世还有一件事情必须说清，即图特摩斯三世铲除哈特舍普苏特名字一事一直受到人们的怀疑，争论也一直没断。哈特舍普苏特去世后，她刻写在石碑上、墙壁上的名字的确被人铲除了，但是不是图特摩斯三世所为却无法确定。怀疑者首先关注的是这样一个事实，即哈特舍普苏特应该对图特摩斯三世并没有压制，如果有，女王怎么可能将军队这么重要的国之重器交予图特摩斯三世掌管。不压制而有重任，图特摩斯三世也不会对哈特舍普苏特有多大的仇恨。其次，图特摩斯三世将自己的一座重要神庙修建在戴尔－埃尔－巴赫瑞女王神庙的旁边，这也有点不像仇恨的选择。此外还有一点很是蹊跷，哈特舍普苏特去世后她的名字并没有被马上铲除掉，而是过了至少 25 年之后才开始被人铲掉。如果是出于图特摩斯三世对哈特舍普苏特大权独揽未将权力很早归还的仇恨，为了宣泄仇恨没有必要等上 25 年。于是人们认为，这一铲除的举动可能并不是出于个人恩怨，而是政治需要。而等了 25 年才开始铲除的疑惑则有这样的解释，即真正铲除哈特舍普苏特名字的并非图特摩斯三世，而是他的儿子，后来的法老阿蒙霍泰普二世，原因是他想将女王的神庙据为己有。这在古埃及的历史上并不罕见，这样很省事，不用耗费那么大的工程修建神庙，只需改个名字就成了自己的神庙。然而，一切都是理论推导，时至今日仍为悬案。

古代埃及的武则天——哈特舍普苏特

　　哈特舍普苏特可以被称作古代埃及的武则天。在埃及三千多年的古代历史中充满了男性历史主角，一百多位法老几乎都是男性。严格来说，古埃及的历史上只出现过五位女性法老。第六位克里奥帕特拉七世虽然与凯撒、安东尼、屋大维之间的故事留存下来为文人所津津乐道，但她所处时代较晚，在希腊化时期，而且她身为马其顿人，可能不能算传统意义上的古埃及君主。克里奥帕特拉七世统治埃及约 18 年，而今天要讲的主角——哈特舍普苏特女王，统治古埃及达 22 年。在她之前的几位女性统治者在位时间都没有超过六年，而且她们登上王位都是在王朝衰落时受任于危难之际，都是不得已而为之的举动。但是哈特舍普苏特与她们不同，第十八王朝是埃及帝国时代的开始，国家正处于鼎盛时期。哈特舍普苏特最初是作为图特摩斯三世的共治者出现的，她并非被迫登基，而是自己由后台走向前台。

陵墓的发现

霍华德·卡特（Howard Carter）是哈特舍普苏特女王陵墓——帝王谷二十号墓（KV20）的发现者。帝王谷陵墓的编号按它们被发现的时间先后由英国埃及学家约翰·伽德纳·威尔金逊（John Gardiner Wilkinson）制定，随后被人们所接受并被一直沿用。至今帝王谷一共有六十多座陵墓被发现，其中第十八王朝的图坦卡蒙墓编号为"KV62"，就是因为它被发现较晚。尼罗河流向地中海的一个个分支构成了一片倒三角形状的绿洲，是人们生存居住的下埃及之地，沿尼罗河谷上溯至一弯曲处，便是新王国的首都底比斯之所在。底比斯的王宫多建立在尼罗河的东岸，而西岸众多山谷则为古埃及帝王的丧葬之地，其中有一处用于埋葬帝王，被现代学者称为"帝王谷"。卡特曾在此地工作多年，他之所以有名，不仅在于发现了"KV20"，还因为发现了图坦卡蒙等法老的陵墓。图坦卡蒙（Twt- n–Imn）名字埃及语的含义是"阿蒙神活着的形象"，这位法老由于早夭，未来得及充分准备自己的陵寝，只得临时征用一位大臣的墓室，因此他的陵墓在帝王谷中规模最小。这座陵墓中只有很短的甬道通向一个狭小的厅，经过卡特的发掘，打开了通向内部的暗门。此举引起了当时新闻界的大肆报道，其中包括最重要的传说——"法老的诅咒"。这座陵墓迄今为止从未被人盗掘，因此出土的文物非常之多。

虽然帝王谷的山峦只有数十米高，但是对埃及人而言已经不低。而且此地情况复杂：首先，古代陵墓的入口都是隐藏的；其次，此地气温十分炎热。关于当地炎热的气候，笔者有过直观的体验。有一次在乘车去帝王谷考古时，打开空调后汽车的挡风玻璃竟由于温差过大而炸裂。而即使是适宜考古的冬季，人在室外也只能做短暂停留，否则皮肤会被烈日炙烤变色。西奥多·戴维斯（Theodore Montgomery Davis）1906 年在《哈特舍普苏特墓》（*The Tomb of Hatshopsitu*）一书中这样记录卡特发掘"KV20"号墓的经过："空气已变得如此糟糕，闷热无比，工人们手中的蜡烛热得熔化，发出的微光已让人无法工作……我们下到大约 50 米处，空气中弥漫着臭味，熏得人无法继续。数百年蝙蝠在柱廊与屋子顶棚筑巢，蝙蝠粪便堆积风干，稍有一点空气搅动，那充满柱廊的黑黑的毛茸茸的东西就呛在人们的鼻孔里，让人无法呼吸。"由此可以窥得当时考古的艰难程度。帝王谷的陵墓选址隐蔽，以避免盗墓贼的打扰。哈特舍普苏特女王之墓与其他法老的陵墓在形制上有所不同。大多帝王谷中的陵墓呈"串"字形，有着笔直的甬道，而哈特舍普苏特女王墓的甬道较为弯曲。陵墓入口很狭小，甬道共分为四部分，先经过一段台阶到达第一室内，之后继续通过一段较长的横梁到达前室，最后才能进入丧葬室。

通常法老的陵墓内只有一座棺椁，但"KV20"墓中却发现两座石棺。两个石棺的盖都已被打开，斜倚在墙壁上，说明陵墓在多年前曾遭受盗墓贼侵扰。学者们起初很不理解，为何在同一座陵墓内会有两座石棺，其主人究竟是谁。因为此前没有过两位法老的棺椁同处一室的情景，这更引起了学者们的关注。帝王谷各个陵墓的主人基本都是新王国时期的法老，但具体是哪一位法老，需要根据石棺上的铭文来确认，这是最直接便捷的方式。在石棺第一行众多王衔之后出现了刻写国王名字的"王名圈"，其中书写了"拉神之卡诞生之伟大"（aA-xpr-kA-ra）的"登基名"。这个名字并不广为熟悉，他另一个名字"图特神之子"（DHwti-ms）却为人们所熟知，这个名字经由古希腊语被后世译为"图特摩斯"。将这两个名字结合，可以得知墓主人是埃及第十八王朝的第三位法老图特摩斯一世。而另一座石棺的铭文可以展现出两者的关系。在这座石棺上的王名圈中写着登基名"拉神的正义和心灵"（mAat-kA-ra），另一个名字是"哈努姆-阿蒙的第一女贵族"（imn-Xnmt HAt-Spswt）。其中"Xnm"是造人之神哈努姆神的名字，其常以公羊首人身形象出现，带有一个陶轮，传说人类就是他用陶轮塑造的。埃及神的名字有时复合，组成新的含义。由此可知，另一座棺乃是哈特舍普苏特的石棺。

成为女王

从图特摩斯一世的家系可以得知，他有两位主要的王后：第一位名为阿赫摩斯（iaH-ms），意为"月神之子"；另一位叫姆特内弗尔特（Mwt-nfrt），意为"姆特神之美"。图特摩斯一世与阿赫摩斯王后生有一女，即哈特舍普苏特。此外，图特摩斯一世与姆特内弗尔特生一子，为图特摩斯二世。图特摩斯二世与伊赛特（ist，与伊西斯神同名）生育了著名的法老图特摩斯三世，而在登基之后又与姊妹哈特舍普苏特结婚诞下一女内弗如瑞（Nfrw-ra，意为"拉神之美"）。由这个家系可以得知陵墓中两个石棺主人的关系为父女，而图特摩斯一世去世时哈特舍普苏特还很年轻，因此葬于同一墓室应当是哈特舍普苏特所为。

哈特舍普苏特是古代埃及一位伟大的女性法老，这在男性占据主导地位的世界实属不易。依据埃及的王权继承制度，要当上合法的法老需要满足两个条件——王室血统与神的旨意。第一点哈特舍普苏特毫无疑问是满足的，因为其父图特摩斯一世及其祖父都是法老。然而在父权社会中，女性想要掌权并不会被轻易认可。因此为了登上法老的王位，哈特舍普苏特需要为自己做足宣传。其中有一项便是"做男人"，让官员和人民忽视她女性的身份。代尔－巴哈里（Deir el-Bahari）位于上埃及帝王谷与王后谷之间，中王国时期的法老孟图霍泰普二世就曾在此建立形制特别的葬祭神庙。哈特舍普苏特也在此建造了一座神庙，庙前陈列着很多她本人的雕像。几尊雕像的形态相同，女王头戴象征上下埃及统一的红白双冠，双冠前有保护王权的圣蛇。最重要的是，她雕像的下颌处有很长的胡子，这就是为了给人们树立法老的形象，法老大多是男人，因此她也要"做男人"。不仅如此，哈特舍普苏特有时会在铭文中将自己名字的阴性词尾"t"去掉。

哈特舍普苏特葬祭神庙前的雕像都以男性形象出现，戴着胡须。但成为男人不等于当上法老，还需要其他准备工作。在哈特舍普苏特葬祭神庙的墙上有一段文字，记述图特摩斯一世对这个女儿十分喜爱，把她当作接班人来培养："'这是我的女儿，哈努姆特阿蒙－哈特舍普苏特，愿她长寿，我指定她为我王位的继承人……她将指挥宫廷中各方面的人员；她将领导你们。听从她的话，团结在她的命令之下。'皇室贵族、宫中显赫和百姓都听到了这个将其女儿玛阿特卡瑞提升为上下埃及之王的宣告。"类似的话在图特摩斯一世的文献中并没有出现，而且在图特摩斯一世去世时并没有直接将女儿哈特舍普苏特推上王位，而是让儿子图特摩斯二世继位。因此，现在的埃及学者都认为这是哈特舍普苏特"矫父命"的结果。哈特舍普苏特还从神的角度给自己编写了成为法老的依据："他（阿蒙神）发现她（阿赫摩斯）睡在宫中深处，他的神圣芬芳唤醒了她。他对她微笑。她立即起身来到他身旁。当她走近，他看到她的完美很是喜悦。他的爱流入她的躯体，宫中充满天国的气息，充满蓬特的芬芳……阿蒙神满足她的愿望，对她说：'由你来宣布我女儿的名字哈特舍普苏特，我已将她置于你的子宫。她将成为合法的国王，统治这整个土地。'"神庙铭文中还有一段写道，"过来，我亲生的女儿，可爱的玛阿特卡瑞，你是国王，你永远拥有荷鲁斯王座上的徽章。"对哈特舍普苏特本人则有这样的描述："她的身躯覆盖着最好的芳香，她的体味神洗的清爽，就像蓬特一样，她皮肤上镶嵌着黄金，在整个土地上熠熠闪烁，就像节日的星光。"哈特舍普苏特希望通过这些铭文表明，不仅父亲非常喜爱自己，而且她也是神的女儿，神也想让她成为未来的女王，统治埃及。这些铭文是神庙墙上浅浮雕的说明文字，浅浮雕上刻了阿蒙神和阿赫摩斯相会的场景，还有两位女神在下面托着他们的双脚。阿赫摩斯怀孕之后，哈努姆神将孩子的灵魂放入她的体内。哈努姆坐在王座上，身前的陶轮上摆放着两个小孩。因为古埃及人认为灵魂有两个——卡（kA）和巴（bA）。两个灵魂结合在一起，灌注在人的生命之中，才能成为一个现世的活人。因此哈努姆神创造了哈特舍普苏特的两个灵魂，并将生命（anx）注入其中。之后是创世之神哈努神和生育之神海凯特神（qt）引领怀孕的阿赫摩斯的场景。在哈特舍普苏特诞生之后，阿蒙神亲吻自己的女儿，并把她交给母亲阿赫摩斯。在浮雕中哈特舍普苏特的灵魂是一个男孩的形象：他头发几乎剃光，只留有一缕向右侧的发髻。之后阿蒙神亲手将新生的孩子交给在位法老。再后来，是阿蒙神与智慧之神托特神（Dhwty）庇护这个孩子的场面。多幅浅浮雕都意在展示哈特舍普苏特一直受到神的照拂，可以合理合法地成为埃及法老。

在经过这一系列舆论宣传之后，哈特舍普苏特也未必能当上法老。因为在图特摩斯二世死后，还留有一个继承人——图特摩斯三世。但他继位时年龄尚小，因此哈特舍普苏特以共治者的身份一起管理国家。但她并没有扶持图特摩斯三世，而是独揽大权。她能够成为法老，除了宣传工作之外，还因为她所具有的政治基础——"阿蒙神神妻"（Hmt-ntr-n-imn）的头衔。这是古埃及宗教中的高级女性祭司，这个角色最早出现于第十二王朝，但那时仅仅是负责宗教传播仪式的神职人员，而到了新王国时期，这个头衔被赋予了更多的政治内容。透过"特提舍利的石碑"上的浮雕可以得知这方面的更多内容。

现藏于埃及开罗博物馆的"特提舍利的石碑"正上方是太阳神伸出两只翅膀，垂下来两条圣蛇，一同庇佑王权。再下面左右两侧写着相似的短语，都可以翻译为"贝赫德特的伟大神祇"，但实际上古埃及有两个名为"贝赫德特"（bHdt）的地方，一个位于上埃及的埃德富（Edfu），另一个位于下埃及的特尔巴拉蒙（Tell el-Balamun）。这个双关的短语寓意，无论是上埃及还是下埃及，都在太阳神的护佑之下。接下来浮雕上写着"愿她永远长寿，王室中的贵夫人，法老尊贵的母亲特提舍利"。特提舍利（Tti-sri，意为"小特提"）是第十七王朝最后某位法老的妻子，她作为"法老母亲"的身份出现，而她的儿子正是第十八王朝的创立者阿赫摩斯。因此特提舍利不仅是神妻，也是法老之母，可以在法老年幼时监管朝政。在浮雕中，法老阿赫摩斯站在他母亲的面前，向她献上表达自己崇敬之意的物品。说明，从此时开始，"阿蒙神神妻"不仅是高级祭司，还具有监国的职能。哈特舍普苏特也拥有"阿蒙神神妻"头衔，这可以给她足够的权力和政治地位，让她接近王权，甚至监管王权。笔者认为，此时哈特舍普苏特正处于距离法老职位只有一步之遥的地位。在一幅浮雕中可以看到，哈特舍普苏特已经戴上了法老节日庆典用的王冠。在另一幅浮雕上，刻着一前一后两个拿着权杖的法老，穿着打扮也一模一样，根据王名圈中的登基名，可以得知两者分别为哈特舍普苏特和图特摩斯三世。此时的哈特舍普苏特已经走在了图特摩斯三世的前面，这表明此时两人处于共治的状态，但是哈特舍普苏特更为重要。而在哈特舍普苏特红色神庙的外墙浮雕上，这一点体现得更加明显：节日庆典上哈特舍普苏特作为主角着盛装走在前方，而图特摩斯三世只能在身后为她熏香。这些图像说明哈特舍普苏特渐渐走向前台，她的重要性和手中的权力已经超过了图特摩斯三世。而在该墙壁的另一幅浮雕中，阿蒙神和哈托尔神共同为哈特舍普苏特加冕。这意味着她渐渐由共治走向了一个人统治。

伟大女王的功绩

我这里把哈特舍普苏特称为"古代埃及的武则天"，是因为她在位的二十二年完成了一系列伟大的功绩，算是古埃及历史上唯一一位真正意义上的女性法老。在她之前的四位女性埃及国王统治时间都较短：第一王朝的美瑞特－内特（Mrit-nit，意为"内特神之所爱"）只统治了一年多；尼玛阿特亥坡（Ni-mAat-pi，意为"属于阿匹斯神的正义"）也是在第二王朝末期才登上政治舞台；第六王朝的尼托克瑞斯（名字译自希腊语 Nτωκρι）据信统治了六年，但学界存在较大争议；有较为确信记载的第十王朝法老索贝克内弗儒（nfrw-sbk，意为"索贝克神之美"）也只统治了四年左右。哈特舍普苏特之前的埃及女性统治者多临危受命，并未作出什么伟大成就。而在她之后托勒密王朝著名的"埃及艳后"克里奥帕特拉尽管会讲埃及语，也努力将自己塑造为纯正的埃及法老，但她本人并非埃及人，功绩比起哈特舍普苏特也逊色不少。后者的伟大之处主要体现在以下几个方面：

首先，哈特舍普苏特是一位和平的法老。从她的父亲图特摩斯一世开始，就在叙利亚、巴勒斯坦一带扩张埃及的势力范围。古埃及法老向外扩张的主要目标在于保障和发展贸易，因此战争并非以掠夺为目的，而是为了保持自己的势力范围。哈特舍普苏特则采用了不同的手段，她是第十八王朝第一位在自己的登基名中加入"玛阿特女神"的法老。埃及绝大部分的法老的名字里都有神的名字，但是"玛阿特"的使用频率并不高，尤其是在新王国时期。玛阿特代表正义、秩序与和平，有着羽毛的形象。埃及的亡灵书中关于最后审判的部分，巨大的天平一侧绘有亡灵的心脏，而另一侧就是象征玛阿特的羽毛。哈特舍普苏特崇拜这位女神，与她试图恢复秩序的想法有关。在她的铭文中不止一次提到，第二中间期时，希克索斯人占领了埃及，国土四分五裂，很多神庙停滞，建筑坍颓，整个埃及一片破败。因此哈特舍普苏特想要恢复建筑、秩序和正义，便崇拜玛阿特神，采用和平的方法。但是这并不意味着她没有扩张的野心与维护势力范围的愿望。哈特舍普苏特曾在卡尔纳克神庙竖立两座方尖碑，在其中一座底部的铭文中第一句文字就展现了她的野心："（陛下）……她让埃及、红土地上以及所有外国的王权都置于国王的双脚之下。"这句话表明，虽然女王奉行和平原则，但她依然关心帝国的海外势力范围。

她虽然没有进行军事行动，但也曾发动"远征"，比如有名的"蓬特远征"。蓬特位于阿拉伯海和红海的交汇处，在今也门、索马里一带。传说这是一个很神圣的地方，被埃及人称作"pwnt"，现在被译为蓬特。此处盛产乌木、象牙、黄金、树脂和香料，这些对埃及人都具有极大的吸引力。哈特舍普苏特执政时曾派遣远征队前往蓬特，这场远航对三千多年前的古埃及人而言无疑是一个壮举。

她把这次远征看得十分神圣，在铭文中写道："国王自己亲自向众神之主阿蒙神请示，在神殿里面阿蒙神给她一个神谕，神亲授命令：'去寻找通往蓬特之路，开启通往香树之林的道路。带领远征队越过陆地与海洋，带回神之土地上的异域之物'。"这场远征之艰难超乎现代人的想象，当时的首都底比斯距离红海大约一百四十多公里，即使是现代，开车也要六个多小时才能到达。而到了红海港口之后，还需要乘船向南，历经一千五百多公里的向南航行，去寻找神秘之地。

　　根据戴尔－埃尔－巴赫瑞哈特舍普苏特女王葬祭神庙的壁画可以看到远征队手持埃及的宝藏与武器走向远方的"神圣之地"，在那里他们见到了一位黑人国王和王后。远征队最大的成就并不只是带回了很多乌木、象牙和众多香料，还将很多活着的树木移植到了埃及。哈特舍普苏特女王葬祭神庙前移来的两棵没药树虽然已经枯死，但树根留存至今。这有可能是有文字记载最早的植物移植范例，堪称古代世界的一大壮举。哈特舍普苏特还在国家内部进行了开采与建设活动。女王在位期间，曾在西奈半岛（biaw，意为"充满金属之地"）开采铜和绿松石，由此获得的大量资源对埃及的发展有直接贡献。建设方面，为了修复战争的创伤，哈特舍普苏特下令修复了很多残破的神庙。此外，她还命人修建了卡尔纳克神庙第八塔门和双方尖碑。在方尖碑上刻有铭文："我发誓，阿蒙神爱我……我为我父阿蒙神用单块石头雕出两座方尖碑……使我的名字在他的神庙中永恒。"卡尔纳克神庙如今是旅游胜地，除了它规模大、雕塑众多之外，拉美西斯二世修建的多柱厅也特别引人注目。这座厅里原本有 134 根柱子，现存129 根仍然站立。笔者曾在此参加浮雕和文字的整理工作，印象颇深。卡尔纳克神庙共有十座塔门，每座塔门之后都有神龛、院落和多柱厅的体系。其中的第八塔门，正是哈特舍普苏特在位时修建的。她修建的两座方尖碑高度接近 30 米，据碑上的文字描述，整个方尖碑都镶嵌了金箔，乃至在尼罗河对岸几十公里之外，都能借助月亮反射的光芒看到这两座方尖碑熠熠生辉。虽然现在方尖碑上并没有任何金箔存留，但是一位美国考古学家研究了方尖碑四周的凹槽，认为它们是为镶嵌金属片而特地凿出的。因此，古埃及人方尖碑上镶嵌有金箔的说法具有一定可信度。

埃及人接受女王的缘由

埃及学界关于哈特舍普苏特关注度最高的有两个问题，就是"什么契机让埃及人在盛世接受一位女法老走向前台"，因为哈特舍普苏特的当权与之前其他埃及女性不同，她身逢埃及帝国的鼎盛时期，而且王室不缺乏男性继承人。关于这一现象的原因学界主要有"危机"和"篡位"两种猜测。第一种是可能当时的埃及遇到了某些危机，尚且年幼的图特摩斯三世无法化解，人们才能接受一位女性共治者走上前台，独揽大权。若此说成立，需要了解这场危机到底来自何方，是来自埃及的内部还是外部？但目前没有任何材料表明当时出现了国际危机，威胁到埃及的安危。于是学者们试图在现存的文字、图像材料中遍寻与内部危机相关的内容，但也没有收获。

因此，学者们把更多目光转向"篡位说"，即哈特舍普苏特从小就有做女王的野心，而此时图特摩斯三世立足未稳，对她而言时机已经成熟，于是她从幕后走向台前，由共治走向独裁。如果是这种情况，就涉及另一个问题——"图特摩斯三世是否报复了哈特舍普苏特"。如果图特摩斯三世进行了报复，那就给篡位之说增加了可信度。但若没有进行报复，篡位之说就站不住脚。于是，学者们试图在出现过哈特舍普苏特相关形象与文字的地方寻找答案。经过对所有相关铭文的研究，篡位之说得到了一些支持。在一件反映敬神场景的浮雕右侧雕刻着法老图特摩斯三世，左侧为一群抬着圣船的祭司，船上载着神龛。但就在这幅保存状况良好的浮雕中段，却有一块人为凿掉的痕迹。哈特舍普苏特作为图特摩斯三世曾经的共治者，常常和他一起出席仪式或盛典，因此该浮雕上被凿掉的部分很可能就是哈特舍普苏特与她的王名圈。如果这个猜测成立，那么这可能是他仇恨哈特舍普苏特而有意为之的结果，而仇恨的原因可能正是篡位。

　　图特摩斯三世浮雕与疑似被凿掉的哈特舍普苏特在另一幅浮雕中，拉神与图特神为中间的一位法老进行生命的灌注，但是中间法老的形象和旁边的文字都已被人有意凿掉，这位法老很可能就是哈特舍普苏特。而这一破坏很有可能是图特摩斯三世所为，在他登基后，由于仇恨而将"篡位者"相关的形象和文字一并凿去。但是这些目前仅仅是猜测。因为还有一处浮雕，上面哈特舍普苏特的形象虽被凿掉，但是她名字却保留了下来。如果这是图特摩斯三世所为，理应将痕迹全部抹去。有一种可能的解释，凿掉哈特舍普苏特形象的人都是文盲。因此，他们虽然可以认出女王的形象，但却无法分辨王名圈中的名字，不敢轻易凿掉。如果这些人真的是图特摩斯三世派去的，那么很可能是重要的官员或书吏，理应不是文盲。因此，抹去哈特舍普苏特形象的人很可能来自社会底层，而非统治阶层。他们的行为很可能与图特摩斯三世无关，只是无法接受一位女性统治埃及，就自发地抹去了浮雕。若是这一原因造成雕像的缺损，则无法得出哈特舍普苏特女王篡位的结论，依然留着一个悬案。

宗教改革家——埃赫那吞

埃赫那吞是以宗教改革家的形象被人们所熟悉的。他一改新王国对阿蒙诸神的崇拜，将一个小神阿吞神推到崇拜的峰巅，废除众神独尊阿吞。这一改变是埃及有史以来的千年多时光中从未有过的勇敢之举。因此被后世称之为古埃及"一神教"第一人，亦是古埃及主张推行"一神教"唯一一人。阿吞神并不是一个新神，从古王国时期就已为人崇拜。但在埃赫那吞之前他只是一个小神，从未得到过官方主神的推崇。阿吞神是太阳神，最初只是太阳神拉神的一个方面，是太阳的圆盘。古埃及的神中不止一个太阳神，原因是神系的生成是自然的，先从各地诞生，然后渐渐形成古埃及的整体神系。这样，各有各的太阳神就不足为奇了。只是在后来的发展当中不同的太阳神在被纳入国家神系的过程中不断合并，以解决同一神祇由两个以上神祇象征的矛盾，比如拉神与阿蒙神合并为阿蒙拉神。阿吞神没有并入拉神，而是发展出一段唯我独尊的时代——阿玛尔那（Amarna）时代。一个神有一个神的神庙，一座神庙有一座神庙的祭司，一个祭司集团有一个祭司集团的财产与权力。因此，废除诸神不仅意味着神的地位变化，还意味着祭司集团利益与权力的改变。宗教改革绝对是一件事关埃及政治文化重大历史进程的大事件，而这位勇敢的改革者就是埃赫那吞。埃赫那吞本不叫埃赫那吞，而是阿蒙霍泰普（四世）。在他统治的第五年，决定将名字改为埃赫那吞，意为"阿吞神的精神"。之后决定放弃首都底比斯，另在埃及的中部选择一块地方新建一个都城，就是后来的阿玛尔那。

埃赫那吞给我们留下很多他及妻女的图像，在浮雕中，在绘画里。形象非常容易辨认，让我们总想猜测他不仅是一位宗教改革家，还是一位古埃及艺术风格的倡导者。从形象上看，这位宗教改革家的脸夸张的长，嘴唇很厚，丰乳肥臀，细腰细腿，看上去很像一个女人。这与古埃及传统上对于法老形象的刻画大相径庭。古埃及法老形象无论是雕塑还是浮雕抑或是绘画，都是身材健硕，形象姣好，且看上去很年轻的样子。因此我们知道对于法老形象，古埃及的表现中有美化的成分。而埃赫那吞的形象不仅不美，还有些令人感到奇怪。正是因为这样的描述，才引起后世学者猜测埃赫那吞有病，继而猜测他的宗教改革与他身患疾病有关。甚至有人猜测这位奇怪的法老是不是双性人，甚至有人说他是女人。有的学者更为"科学"地猜测埃赫那吞与其家人的这个体貌特征可能是患了芳香化酶过量综合征所导致。有人认为他患的是佛罗利西综合征或者是马凡氏综合征。前者不孕不育，而埃赫那吞却有许多孩子；后者只呈现出骨骼发育异常且有很强的遗传性，可图坦卡门的木乃伊经过科学检测并无马氏综合征痕迹。学者在其父亲修建的神庙中没有找到埃赫那吞的身影，于是更加猜测埃赫那吞有病，因为有病长得畸形，所以不愿在宫中众人面前露面。不仅形象没有出现在其父阿蒙霍泰普三世的建筑浮雕当中，他的名字也很少被提及，只有一个马尔卡塔发现的酒罐封印上读到他的名字——"国王之子阿蒙霍泰普之财产"，可见他的低调已经出乎人们的想象。当然，这一切很好解决，埃及学家对他的木乃伊进行了检测，发现这一切猜测都毫无根据。就阿玛尔那时期的艺术风格来说，此时的追求更趋向现实和自然。一反古埃及传统的庄严肃穆甚至有些呆板，艺术表现更为真实。家庭关系的描绘也都其乐融融且多于自然恬适中展现"田园"气息。然而，这一总的艺术风格之下却让我们无法理解埃赫那吞法老与其家人的形象为何都被刻画得那么奇葩。最初人们认为这就是真实的描绘，埃赫那吞及家人的确就长这个样子。然而，随着一些雕塑作品被发掘出土，真实的形象越来越多地展现给我们，让我们知道原来埃赫那吞形象的奇怪并非真实描绘，而是艺术的夸张，是有意为之。有意将形象刻画成雌雄难辨的用意是什么成了人们进一步思考的问题。最让人信服的理论是这一形象刻画与描绘是对阿吞神的模仿，因为阿吞神既是所有人类的母亲也是所有人类的父亲。从精神上说，雌雄同体是阿吞神的本质。

埃赫那吞出生在皇室家族，父亲是阿蒙霍泰普三世法老，母亲是王后嬷伊。嬷伊家世显赫，父亲虞亚是法老阿蒙霍泰普三世军中要员，还监管法老战马，应该是法老近侍。虞亚的夫人，也就是埃赫那吞的母亲俶雅也出身望族。阿蒙霍泰普三世与嬷伊本来有一个儿子图特摩斯，位列埃赫那吞之前，成为加冕王子，即中国古代的太子。但不幸的是图特摩斯没有活到父亲去世就去世了，这在古埃及的历史上屡见不鲜。这样，埃赫那吞便顺理成章地递进成了加冕王子，并最终成为下一任法老。埃赫那吞娶了内佛尔提提为王后，这位出生于阿赫米姆（Ahmim）贵族家庭的王后成为埃赫那吞宗教改革的积极支持者，并为埃赫那吞所宠爱。内佛尔提提因其半身像被德国考古学家发现并运到德国而为人们所熟知，并一直被后世赞誉为古代世界最美的女人。埃赫那吞其他妃子多来自异域，比如第二位夫人琪雅（Kiya）就是一位米坦尼的公主。这位王妃很有意思，她最初是阿蒙霍泰普三世的妃子，待阿蒙霍泰普去世之后，这位老王遗孀又嫁给了老王阿蒙霍泰普三世的儿子埃赫那吞。虽然古埃及王室中因为王位继承的血统传统让其婚姻制度有些混乱，兄妹婚、父女婚都很常见，但娶了父亲遗孀的情况却不多见。埃赫那吞其他王妃也大多是外国公主。埃赫那吞孩子不少，仅女儿就有 6 个，但有没有儿子却并不十分清楚。图坦卡门可能是他与内佛尔提提或一位小妃所生，但没有确凿文献或其他证据证明，因此仍为一个未解的悬案。

　　埃赫那吞早年生活我们知道的不多，我们甚至不知道他出生在哪里。作为王子，他早年的生活应该影响到他后来的信仰从而实施宗教改革。因此，他作为王子接受的教育与从事的事情就显得十分重要。有人推测他出生在底比斯西岸的马尔卡塔（Malkata），也有人推测他应该出生在孟菲斯。孟菲斯距太阳神拉神崇拜中心赫留坡里很近，因此受到太阳神崇拜影响会很大，后来独崇阿吞神应该是太阳神崇拜的一个延续。但马尔卡塔则是鳄鱼神索贝克神的崇拜地，与太阳神崇拜较远。也有人称埃赫那吞做王子的时候曾经做过普塔赫神的祭司，如果这一推测是真的，那他出生在孟菲斯的可能性就很大。对于他早年的生活还有一种推测，他心向太阳神是受了他太子太师的影响。虽然没有足够的证据相信此说，但从他父亲阿蒙霍泰普三世法老甚至他爷爷图特摩斯四世已经开始给予阿吞神足够地位的举止上看，宫中太师的影响应该是合乎逻辑的。埃赫那吞登基的时候仍然使用着阿蒙霍泰普这个出生名字，全称为"阿蒙霍泰普－底比斯神圣统治"（𓇳𓏭𓂋𓏏），他登基名一直没有改变，即内佛尔赫坡儒瑞（𓇳𓄤𓆣𓏤𓈖）。他也没有登上法老之位立即废除众神独尊阿吞，而是一如既往地崇拜着众神。显然，他的宗教改革并非蓄谋已久，一直等待时机，更无精心策划。应该是在他登基两年之后，根据统治与信仰的实际情况而下的决心。在他统治的头两年时间里，我们仍能够在文献中读到他崇拜拉神、奥西里斯神、阿努比斯神、哈托尔神、内赫拜特等神的字句。在他统治的第四年，阿蒙神大祭司仍在埃及的宗教生活中非常活跃。即使到了他开始为阿吞神修建神庙的时候，其他神祇的神庙也没有受到任何破坏。且在当时大臣的陵墓壁画中出现的埃赫那吞及王后内佛尔提提也都与传统艺术风格一样，身材与形象也并未显现出后来的夸张。宗教改革是一步步进行的，埃赫那吞先命人在埃及各地修建了很多阿吞神神庙，北方的布巴斯提斯（Bubastis）、赫留坡里、孟菲斯等地，南方的内痕、卡瓦（Kawa），甚至科尔玛（Kerma），更在底比斯的卡尔纳克修建了一个大的神庙综合建筑献给阿吞神。卡尔纳克的这个神庙综合建筑有一个很别致的名字——盖姆帕阿吞（𓏏𓆰𓎟𓏏𓏏𓂝𓏏），意为"发现阿吞"。此时的埃赫那吞仍然称自己为阿蒙霍泰普，显然，他的宗教改革尚未全面展开。

围绕着埃赫那吞有许多疑问。首先，我们不知道他多大年纪登基加冕为法老。人们的推算也众说纷纭，从 10 岁到 23 岁，年龄跨度很大，说明各家推测都不十分可靠。不仅加冕年龄无法确定，就是加冕的地方也很模糊，有人说是孟菲斯，有人说在底比斯，还有人说在埃蒙特（Armant）。还有一件事情也不寻常，法老都会在统治 30 年的时候举行塞得节庆典，以后每 3 年左右举行一次。而埃赫那吞在他统治的第二年就举行了一次塞得节庆典，这让人很是不解。于是有人猜测他与父亲阿蒙霍泰普三世有共治，在他父亲去世之后他单独执政之时他在位的年头已经不短了。但无论他与阿蒙霍泰普三世有没有过共治，他登基的第二年也不到 30 岁，更何况他父亲阿蒙霍泰普三世总共在位也就 37 年左右，怎么共治也不会有 30 年。因此有人认为他之所以这么做是要向全埃及表明他的统治与他父亲统治的连续性，这一推测较合常理。另一分析与这一观点也并无矛盾，即这次塞得节活动中只向阿吞神献祭，因此可能塞得节是其宗教改革的开始。但此时并没有大规模全面展开宗教改革，直到阿蒙霍泰普四世统治的第五年，情况发生了根本的变化。有两个文献标注了这一改革的全面展开时间，一个是孟菲斯大臣给法老的信件抄本，文中大臣向阿蒙霍泰普四世法老汇报普塔赫神庙的情况，显然此时尚未废除众神崇拜而只尊崇阿吞神。书信的标注时间是法老统治的第五年，生长季第三月的第 19 日。而只过一个月，即同年生长季的第四月第 13 日，阿赫塔吞（▢◠◖◠◉）的一块界碑上就将阿蒙霍泰普的名字改成了埃赫那吞。

宗教改革全面展开的标志有两个，一是改名，二是迁都。古埃及法老的名字里常出现神的名字，比如阿蒙、托特、孟图等，表明法老精神上最依赖的神是哪一位。第十八王朝入法老名字的神有两个最为突出，一个是阿蒙神，一个是托特神，比如阿蒙霍泰普，意为"令阿蒙神满意"，图特摩斯，意为"托特神诞生"。阿蒙霍泰普四世突然在统治的第五年将名字正式改为埃赫那吞，意为"阿吞神的精神"。正式向全社会表明他不再崇拜阿蒙神，而将阿吞神的崇拜提高到埃及神祇崇拜的最高地位。这一名字的改变不是仅仅一个出生名或登基名的改变，他几乎将法老 5 个王衔中除了登基名"拉神形式之美丽，拉神之唯一"中的太阳神拉神与阿吞神同出一源而没有改变外，其他四个名字都改了。荷鲁斯名字由"双羽之强壮神牛"改为"阿吞神之钟爱者"；两女神名字由"卡尔纳克王权伟大"改为"阿赫塔吞王权伟大"；金荷鲁斯名字由"底比斯加冕"改为"阿吞神名字高扬"；出生名由"底比斯神王统治者阿蒙霍泰普"改为"阿吞神之精神"。因此，我们可以断定埃赫那吞宗教改革正式开始是在他统治的第五年。改名的同时，他颁布政令在底比斯与孟菲斯中间的一个地方选择了新都的地址。这是一块尼罗河东岸很有特点的空旷之地，一条旱谷通过这块开阔地中间，东侧是起伏的山峦，而对着这块开阔地的山峦恰好向下凹，远远看去非常像埃及语圣书体文字中的一个文字

⟨ᐯ⟩，意为"地平线"。因此埃赫那吞给这个新都取了个名字叫埃赫塔吞（⟨ᐯ⟩╍⊙），意为"阿吞神的地平线"，现代阿拉伯语称之为阿玛尔那。这座新城规划建设四个区域：神庙区，建有一大一小两座阿吞神庙；住宅区，有皇室居住区与大臣百姓居住区；书记区，负责文献管理；最后是办公区，即此时的行政管理机构。新城建得很快，考古发现此时的建筑采用了一种新的建筑方式，即不再是泥砖一块一块地砌起来，而是采用了一种类似现代标准模块材料的方式。这种标准模块被称作塔拉塔特，是 27 厘米高、27 厘米宽、54 厘米长的标准材料。因为规范，所以从设计到砌起来都十分便捷，运输也非常方便。新都历经三年修建而成，埃赫那吞与王室及大臣都迁到新都。当然，还有些崇拜阿吞神的狂热信徒也跟随着埃赫那吞一起搬到了新都埃赫塔吞。这三年的修建调集了老都城底比斯的一切力量，停止了所有的工程建设，包括阿吞神庙的建设也被停工，尼罗河西岸的帝王谷工程也随之暂停，工匠们被调集到埃赫塔吞。

这两大举措正式拉开埃赫那吞宗教改革的序幕。人们称阿吞神崇拜为一神教崇拜，尽管后世一神崇拜并不少见，但在埃及的历史上阿吞神崇拜是一神教崇拜的第一次。阿吞神崇拜第一次出现是在中王国时期的第十二王朝，此时的阿吞神只是作为太阳神拉的一个方面出现的，影响力不大。直到第十八王朝后半段，阿蒙霍泰普三世才将阿吞神的地位提高到可以与国家级的主神同时出现的地位。这次宗教改革尊崇阿吞神并不让人们那么看重这次改革，因为每一个时代都会有不同的国家主神被新的王朝推出。但过去从来没有推崇一位新神的同时要废除对其他神的崇拜。埃赫那吞的这次宗教改革很可能是人类历史上的第一次大规模宗教信仰改革。在他统治的第九年，他宣布阿吞神不但为埃及的最高神祇，还是埃及唯一崇拜的神祇。不仅用仪式的形式崇拜唯一的神祇阿吞，还用诗歌赞美阿吞神。《阿吞颂诗》成为阿玛尔那时期最为重要的文学作品为人们诵读。阿蒙神庙遭到破坏，提及阿蒙神以及其他神名字的文字被铲除掉，甚至"神"字的复数也遭到了修改。就是"母亲"一词因为与穆特神读音相同都被改写，以便不会让人联想到穆特神。

埃赫那吞统治了 17 年之后去世，他的宗教改革也随着他的离世而宣告结束。都城迁回到底比斯，国家的主神亦恢复为阿蒙神。他死后葬在了埃赫塔吞为他修建的陵墓里，但他死后不久，埃赫塔吞墓地遭到了破坏，他的陵墓亦未能逃脱破坏的厄运。之后他的石棺被转移到了底比斯对岸的帝王谷中，该陵墓 1907 年被发现，编号为 KV55。

拉美西斯大帝

无论书写古代埃及怎样的历史，拉美西斯二世都是不可不写的。无论其在位时的文治武功，还是他为后世留下的遗产，都不可能略过这位法老。拉美西斯二世卡迭石之战铭文中有一段对他的描写很是形象：

> 陛下非常自信，是一个永不停歇的斗士。他身边的一切都闪耀着火苗，所有敌人的土地都在他灼热的呼吸下被摧毁。他直接冲入那厄运的赫梯军队以及外国部族当中。陛下就像塞特神一样无所不能，像塞荷迈特神一样雷霆万钧。他屠戮那所有厄运的赫梯军队、他的贵族、他的兄弟以及那些支持他的所有国家的首脑。陛下的步兵和战车直扑在他们的脸上，一个个摞在一起。陛下将他们打倒，原地杀死他们。

　　拉美西斯二世的爷爷，第十九王朝建立者一登上法老王位就意识到，这个新王朝应该是一个强大而持久的王朝。因此，他的继承人以及继承人的继承人都应该是体格健硕头脑坚毅的统治者。虽然拉美西斯一世只统治了一年，但他的继承人却的确如他所愿，健硕而坚毅。人们说，拉美西斯家族作为出生在北方的军人世家为十八王朝末年的混乱带来一股北方的清新空气。经过埃赫那吞的宗教改革，阿蒙神崇拜不再像从前那样颠扑不破。拉美西斯将传统的拉神崇拜再次提到至高无上的地位，不仅如此，还将北方的神祇塞特重新尊崇高扬。塞特神作为与南方神祇荷鲁斯敌对之神，一直受到贬损，但拉美西斯带着北方的文化信仰取得政权，要在埃及的文化中注入清新的空气。拉美西斯不仅在文化上具有很强的北方特征，长相上也与大多数埃及人有所不同。尽管我们看到的拉美西斯二世雕像都是非常标准的埃及美男子形象，但仔细观察其木乃伊就会发现，与大多数埃及人的棕色与黑色头发不同，拉美西斯二世的头发是红色的。而红色在古埃及人的观念中是荒凉、艰难、残酷的象征，这也可能是为什么拉美西斯家族崇拜塞特的缘故。拉美西斯二世的父亲塞提一世开始恢复因阿玛尔那宗教改革造成的内政外交衰退，尤其是对外开始恢复对埃及东西两个方向的平叛，并将地中海东部沿岸地区势力范围重新掌控起来。而拉美西斯二世很早就被父亲塞提一世扶上了共治的法老之位。阿比多斯神庙中的王表刻写就是塞提一世带领着儿子拉美西斯二世向所有王位上的祖先献祭的浮雕图画，可见塞提一世对王子拉美西斯二世的培养。作为回报，拉美西斯二世开始完成他父亲塞提一世未能完成的大量纪念建筑。塞提一世于公元前 1279 年 6 月去世，10 月拉美西斯二世前往阿比多斯去完成父亲尚未完成的衣冠冢的修建。接下来他便开始了他一生中一直在做的一件事，即翻新旧的纪念性建筑，尼罗河两岸的大型建筑与雕像几乎都深深地刻上了他的名字。这也是我们去埃及访古到处都能见到拉美西斯二世名字的缘故。拉美西斯二世翻新工程在艺术上也有一个明显的变化，过去的法老在墙壁上刻画的浮雕大多都是凸浮雕，即刻画内容在背景上凸起。凸浮雕显得更加栩栩如生，有雕塑的立体感，然而有个缺点，即很容易被人篡用或修改。拉美西斯二世更多采用凹浮雕，虽然不及凸浮雕那么具有立体感，却没有给后人留下篡改的机会。尼罗河东岸的建筑大多都被拉美西斯二世翻新，因此都留下了他的王名圈，西岸的建筑虽没彻底翻新，但也都标注上了他维修完成的记录。66 年统治让他有足够的时间做这些青史留名的事情。

拉美西斯二世不仅继承了父亲国内大量的纪念性建筑，还继承了父亲开始的恢复帝国的遗志，且欲走得更远。拉美西斯二世是位野心勃勃的法老，他要挑战北方另一帝国赫梯，通过打败赫梯帝国从而控制整个世界。攘外必先安内，拉美西斯此时国内的威胁多来自西部的利比亚。于是他开始在西部沿三角洲边缘建立起一系列的要塞，以便当埃及军队被派往别处执行任务之时西边的利比亚人不会对埃及构成大的骚扰。在国内安全高枕无忧之后，拉美西斯二世开始了他的东进计划，最终目标自然是赫梯帝国控制下的卡迭石城邦。接下来的故事我们都清楚，两个当时的"超级大国"大战卡迭石，不分胜负，最后签订了人类历史上第一个和平条约。卡迭石之战我们将在第五章单列一节叙述，这里略过。战争之后的友好很是出人意料，哈图西里斯（Hattusilis）在位的第 34 年，这位赫梯国王将自己的女儿嫁给了拉美西斯二世，随着女儿还赠送了大量的财宝作为嫁妆。埃及皇室立碑记述了这位赫梯公主来到当时埃及的首都匹 – 拉美西斯的情景：

　　　　然后，赫梯公主被人引进到陛下面前，经过了一路的风尘，
她背后跟随着大量的嫁妆一望无尽……陛下看到她那无与伦比
的美丽……就像一位女神。这是一件令人惊叹的事情，一个真
正的奇迹，在人们的记忆中无法想到这样的事情曾经发生，没
有任何相似的故事存在过，过去国王的文字中也从未记录过这
样的事情……陛下看到她的美丽爱上她，超过任何人……

　　这位公主给拉美西斯二世生了一个女儿，之后便再无消息，很
可能死掉了。因为没有记载，我们无法准确推测。但之后赫梯国王又
将自己的一个女儿连同大量嫁妆送给拉美西斯二世，说明第一位嫁给
拉美西斯二世的公主并非受贬，而是自然死亡，也许是难产。

　　拉美西斯二世是北方人，心中的北方情结很重。尽管学者们多
将他的北方情结解释为帝国统治的需要，但其中夹杂的个人感情也
显而易见。他登基之后，在北方靠近自己家乡的地方修建了一座新
城——匹-拉美西斯，成为第十九王朝埃及的北都，南都仍在新王国
的传统首都底比斯。匹-拉美西斯意为"拉美西斯的宫殿"，而其全
称是"拉美西斯的宫殿，为阿蒙神，伟大的胜利之神之钟爱之地"。
这是一个美丽的地方，由其古埃及语中另一称呼可知，叫"近岛"。
显然，这是个水中之岛。水中之岛作为一个首都不仅可以具备很好的
防御功能，因为环水所以无论生活还是环境都会非常方便、美好。一
封古信很好地描述了匹-拉美西斯的美丽富饶：

　　　　这封信想再次让主人知道我已来到匹-拉美西斯。它似乎
是一个令人惊奇的地方，像其他美丽地方一样，一个拉神本尊
所建的底比斯城完美复制品。宫廷是一个居住的理想之地，其

田地里充满了各种各样美丽的东西，每天都供给着食物与给养。池塘中活跃着鱼，湖水中游荡着鸭。园林中蔬菜葱茏……其谷仓流溢着大麦小麦，高高摞起直抵天空……船只抛锚启航络绎不绝，每日运送食品与供给。住在那里的人各个幸福，无人口中有"如果……就好了"的词语。那里最底层的人也像最重要的人一样受到礼遇。

现在，这一切都早已烟消云散，剩下来的只有残垣断壁还透露着些许的往日辉煌。我们在附近的城市塔尼斯的建筑中可以找到拆了匹－拉美西斯建筑运过去的建筑材料，没被拆除的建筑也都埋在潮湿的土地之下了。现代考古却让我们重见其往日的辉煌：厚厚的王宫墙壁建筑群用石灰石巨柱及色彩艳丽的屋瓦点缀装饰着，在白日的阳光中熠熠生辉闪烁光芒。花园、葡萄园、果园映衬着美丽的建筑，让人们想象着这座新城是一座花园城市。王宫遗址处发现有狮子、长颈鹿和大象的遗骨，难以想象，王宫中居然有一个动物园。城中还有石头修建起来的神庙极为壮观，大庆之厅与神庙互相映衬，美轮美奂。大庆之厅有个大道供庆典游行之用，3对6座方尖碑立于大道两侧，蔚为壮观。当然，首都虽然美丽，却并非一个游玩之地。王室的后宫，官员的办公之所居住之地，各种工场，特别是广大百姓居住之地都有序地做出了安排。此外，青铜锻造场给这个新首都增加了工业，外国使节的来往驿站，商人富贾的经营来去，让这座城市又具有了很多异域风情。家家户户的建筑及装饰都不经意间流露出克里特风格与巴勒斯坦模样。可惜这一切都随着修建和使用这座城市的拉美西斯二世的过世而被遗弃，往日的辉煌连一丝蛛丝马迹都得通过考古人的努力方可在人们想象中恢复。

对于这座新城，有些传闻故事说得活灵活现，让人们将这座城市与《圣经》中的"出埃及记"联系在了一起，以至于很多人相信摩西率领以色列人逃出埃及完全是因为拉美西斯二世对他们的压迫而忍无可忍的结果。我们先读一下《圣经·出埃及记》中文字：

> 埃及崛起一个新王，他不知道约瑟夫是谁，他对其人民说："看！以色列人孩子的数量与力量已经超过了我们……"因此，他们在他们之上设立了监工并用重负折磨他们。他们为法老修建财富之城，皮索姆和拉美西斯……埃及人让以色列孩子严酷地服役，他们用严苛的奴役，砂浆与泥砖以及所有田地里的苦工让他们的生活苦不堪言……（《出埃及记》1：8-14）

以色列人在埃及受奴役的文字，本来并未涉及时间，亦未点出是哪位法老。但因为这段文字中提到修建的两座新城却让人一下子联想到了拉美西斯二世。因为《圣经》中提到的"拉美西斯城"就应该是匹－拉美西斯。当然，第二中间期横行于埃及的第十五王朝建立者希克索斯人被第十七王朝的埃及人赶出埃及更让人想到《圣经·出埃及记》。"出埃及记"作为希伯来人的民族记忆将两三百年的事情糅在一起说也正常。需要说明的是，"以色列"这个词汇最早在人类的文献中出现是古埃及文献，我们习惯于称之为希伯来，觉得希伯来才是古时候的称谓，以色列是现代的术语，非也。像今天一样，埃及三角洲地带外国人比较多。不仅有外国人居住，还有埃及人与外国人通婚后留下的一代代半埃及人，加上战争的俘虏，甚至皇室迎娶外国人带来的随从，构成了一个很大的少数民族成分。里边自然会有希伯来人，而且会人数众多。这是自古以来便如此的现实，这些异族人或称少数民族在埃及的历史上自然会沉沉浮浮，好的时候甚至建立起庞大的王朝，比如希克索斯人建立的第十五王朝，利比亚人建立的第二十二王朝，努比亚人建立的第二十五王朝，都是异族在埃及的盛世。不如意的时候也时常会有，徭役自然便成为他们的倒霉时刻。但是，每个民族的历史记忆都会站在自己的立场上书写历史，不惜杂糅甚至篡改历史。这也是一种历史的真实，历史的逻辑真实。无论如何，因为《圣经·出埃及记》的文字中出现了匹－拉美西斯新城的修建，拉美西斯就成了《圣经》中的恶人。尤其让人津津乐道的是摩西率领希伯来人离开埃及，让眼前的红海分开，等希伯来人通过后海水合拢将埃及追兵淹没。这神迹不仅让信徒们着迷，就连文化爱好者及一般的民众也都为之兴奋。然而，这一切我们都无法从拉美西斯二世时代的埃及文献中看到哪怕是一点点的痕迹。

无论希伯来人怎么抹黑拉美西斯二世，他都是一位伟大的法老。翻过与希伯来人恩怨这一页，继续看这位伟大法老还做了些什么。拉美西斯二世修建新都并非全新的创举，第十八王朝末年相去不远就有埃赫那吞在阿玛尔那地区修建新都的先例。然而，拉美西斯二世与埃赫那吞不同，他修建了新都却并没有抛弃底比斯这一旧都。从性格上看，拉美西斯二世更像传统的埃及法老，他要让埃及人都认识他，让埃及人知道他统治的埃及是多么富有。他知道南方的努比亚是个盛产黄金的地方，于是决定派队前往淘金。努比亚尼罗河的东部荒漠是金矿蕴藏丰富之处，然而那地方没有水，这给寻找金矿带来了致命的困难。拉美西斯二世的父亲塞提一世尝试在努比亚东部荒漠挖井失败，没有挖出水来，让找矿队伍铩羽而归。但拉美西斯二世并未因此而气馁，而是召集大臣商议，有文献为证：

"召集我的廷臣，我要与他们讨论这个荒漠之事。我要找到解决办法。"……他们对法老说："你做的每件事都像拉神一样，你想做的都能做成……如果你让水从坚硬的岩石中流出，你说完话水就会直接喷涌而出……但是，努比亚总督说到阿库娅提（Akuyati）之地时说道……这水的问题从天地初分就一直存在——那里的人们常常渴死。您的前辈们都想在那里挖井，但无人成功。甚至塞提一世也曾尝试，在他统治之时在那里挖掘了一口 120 肘尺深的水井。但因没有水出现而半途而废。"

但拉美西斯二世是个性格坚毅的人，虽然前辈屡次失败，他还是派人前往努比亚东部沙漠挖井。在塞提一世半途而废的地方继续深挖，结果出人意料，奇迹往往发生在具有创造奇迹性格的人身上，在挖到 120 肘尺的时候，水井在井底的沙石处真的见到了水。一口井的成功挖出，让法老派出找水的人继续每隔一段距离挖一口井，一直深入到荒漠深处可以找到金矿的地方。就这样，拉美西斯二世在努比亚东部荒漠中建成了一条"驴路"。之所以称之为"驴路"是因为驴是古埃及运输线上最为重要的交通工具。就这样，拉美西斯二世在努比亚获得了黄金。努比亚虽然在古代埃及语中有很多称呼，比如🐾（上游）、⛏（矿地）、𓏏（内赫西之地）、🪨（岩地），但"努比亚"一词却来自古埃及语中的金子🪙，读作 nbw，可见该地盛产黄金。拉美西斯二世的埃及不仅需要黄金，还需要其他金属，特别是铜矿的供应。而铜矿，拉美西斯二世将目光投向了阿基亚（Arkia）。该地现在是以色列的南部，古代介于西奈半岛与内盖夫（Negev）荒漠之间。这仍是一个严重缺水的地方，对于生活在水源充沛的尼罗河岸边的埃及人来说，这实在是一个蛮荒之地。在亚洲的铜矿源源不断地将矿石运回埃及，有的走水路，有的走陆路。直到第二十王朝拉美西斯三世时期，我们仍能从埃及文献中看到铜矿的记述。《哈里斯草纸文献》中就记载拉美西斯三世统治时期这个铜矿的情形：

> 我派遣代表前往这个位于阿基亚地区的大矿，因为那里有太多的矿物用船运输，有些则要用驴在陆路上运回。自从有了法老开始，就从未听说过这样的事情。这些矿都蕴藏着铜，大量装满他们的船只。在他们的监看下，被运回到埃及。当安全抵达埃及后，就在皇室的窗口前卸载下来并堆放起来。有成千的铜砖和各种颜色的三价金。我让每个人都承认这是一个惊人的壮举。

拉美西斯二世到拉美西斯三世有百年的间隔，在这百年的时间里，阿基亚一直为埃及提供大量的铜矿石，甚至是半成品，为埃及制造武器和器具。

除了战争和财富，拉美西斯二世将很大的精力用在了建设上。第一个需要提及的是被称作拉美西姆的神庙，这是现代西方人的称呼。古埃及人称之为"与阿蒙神所居底比斯城相结合之维瑟尔玛阿特拉－塞泰普恩拉之数百万年之宫"，维瑟尔玛阿特拉－塞泰普恩拉是拉美西斯二世的登基名，意为"拉神玛阿特强大－令拉神满意之人"。拉美西姆位于底比斯对岸，即尼罗河西岸。法国天才学者商博良首先在这座神庙里确定拉美西斯二世的王名圈，认定该神庙是拉美西斯二世所建。因此，在古埃及圣书体文字（我们多称之为象形文字）的破译上这座神庙是可书的一笔。拉美西姆神庙中有一个小室，是献给拉美西斯二世母亲图雅的。里面有拉美西斯二世神圣出身故事的描写，让人一下子联想到上一王朝女王哈特舍普苏特在戴尔－埃尔－巴赫瑞神庙中刻写自己神圣出身的铭文，有些文字如出一辙。文字的背景浮雕是一位年轻的王后独自一人面对阿蒙神，"他的气味是神之土地上的气味，他的香气是蓬特的香气……"我们不知道为什么要这么写。哈特舍普苏特女王因为其女性身份，因此用神之女的出身来展示其统治的合法性。但拉美西斯二世不同，虽然其母的出身并非王室，但父亲塞提一世对他的认可与培养足以让群臣及百姓没有异议。但他还是这么书写了，这也开始了他将自己宣传甚至打扮成神，至少是半神的运动。这一神化自己的进程首先从努比亚开始，他在努比亚至少修建了7座神庙，最早的一座是献给阿蒙拉神的，而这7座中就有一座是直接献给拉美西斯二世神的，崇拜的是神化了的自己。

　接下来，他修建了至今都让人们惊奇的阿布辛贝神庙，这座神庙与其王后内佛尔塔瑞的神庙我们将在第六章中详述。还有必须说到的是拉美西斯二世的长寿与多子。在平均年龄只有不到40岁的古代埃及，王室平均年龄也不超过50岁，拉美西斯二世却活到了90多岁。他比他很多儿子女儿的寿命都长，让人们不觉要开这样的玩笑：当他的孩子们纷纷老死之后，他还在努力娶妻生子，以使王朝后继有人。他一生生下46个儿子和55个女儿，由于他的长寿，致使他的王后都先他而去，其中包括他宠爱的内佛尔塔瑞以及两个赫梯公主。这样，他不得不在年轻人当中选择王后。为了皇室血统的纯正，公主便成为其选择的对象。这样，他好几个女儿便都成了他的王后，父女婚在古埃及的王室中并不鲜见。拉美西斯二世死后最初葬于帝王谷KV7号，但很快遭到盗墓者的破坏，祭司们便将其遗体重新包裹放置在王后茵哈匹（Inhapy）的墓中，三天之后又再次转移到大祭司匹努斋姆二世的墓中。从其木乃伊上可以看出，拉美西斯二世尽管长寿被当作不朽之神，但晚年的生命质量并不怎么好。严重的关节炎与下肢动脉硬化让他走路十分困难，尽管拄着拐杖，仍显得非常吃力。牙齿脱落牙龈萎缩，让他吃饭都很困难。一代伟大的法老就这样陨落了，连最后的安身之处也遭到了破坏，好在现在的木乃伊被安放在博物馆里，温度适宜，除了游客瞻仰便无别的打扰，享受了超乎常人的待遇，甚至在其死后三千多年之后还能拥有自己的"护照"并出国"看病"，于1974年飞往法国巴黎处理遗体消菌，很可能是古代帝王唯一的后世最高礼遇。

还要一提的是拉美西斯那么多的王子们最后都安息在哪儿了。国王有国王谷（本书称"帝王谷"），王后有王后谷，王子们都葬在哪儿了可能会让人们很想知道。对于别的时代这可能不是个问题，因为没那么多的王子，且很多王子后来都当上了法老。但拉美西斯的王子众多，除了美尔任普塔赫（Mereneptah）继承了王位，其余四十多位王子大多先他而去。这让我们不能不想这个闲暇问题。1995年，肯特·维克斯（Kent Weeks）在帝王谷进行绘图项目时发现了KV5号陵墓，里面的走廊众多，有百十来条，小室更是众多，加在一起竟有近二百多个走廊与小室，这一切都与通常的陵墓大相径庭。通过对里面发现的凯诺皮克罐上铭文确定这里埋葬的是拉美西斯二世的王子们。

"埃及艳后"——克里奥帕特拉

埃及艳后——克里奥帕特拉七世，是埃及称作法老的最后一人，之后埃及的历史就并入到了阿拉伯世界。土地没有改变，但是民族已经不是严格意义上的古埃及民族了。现在埃及这块土地上的民族有阿拉伯人、希腊人、罗马人，还有一些土著的埃及人，但他们已经没有了自己的语言，都讲阿拉伯语了。克里奥帕特拉是最后一个能够自己讲埃及语的法老，这位法老有很多传奇的故事。克里奥帕特拉七世这个女法老有这么多的传奇故事，哪些是真的，哪些不是真的，恐怕有很多人对此都是心存疑虑的。但无论如何克里奥帕特拉这样一个人物在历史上是一个不容忽略的重要角色。要了解这位因美国的电影而被称作埃及艳后的女王，首先，我们得知道克里奥帕特拉这个人究竟是谁。

克里奥帕特拉是古代埃及最后一位法老。一提到法老，我们都知道是古代埃及君主的称谓。然而，克里奥帕特拉却不是埃及人。作为托勒密王朝时期的最后一位法老，她应该算是希腊人，更准确地说是马其顿人。托勒密王朝是亚历山大死后其部将三分天下中的托勒密在埃及建立起来的王朝。在历史的划分上，很多人不把这一段历史划在埃及的历史里，因为这一段历史是完全由外国人统治的历史。托勒密十二世有四个女儿，大女儿是克里奥帕特拉六世，二女儿叫贝任尼斯，三女儿便是这位被称作埃及艳后的克里奥帕特拉七世，最小的女儿叫阿西诺。此外，托勒密十二世还有两个儿子，比四个女儿都小，一个是托勒密十三世，一个是托勒密十四世。此时的托勒密王朝统治有点混乱，托勒密十二世在其统治时期发生了暴乱，国王逃出埃及躲到了罗马。埃及一下子没了法老，于是托勒密十二世的妻子克里奥帕特拉五世便与克里奥帕特拉六世一起担任其统治的责任。有一点需要说明，克里奥帕特拉六世是克里奥帕特拉五世与托勒密十二世的女儿，也是托勒密十二世的王后。古埃及王室父女婚的情形在托勒密时期变得更加盛行。不久，托勒密十二世的二女儿贝任尼斯取得了政权，登上了法老之位。统治了三年之后，托勒密十二世在罗马人的支持下杀回埃及，夺回政权，贝任尼斯被处死。当然，这并没有让埃及结束混乱，托勒密十二世也很快在动乱中死去，此时儿子只有 9 岁，权力自然落在了罗马人支持下的克里奥帕特拉七世手中。为了权力制衡，姐弟两人结婚，共同治理埃及。这样的婚姻是政治的结果，因此两人并不和睦，甚至最后走向敌对。

人们都知道克里奥帕特拉七世与罗马帝国将军凯撒及安东尼的感情纠葛，也正因此她获得了埃及艳后的称呼。凯撒这个名字我们并不陌生，罗马"前三头"同盟中的一员，与克拉苏、庞培结成秘密政治同盟反对元老院，当选罗马执政官。然而正如中国一句很有哲理的老话所言，天下大势分久必合合久必分，前三头随着克拉苏进攻安息遇伏身亡而结束。最后为权力发生内战，凯撒与庞培化友为敌，庞培战败逃亡埃及，埃及艳后的故事由此拉开序幕。埃及当时执政的姐弟俩政见不合，虽未发生直接冲突，也是各怀心事。弟弟托勒密十三世此时才十几岁，被身边的谋士大臣所左右。结果一不留神，托勒密十三世的大臣杀了庞培，想以此讨好凯撒。可追到埃及的凯撒并未因此便支持托勒密十三世，而是以一个埃及法老姐弟调停人的姿态出现在埃及的王宫之中。本来约好第二天会见姐弟两位法老，可头天晚上克里奥帕特拉就从宫中密道中突然出现在凯撒面前。这一时刻的情节被许多文人墨客津津乐道，克里奥帕特拉的大臣首先出现在宫中对凯撒说女王要送他一件礼物，随后便从密道中出现了仆人扛在肩上的毡子卷来的礼物。当凯撒打开毡子出现他眼前的是一个美丽绝伦的女人，克利奥帕特拉把自己当作礼物送给了凯撒。这让托勒密十三世非常愤怒，于是大骂凯撒背信弃义，"不讲武德"，结果被凯撒抓了起来。托勒密十三世被放出来之后便公开与凯撒、克里奥帕特拉开战，最后战死在尼罗河中。埃及从此完全落在了克里奥帕特拉七世的手中，凯撒也便成了埃及最高权力的实际掌控者。女王与凯撒从此开启了他们的蜜月时期，并生下一个男孩凯撒里昂。后来母子随凯撒回到罗马，受到罗马人的欢迎。然而好景不长，凯撒被谋杀，克里奥帕特拉连夜带着儿子逃回埃及，结束了女王的第二段实际婚姻。第一段婚姻其实是政治联盟，且弟弟托勒密十三世年岁很小，非常可能并非实际婚姻。而与凯撒虽然很难说没有政治的考虑，但育有一子，应该说是有爱情的。

此时的埃及已经成为罗马的一个附庸，逐渐沦为罗马的一个富裕的行省。罗马"前三头"联盟随着凯撒的被谋杀而彻底烟消云散，动乱中安东尼逐渐崛起，并与吴大维、雷必达结成政治联盟，史称"后三头"同盟。作为罗马护民官的安东尼此时是罗马最有权势的军人，他在塔索斯召见了埃及女王克里奥帕特拉七世。安东尼知道埃及文化辉煌灿烂，女王到来的仪仗也一定会富丽堂皇，因此安东尼费尽心机让自己的仪式气派。然而，当女王的船驾到，安东尼一下子被女王的仪仗折服，感觉自己就是一个乡巴佬。克里奥帕特拉七世的船尾用金子做成，船桨用银子包裹，船上的抬椅上华盖装饰美丽，而女王就雍容华贵地坐在华盖下。划桨的人都是装扮成水仙的童女，而打扇子的人则是装扮成丘比特的男童。在气势上安东尼也输给了这位埃及艳后，不是她下船拜见安东尼，而是安东尼上船去见女王，因为女王要宴请他。仪表上、穿着上、仪式上都输给女王而心里十二分不舒服的安东尼决定第二天宴请女王，让大臣费尽心机设计了一个很大的场面。结果第二天克里奥帕特拉到来，带着仪仗和随从以及一些用具，轻松再次让安东尼自愧不如。就这样安东尼在精神上彻底被克里奥帕特拉征服，一下拜倒在女王的石榴裙下。当然，安东尼之所以要见女王还是因为凯撒被谋杀后的罗马政治斗争甚至内战的需求。后来随着"后三头"政治联盟的各据一地，终于在利益面前分崩离析，雷必达被放逐，安东尼与屋大维最终兵戎相见。亚克兴海战，安东尼的滑铁卢，演绎了历史上非常具有戏剧性的一幕。双方激战正酣，女王不知何故率战舰离开战场返回埃及。安东尼见爱人跑了，不顾战场的胜负，跳上小船追女王而去。结果自然是安东尼与女王联合舰队战败。逃回埃及的女王避而不见跟随而来的爱人安东尼，随后传出女王已经自杀的消息。安东尼悲伤不已也随即自杀，当得知消息前来的女王见到已经自杀的安东尼时，悲从心中起，与爱人安东尼一起自杀了。

　　克里奥帕特拉是生得美丽，死得绝艳。她的美丽早有法国哲学家帕斯卡的名言可以引用：如果克里奥帕特拉的鼻子短一分，整个世界历史的面貌将为之改观。凯撒、安东尼这样的人物都没能逃脱她美貌的魔咒，可见她有多美。克里奥帕特拉到底有多迷人，法国浪漫主义作家和批评家狄奥菲尔·戈蒂埃说过："克里奥帕特拉是迄今为止最完美的女人，最具女人风范的女人，最像女王的女王，一个让人惊叹的人，诗人无需对她添加任何华美的辞藻，她总会浮现在每个人梦中的尽头。"人们每每做梦做到最后出现的都会是这位美艳的女王。在古罗马的钱币上铸有她的形象，鹰钩鼻子，并不显得有多么美丽。古书上的记载亦有同样的描写，说她长着鹰钩鼻子，骨骼有棱有角，有点像男人。因此人们又说，女王迷人之处并不在于她长得多么美丽，而是气质超群。她懂得十来种语言，能在许多种语言中自由切换，也是托勒密王朝唯一一位精通埃及语的法老，且语音像银铃一般好听。这一点，普鲁塔克在他的《安东尼传》中有这样的记述："就她的美丽来说，其本身并不像人们所说的那样无与伦比，也不会让见到她的人都有强烈的震撼；但与她交谈却有不可抵御的吸引力，这可能是问题之所在。她的存在，她谈话的说服力，加上散发在她身上对待别人举止的一些特性，总让人感觉到刺激，她的声音中充满了甜蜜；她的舌头就像有许多琴弦的乐器随时准备转向她喜欢的任何一种语言……"正是这种才气吸引了凯撒，也吸引了安东尼。至于说她死得绝艳，可以这样理解：对于大多数人来说，尽管都有一死，但不是任何人都能够选择自己死亡的时间、地点与方式的，而这位生得美丽的女王却做到了。她选择自己离开这个世界的方式非常独特，非常具有埃及文化的味道。她穿着华贵的服饰，选择了用无花果篮子中的眼镜蛇来结束自己的生命。我们知道，眼镜蛇是埃及神圣王权的象征，法老的所有王冠上都有眼镜蛇。眼镜蛇最初是下埃及特别是尼罗河三角洲的保护神，被称作瓦吉特，与上埃及保护神内赫贝特对称。瓦吉特女神在埃及出现较早，最初名为𓆓，读作 iart，后被称作𓇌𓏏𓆓，读作 wADt，后来希腊语称之为 uraeus。因此，死于神蛇具有王权的庄重与神圣。就连死，克里奥帕特拉都设计得这么艺术。

第四章
大臣与王后之巅

　　古埃及历史几乎由伟大的法老支撑起四千多年的王朝框架，而伟大的天才人物则让这干瘪的框架变得丰满而充满活力。我们无法想象如果没有华佗、鲁班、张衡、李时珍，没有孔子、孟子、司马迁，中国的历史会变成什么样。埃及的历史也不能没有伊姆霍泰普、辛努亥、塞南穆特这样的重要人物，他们是埃及历史的真正推动者。

伊姆霍泰普——第一位被神化的大臣

　　伊姆霍泰普是第三王朝的大臣，世界上第一座金字塔的设计修建者。他不仅为法老佐塞尔设计修建了梯形金字塔，也为自己修建了一座精美的陵墓。然而，时至今日他自己的陵墓也没有被人发现。因此，对于这位金字塔陵墓的开创者我们只能通过以后的传说、雕像、头衔等材料加以了解。在他死后的两千多年时间里，关于他的传说非常流行。我们知道他去世后很快便受到埃及人的崇拜，他也由一位大臣变成了一半人类天才一半埃及神祇的形象。传说中他不仅是一位建筑师和工程师，还是医学的先祖，甚至被尊崇为伟大的诗人与哲学家。他在世的时候就有很多头衔，最为完整的头衔是：埃及国王的大臣、医生、上下埃及之王之下第一人、伟大王宫总管、世袭贵族、赫留坡里大祭司、建筑师、首席木匠、首席雕塑师、首席饰瓶制作者。这些头衔被刻写在他自己的大小雕像之上，有的甚至出现在佐塞尔王雕像底座上的文字中。从这些传说中我们有点看到远古先贤的模糊形象，有点像文艺复兴时期意大利的达·芬奇，又有点像我们中国古时候的神医华佗、建筑鼻祖鲁班。

伊姆霍泰普的家世得从一块石碑说起，这就是有名的"饥荒碑"。说是石碑，其实只是一个岛屿上众多石头上的一大块而已，铭文就刻写在这块大石头面向尼罗河东岸的一面上。之所以称之为石碑，是因为这块石头上刻写的铭文正好是一个正方形，上边的浮雕也符合石碑的规制。这个岛就是阿斯旺地区尼罗河里边的一个岛屿塞赫尔（Sehel）。这篇铭文是托勒密王朝时期刻上去的，记述的却是第三王朝时期的七年旱灾。虽然石头上有一条巨大的裂缝将铭文截成两半，但并不影响圣书体文字（中国人称之为象形文字）的内容，显然刻上去的时候裂缝就在。有些地方破损，无法读全，并不是因为巨大的裂缝，大部分内容仍保存完好。铭文上方的浮雕有四个形象出现，最左侧的人物是第三王朝法老佐塞尔，面向右侧，手里捧着向神奉献的礼物。右侧三个形象都面向佐塞尔，分别是哈努姆神、赛提斯女神与阿奴凯特女神。三位神祇都与尼罗河相关，哈努姆是尼罗河源头之神，赛提斯是尼罗河洪水女神，阿奴凯特是尼罗河瀑布之神。这三位神祇又是古埃及神祇中的三神系，哈努姆是主神，赛提斯女神是哈努姆神的妻子，而阿奴凯特是他们的女儿。这个三神系因崇拜中心在阿斯旺地区，并不经常出现在埃及人崇拜的主神系之中。然而，尼罗河关系到埃及人的生存，重要性毋庸置疑。埃及少雨，又无山川，最大的灾害或是尼罗河水泛滥，或是尼罗河水枯竭。饥荒自然与尼罗河水有关，献祭三神是有道理有用意的。饥荒碑内容并不复杂，说第三王朝法老佐塞尔执政的第 18 年，尼罗河水干涸 7 年，农田干裂，人民饱受饥饿之灾，开始发生暴乱。法老佐塞尔忧心忡忡，于是派遣大祭司伊姆霍泰普前往阿斯旺查清尼罗河源头哈匹神出生之地在哪里，哪位神祇掌管这尼罗河水。于是，伊姆霍泰普便奉命前往赫摩坡里的胡特 – 伊贝提（Hut-ibety）神庙查看尼罗河卷宗。看来远古之时人们就知道卷宗的重要性。在古埃及造字之神是托特，他还是智慧之神。对于古埃及人来说智慧是文字的孪生姐妹，因此伊姆霍泰普来到这座神庙不仅要查看卷宗获取有关尼罗河水的知识，还要向托特神请教智慧。通过查看卷宗并向托特神请教，伊姆霍泰普弄清了掌管尼罗河源头的神祇住在阿斯旺地区的埃里芬提尼岛上。埃里芬提尼岛又称象岛，古埃及语为阿布（🝆），三位掌管尼罗河源头的神祇就住在那里。佐塞尔听了伊姆霍泰普的报告立即派遣他前往埃里芬提尼岛去拜谒三位神祇，特别是三位神祇中的主神哈努姆神。来到象岛埃里芬提尼，伊姆霍泰普直奔哈努姆神庙，净身更衣熏香，然后献上一切美好的祭品（🝆），请求哈努姆神帮助。然后他突然睡意袭来，立即在神前昏昏睡去，哈努姆神托梦给伊姆霍泰普。在梦中，哈努姆来到他面前并向他介绍自己是谁，以及自己作为神的威力。哈努姆答应了他的请求，答应让尼罗河水恢复正常流淌。等伊姆霍泰普从梦中醒来，立即叫人拿来纸笔将梦中的一切记录下来。这应该就是古埃及早期的神谕形式，请求神谕，神给予指示，神的指示是通过梦来传递给神谕请示者的。得到了神谕，伊姆霍泰普立即返回孟菲斯去向佐塞尔王汇报。孟菲斯在北方，埃里芬提尼在南方，千里之遥无论是沿尼罗河逆流而上还是沿河边前往，对于古埃及人来说实在很是遥远，但在石碑铭文中我们无法体会这路途遥远。佐塞尔王对于神谕非常高兴，发布命令昭告全国祭司、书吏、工匠修复哈努姆神庙并向哈努姆神庙献上祭品，并颁布命令向埃里芬提尼的哈努姆神庙祭司许以整个地区的财富。

我们不知道为什么托勒密王朝要在埃及因为尼罗河水位过低造成旱灾的两千六七百年之后将记录这次灾难的铭文刻写在埃里芬提尼岛上。可能托勒密王朝把这段石碑铭文当作尼罗河神话来看的，既然是关于尼罗河水源头的神话自然应该刻写在源头之处。当然我们知道实际上尼罗河的源头并不在埃及境内，上游的青尼罗河与白尼罗河才是源头。无论如何，从铭文的内容上看，伊姆霍泰普两千六七百年间一直在埃及得以传扬却是事实。

涉及伊姆霍泰普的文献多与佐塞尔王相牵扯。在中埃及泰伯突尼斯（Tebtunis）神庙中发现的草纸文献用世俗体文字记述了一个很长的故事，主角就是佐塞尔与伊姆霍泰普。故事除了为我们讲述了佐塞尔法老觊觎伊姆霍泰普妹妹的美貌欲占为己有，哥哥为妹妹乔装打扮救助妹妹的故事外，还为我们提供了伊姆霍泰普家系的基本情况。父亲卡诺弗尔（Kanofer），母亲赫瑞笃昂赫（Khereduankh），妹妹任派特内弗睿瑞特（Renpetnefereret），一家四口。文中提到伊姆霍泰普的母亲是巴内卜塞戴特（Banebdjedet）之女，就是说伊姆霍泰普的外祖父是巴内卜塞戴特。这个名字的意思是"永恒之主的灵魂"，我们知道这是古埃及冥界主神奥西里斯的称呼。这让我们想到两点，一是伊姆霍泰普父亲的出身可能并不很好，因为值得炫耀的家世古埃及人是不会漏掉的。二是其外祖父应该是个大人物，非常可能是位高级丧葬祭司。伊姆霍泰普被称作普塔赫神之子，由此推断他的父亲卡诺弗尔被称作普塔赫，应该是位孟菲斯主神普塔赫神的祭司。既然父亲被称作普塔赫，母亲自然也被称作塞赫迈特（Sekhmet），孟菲斯三神系中普塔赫之妻，以狮子头形象出现的女神。

伊姆霍泰普之所以成为古埃及历史上法老之外最有影响力的人物，并不是因为他的身世，而是他在历史上的贡献。他当得起"建筑师之父""创造之父"和"医学之父"的称号。"创造之父"集中体现在他为佐塞尔在萨卡拉修建的梯形金字塔上，这是人类历史上第一座金字塔建筑。我们知道后来中国人在吉林集安修建的将军坟也呈金字塔形状，美洲的埃斯特克人在特奥蒂瓦坎修建了金字塔，但都是两千多年之后的事情了。金字塔首创来自古代埃及，来自一位伟大的人物——伊姆霍泰普。萨卡拉的梯形金字塔不单是陵墓外形是个伟大的创新，金字塔综合建筑群的廊柱、通道、墓室、仪式室、献祭室都是过去不曾有过的，此外还有竖井亦前所未有。当然，他的创新并非基于自己的凭空想象，有关金字塔的许多创新之处都有王宫建筑作为参照。由此可知，任何创造都不是凭空想象的结果，人的创造力离开了现实是一事无成的，离开了一步步地发展也会变成无源之水、无本之木。

伊姆霍泰普的另一成就是在医学方面的贡献，他也因此被誉为"医学之父"。我们知道西方普遍认同希波克拉底（Hippocrate）为西方"医学之父"，这完全是因为对于古埃及了解太少的缘故。随着越来越多的人对古代埃及的了解越来越多，"医学之父"的称谓渐渐转移到伊姆霍泰普头上。"医学之父"的荣誉并非只靠传说就被人普遍接受，就像希波克拉底被西方称作"医学之父"不仅因为传说，而是他提出了"液体学说"，认为人体内有四种液体构成正常体液与异常体液，之间的平衡对立决定人的健康与疾病。伊姆霍泰普尽管比希波克拉底早近三千年，但其医学贡献一点不比希波克拉底小，且伊姆霍泰普的医学思想与实践经验是以文字形式流传下来的。这份文献就是《埃德温·斯密斯草纸文献》（*Edwin Smith Papyrus*）。这份医学文件 1862 年由美国埃及学家埃德温·斯密斯在埃及卢克索从埃及人手中将其买下，此时的埃及学才诞生 40 年，恰好埃德温·斯密斯也正好 40 岁。好在从 1822 年始，古埃及语言文字已经被成功解码，文献上的一切都可以为学者们读懂翻译。詹姆斯·亨利·布莱斯特德于 20 世纪 30 年代将文献译出，21 世纪之初又有了詹姆斯·阿兰译文。埃德温·斯密斯在世的时候，这份宝贵的文献一直在他的收藏之中，去世后由他的女儿赠送给了"纽约历史学会"（New York Historical Society）并收藏在了布鲁克林博物馆，后来历史学会与博物馆又将其送给"纽约医学学会"（New York Academy of Medicine）让他们去研究使用。七十多年过去了，这份文献对现代医学的发展作出了重大的贡献。文献原件很大，有 4.68 米长，用僧侣体文字从右向左横着书写。文献的两面都有文字，正面 17 栏 377 行文字，记载了 48 个病例与治疗方案；反面 5 栏 92 行，包含 8 个咒语与 5 个药方。文字用黑笔书写，着重解说之处用红笔标出。这份文献是人类最古老的外科医疗技术记录，在古埃及留存下来的四大医学文献中是唯一现实而不是咒语魔法的科学著作。文献正面的 48 个病例都是外科创伤的诊疗，包括外伤、骨折、脱臼和肿瘤，甚至还包括了妇科与美容。因为多为外伤的诊治，因此有人分析这是不是一份供军队医生治疗伤员的指导"手册"。病例中记录了外科缝合技术，嘴唇伤口的缝合，喉部伤口的缝合，肩膀伤口的缝合，都是战场上最容易受伤的部位。对于诊断治疗的程序也做了详细的记载与描述，检查、诊断、判断病情的发展结果，最后进行治疗。不仅如此，还对病人病情进行基本情况的判断，将病情做几种基本的判断：可医、不可医与可努力争取治疗。更为难能可贵的是这份医学文献不仅有众多的病例与治疗记录，还建立起操作性极强的诊病治病理论体系。其中的四大诊断手段非常像我国的东汉开始出现的"望闻问切"，分别是望、嗅、扪、脉。望与中医的望相似，查看病人的情况；嗅是根据病人的味道判别疾病的根源；扪是通过触摸判断伤势或肿瘤性质；脉就是摸病人的脉搏诊断疾病。令我们吃惊的是这四门古埃及诊病治病方法比我们中医的"望闻问切"早了近三千年。还有一个理论贡献让人吃惊，四千六百年前的医学文献居然告诉我们大多瘫痪是脑损伤造成的，并进一步告诉我们大脑不同部位的损伤会造成不同肢体的瘫痪。这实际上已经告诉我们古埃及人很早就已经知道人的一切活动都是受大脑支配且大脑不同部分控制身体的不同机能。另外草纸文献还指出了人的椎骨对于身体动能的关键作用，椎骨骨折会让人丧失知觉。这一切都为现代医学指明了一条正确的道路，而这条道路不是走向玄妙的什么气，什么精，而是走向科学的实验与实践，而实验与实践是现代科学的基础。这篇草纸文献还在人类历史上首次对人的头颅内外构造进行了详细的描写，包括脑壳结构、脑膜、脑髓液、大脑外室结构，甚至还描写了头颅的脉搏。基于此，称伊姆霍泰普为"医学之父"要比希波克拉底合适得多。

　　但也不是一点问题没有，用现在科学的实证方法还无法十分确定《埃德温·斯密斯草纸文献》就是伊姆霍泰普所书，我们所能读到的这份文本是公元前1700年左右抄录的，但语言习惯、语法使用都是古王国的。伊姆霍泰普留存下来的雕像常以一位"生命之屋"书吏形象出现，古王国最著名的书吏就是他，而"生命之屋"又兼具医学研究功能，后世将这一草纸文书归于他虽无完全的把握却也可能性极大。

辛努亥——域外传奇

辛努亥是谁的问题我们已经在之前的篇章中说过，不过为了叙述的连贯不妨在这里再略说一句。辛努亥是第十二王朝第一位法老阿蒙尼姆哈特一世后宫一位老臣，亲历了老王阿蒙尼姆哈特一世被谋杀事件，因害怕受牵连而逃离埃及，最后落脚瑞侪努之地，就是现在的叙利亚。后世对他的了解都是始于一直流传至今的作品《辛努亥》传奇自传，可我们读到的都是抄本，刻写原文的辛努亥陵墓至今没有找到。

《辛努亥》是一篇古埃及叙事体文献，有多个写本与抄本存世。该文献最大的一片用祭司体文字刻写在一块石灰石岩片之上，现保存在埃及开罗博物馆。虽然该岩片上的故事只是个开头，但却是该文献保存最大的一块岩片。此外，柏林莎草纸文书中也有该故事抄本，莫斯科莎草纸文书中亦有该故事片段。不同记载故事的原始文献据分析皆为一个完整故事的抄本，原文应刻写在辛努亥的陵墓里。遗憾的是辛努亥的陵墓至今没有找到。如果此推测不错，虽然故事过于生动曲折，给人以小说戏剧的跌宕起伏，但从整个故事的背景及相关文献对照来看，《辛努亥》无疑是一篇第十二王朝大臣的自传。也正因为如此，后人将这篇文献的作者比作英国十七世纪的莎士比亚，这部作品也的确曾作为戏剧被搬上过舞台。故事的时代背景设在第十二王朝首位国王阿蒙尼姆哈特与其子辛瓦瑟瑞特共治的末期，主人公辛努亥是辛瓦瑟瑞特王后的随从。由于宫廷政变，阿蒙尼姆哈特死于非命，辛努亥因惧怕被牵涉而出逃至叙利亚，并受到当地统治者的重用。若干年后，辛努亥得到埃及国王的宽恕，返回埃及安度晚年。

该故事现存若干写本。柏林 10499 号草纸通称 R 本，现存 203 行，内容涵盖故事的前半段。柏林 3022 号草纸通称 B 本，现存 311 行，内容涵盖故事的绝大部分，但缺少起首之处，且在第一遍抄写之后有校对和订正的痕迹。两份草纸的年代据测定均为中王国时代。另外还有其他时代的若干写本，均严重残损。

故事情节并不很复杂，整个故事由四个部分组成，即逃离、立足、决斗、归根。逃离的原因是埃及宫廷发生叛乱，老王被杀，新王返回收拾残局，辛努亥因害怕卷入事件而逃离埃及。经过千辛万苦最后来到叙利亚，赢得当地首领的喜爱并送封地，在此建立自己的家庭。殷实的家境惹邻邦部落首领嫉恨，于是前来决斗，结果生死一战大获全胜。时光荏苒，老年已至，落叶归根，思乡心切，恳请法老原谅，最后如愿以偿。并不复杂的故事却讲述得悬念迭生。故事一开始宫廷内便生叛乱，情节紧张，然而辛努亥为何逃离却并未明确交代。观照结尾处恳请法老原谅让人想到当初逃离是否有过错在身。但如果我们对古埃及人的生死永恒观念有些了解就会发现另一种可能，辛努亥的恳求原谅并无关当年宫廷是非，而是对离开祖国的忏悔。于是，逃离的真实原因便成为一个悬念，一个无人知晓的谜底。异域他乡，一切陌生，能否立足，关乎生死；异族首领，前来挑战，像命运之神敲门，能否躲过一劫，仍让读者提心吊胆；待垂垂老矣，欲落叶归根，当年乱世法老会否原谅，层层设疑，吊人胃口。《辛努亥》可谓一篇人类早期传奇典范。

就其真实性而言，辛努亥的陵墓虽至今尚未找到，但其故事发生的背景与人物个个真实。主人公作为古埃及中王国初期的一位宫廷中服侍公主的老臣亲眼见证了一次宫廷叛乱，老王被杀，共治小王立即从远方战场赶回收拾残局。这个背景真实可信，有其他历史文献佐证了这个背景的真实。《阿蒙尼姆哈特一世教谕》以第一人称的口吻教育共治的小王不要轻信，并举例老王被杀于宫廷之内，就是宫廷叛乱的结果。这位老王正好就是阿蒙尼姆哈特一世，小王就是辛瓦瑟瑞特一世，两位法老的共治在开罗博物馆 CG20516 号文物上得以证明。该文物是出土于阿比多斯的一块石碑，其上有两位法老的统治纪年，即阿蒙尼姆哈特第三十年和辛瓦瑟瑞特第十年。这块石碑也因此得名"双年号石碑"。双年号说明两位法老同时在位，从此埃及历史上屡次出现共治现象。因此，我们相信《辛努亥》背景的真实性，而故事主人公真实与否我们仍需等待考古发现提供一个最后的证明。

读《辛努亥》，我们随着主人公完成了一次惊心动魄充满悬念的地中海东部沿岸之旅。故事中第一个提到的地名是侪麦胡（𓈖𓏤𓀀𓈉）。当时辛瓦瑟瑞特一世正率军征讨该地。侪麦胡是古埃及人对古代利比亚人的统称，亦指利比亚人居住的地方。当然，在古埃及人口中，利比亚人有很多称呼，但大多是生活在利比亚的不同部落名称。虽然辛努亥并未从侪麦胡开始他的逃亡之路，但故事情节的紧张却源自那里。宫廷政变，老王被杀，全城哀悼，一切都是秘密。然而，宫廷快报密报给远在侪麦胡征讨的小王，小王立即带领军队快速杀回。可以想见，待小王杀回宫廷，等待着的必然是血雨腥风。于是辛努亥连夜逃亡。这第一个出现的异域之地具体在哪儿我们不得而知，但一定是西部的利比亚无疑。

接下来便是辛努亥逃往的第一个关口"真理之海"，显然这是个有水的地方。我们知道，阿蒙尼姆哈特一世建立第十二王朝，将王宫从底比斯迁移到了伊池塔威，意为"攫取两土地之地"，距法尤姆湖不远。辛努亥逃离宫廷最近的水域应该就是法尤姆湖了，而古代埃及语中的"海"字直译的意思是"一大片绿"（ 𓇉𓈖𓈖 ），并不专门指海洋。我们且不管"一大片绿"中的绿到底是什么颜色，但它指代一大片水域是毫无疑问的。由此可以推测，辛努亥逃亡之路的第一站应该是到达了法尤姆湖。该湖之水虽来自尼罗河，但其面积却非常之大，直至今日，埃及人仍称之为海。接下来到达的是"斯诺弗儒岛"，亦为不易确定之地，从名字上看似乎与第四王朝第一位法老斯诺弗儒有关。从路线上看，应该在梅杜姆或达赫述尔，因为这两地矗立着三座斯诺弗儒法老的金字塔。梅杜姆金字塔外侧已经坍塌，达赫述尔两座金字塔一个修建角度过于陡峭而向内收拢变成中间弯曲形状，故而俗称"弯曲金字塔"，而红金字塔才趋于完美，由此验证了斯诺弗儒这个名字的含义："让一切美丽之人"。接下来到达的是"公牛码头"（ 𓄿𓈖𓈖𓊖𓂋𓃾𓊛 ），此地实难考据，因为牛在古代埃及特别普遍，公牛从河一侧运往另一侧司空见惯，因此"公牛码头"应该在尼罗河畔数量不少。然后到达的是"采石场东部，红山女神上坡之路"（ 𓉐𓈖𓈖𓊖𓂻𓏏 ）。接近三角洲的采石场并不多，图拉采石场在三角洲西部，与奔向迦南叙利亚一带背道而驰，显然不是。向东越过尼罗河约四五十公里则有格贝尔–阿赫玛尔（Gebelel–Ahmar）采石场。这个采石场在现在开罗东北的赫留坡里附近，该采石场阿拉伯语名字的意思就是"红山"，完全符合文中的描述。再往前便是"统治者墙"（ 𓉐𓀀𓂋𓅓𓊖 ），为镇守通往西奈半岛之路的一个要塞。显然，辛努亥没有选择走地中海的海路，而是选择了西奈半岛的陆路。由此离开埃及进入亚洲，第一站是培腾（☐☐），培腾在哪儿我们尚无法知道，但从这个地名的山形限定符号来看，此地应该已经出了埃及之境，因为山形限定符号在地名中出现一般皆指域外之地，因为埃及几乎没有山，除了尼罗河谷就是尼罗河谷两侧的荒漠，除在西部荒漠中有几个绿洲外，两侧荒漠便是死亡之地。然后便是长途跋涉，直接到达比布鲁斯了。比布鲁斯位于现在的黎巴嫩，叫朱拜勒。该城公元前五千年就已经有人居住，是腓尼基的第一个城市。这座现在被联合国教科文组织定为世界遗产的古城对于埃及学学者来说都不陌生，因为古埃及文献《维纳蒙的报告》（the Report of Wenamun）大臣维纳门被派往购买建造圣船木材受到当地人怠慢与侮辱的亚洲城市就是这个比布鲁斯。该遗址发掘中亦有大量涉及古代埃及的文物出土，说明该地曾与埃及联系密切。此后各地都是亚洲的地方了，凯岱姆、阿麦姆－浦什，最后落脚雅阿。辛努亥这条逃亡之路不仅经得住古代文献佐证，亦经得住现代实验考古学的推敲。除了通往西奈半岛之路现在有了苏伊士运河需要渡过与古时略有出入，这条线路现在仍然可行。辛努亥作为一个宫中大臣，绝非漫无目的误打误撞来到比布鲁斯，这应该是一条早已存在的商路。古代埃及与两河流域早有往来，五千多年前的壁画主题与风格许多都非常相似。辛努亥逃亡之路将这条商路勾画在我们面前。该商路的详尽情况我们应该另文专论，但至少它佐证了这条商路的存在。

　　《辛努亥》中许多细节描述栩栩如生，让人有如身临其境般的感受。决斗在现代社会几乎绝迹，因此我们并不知道决斗如何进行。《辛努亥》中对于决斗的描写让我们知道了远古决斗的很多细节。中世纪决斗之风盛行，不知是否是古代习俗的遗传。这场决斗先有瑞侉努（☐☐☐）人前来挑战，辛努亥与部落酋长商议，决定迎战。

入夜备战，弓箭、匕首，对方是弓箭、战斧。看来当时的决斗并不限武器，有点像现代人的真人 CS 游戏。有远距离武器，亦有短兵相接的武器。围观者不少，双方百姓皆来助威。一阵对射，瑞侉努决斗者被辛努亥射中，并被冲上来的辛努亥夺过战斧杀死。战败者不仅丢掉了性命，自己的财产也悉数被胜利者劫掠一空。没有裁判，没有约束，甚至没有规则，胜者为王，败者就只能一命呜呼了。这是个英雄时代，掠夺造就英雄，英雄率领部落强大，英雄崇拜成为该时代的最高价值尺度。这是人类历史的必由之路。是否符合三千多年前该事件的真实我们已无法考证，但从人类历史大势看却是真实无比的。人类从远古走来步步坎坷，顽强生存。最初因为数量的不够而在恶劣的自然环境面前险象环生，生存成为人类最高的价值观念，而此时抗拒自然毁灭唯一力量源泉落在了人类数量之上。于是人类自身的繁衍便成为这个时代最为紧迫也最为高贵的理念。我们几乎在所有的早期文明之中都能看到生殖崇拜的文化便是很好的证明。然而，当数量因繁衍而壮大起来的人类不再为整个人类的弱小而担惊受怕之后，各氏族部落因生存条件的不均衡产生的危机接踵而来。要让部落生存无忧就要改变环境，而环境的改变最有效的方式就是迁徙。好环境谁都想要，于是争夺不可避免。有争夺就有伤害，部落的生死存亡因争夺而不再安稳。谁能率领部落成功抵御别人侵扰甚至毁灭其他部落并能抢夺更好的资源和财富，谁就是部落氏族的英雄。英雄崇拜成为此时最高的意识形态。从生殖崇拜到英雄崇拜人类跨越到了一个更高的阶段，正是在这个英雄崇拜基础上，城邦一个个诞生，国家随后出现。《辛努亥》中决斗的描述为我们提供了合于历史逻辑的细节，诠释了人类社会发展的历史真实。

内弗尔提提——古代世界最美丽的女人

这是个充满太多疑问的女人，她享受过人世间最高的礼遇，也经受了后人最多的猜忌。她谜一样的身世吸引着学者们读遍古埃及阿玛尔那时期及前后时期的文献，甚至包括外国文献，以求获得一丝丝信息能够推导出她父母是谁，她到底是埃及人还是外国人，她是不是埃赫那吞法老的共治者，她死后究竟魂归何处，甚至给赫梯国王写信求夫者是不是她。除了这些问题让人思考追问，她现在藏于柏林新博物馆（Neues Museum）的半身雕像亦让人们议论不断。不仅是内弗尔提提的前世今生，其雕像的前世今生故事也一样扑朔迷离。到底是德国考古队将这座后来成为该博物馆镇馆之宝的文物偷出埃及还是根据协议正常带出埃及到现在仍公说婆论各执一端。也正是因为这尊雕像，内弗尔提提被誉为古代世界最美的女人。我们要了解内弗尔提提，首先要清晰两个术语，一个埃赫那吞宗教改革，另一个是阿玛尔那时期。稍微详细一点的世界历史书籍都会提到古埃及的埃赫那吞宗教改革，也都会叙述新王国时期的这次宗教改革是第十八王朝法老埃赫那吞发动的，废除过去一直崇拜的阿蒙神，改信阿吞神，为的是摆脱阿蒙神祭司集团对法老权力的制约与左右。阿蒙神是太阳神，其崇拜中心在底比斯。阿蒙神一直是新王国崇拜的主神，自然阿蒙神大祭司在埃及政治生活中也具有唯我独尊的地位。但第十八王朝在法老阿蒙霍泰普（意为"让阿蒙神满意之人"）四世在其统治的第 5 年突然将自己的名字改为埃赫那吞（意为"阿吞神的精神"），表明其放弃阿蒙神崇拜改为崇拜阿吞神的立场。这一改革不是小打小闹的微调，之后他将都城也搬出了阿蒙神祭司实力强大的底比斯，来到了埃及中部的阿玛尔那，并在这里建筑一座新的都城，取名埃赫塔吞（意为"阿吞神的地平线"）。从埃赫那吞迁都到这座都城到被废弃历时14年，这段时间的历史被称作阿玛尔那时期。

无论是埃赫那吞宗教改革还是阿玛尔那时期，这段历史人物的叙说我们都少不了两个人，一个是埃赫那吞，就是宗教改革的发起实施者——第十八王朝第十位法老阿蒙霍泰普四世，也就是埃赫那吞法老；另一位就是埃赫那吞法老的王后内弗尔提提。这一段历史不仅发生了宗教改革，艺术上也出现了前所未有的风格，我们不妨称之为阿玛尔那风格。无论是雕塑、浮雕还是壁画，人物的造型都显得很有现代派作品的风范。脸长、脖子细，丰乳肥臀，因此造成很多人对埃赫那吞是否有病的猜测。甚至有人猜测这位法老是不是雌雄同体，不然何以身躯那么肥硕，像个女人一样。多亏有同时代艺术坊中大量未完成的雕像与绘画被发掘出来，让我们知道了法老与王后原本的身材与长相并非那么夸张走形。

现在我们回到第一个问题，内弗尔提提是谁。从以上的介绍我们可以知道她是埃赫那吞的王后，阿玛尔那时期的最为重要的人物之一，甚至可以称之为阿玛尔那时期的二号人物。她的身世即她的父母是谁，出生于什么样的家庭等问题至今仍然并不清晰明了。曾有一种猜测，说她可能是阿蒙霍泰普三世的女儿，如果是这样的话，她就是阿蒙霍泰普四世即埃赫那吞的姐妹，即使不是同母也是同父。但这一推测被大多数学者所否定，因为按照古埃及的传统，每一位公主都会将"国王之女"（𓀀𓏏𓆓）加在自己的头衔中，而涉及内弗尔提提的文字中没有一处出现这个头衔。由此判断她非常可能不是公主，阿蒙霍泰普三世女儿的猜测的可能性也就不很被人接受。再早一点的猜测更有趣，认为她是阿蒙霍泰普三世后宫中的一个外国人。我们知道阿蒙霍泰普三世娶了好多外国公主，米坦尼公主就有两位，巴比伦公主也有两位，我们知道名字的就有 6 位之多，可见阿蒙霍泰普三世的后宫中外国女性很多。但内弗尔提提被认定为外国女人的唯一根据是她的名字，意思是"美丽已经到来"。从哪里到来？可能是从外国到来。这种分析不足为证，因为在古代埃及女人名字为内弗尔什么的太多了，就像中国女人名字中的张美丽、李美娟、王美慧一样普遍。还有一种猜测略有些靠谱，即内弗尔提提是大臣阿伊（Ay）的女儿，因为阿伊的妻子泰伊（Tey）有"王后之乳母"的头衔，而这个王后从时间的推算很可能指内弗尔提提。如果这个推断正确，内弗尔提提不是泰伊的女儿，但她养育了内弗尔提提。这么重要的一位大臣之妻不可能去做随便哪个女孩儿的乳母，唯一的可能是这个女孩儿是丈夫前妻的女儿。由此推断，内弗尔提提是大臣阿伊的女儿。这个推测的可能性很大，但仍有别的推测，有人认为她有可能是地方贵族家的一位千金，可具体是哪个诺姆或哪个家族却没有确凿的证据。是不是家在埃及的中部，即南方的底比斯与北方的孟菲斯之间，因埃赫那吞改革迁都才来到阿玛尔那，因为这里是王后家族势力所在，可以得到岳父势力的支持？尽为猜测，没有根据。内弗尔提提的身世至今仍是个谜。

　　第二个问题，内弗尔提提是否与埃赫那吞共治过，埃赫那吞逝世后她是否走向前台独自统治埃及，以及由此引发的另一个谜团，即埃赫那吞的继位者斯曼赫卡瑞（Smenkhkare）是谁。这些问题的答案影响到我们对她在阿玛尔那时期统治地位与角色的判断。对于内弗尔提提共治的证据多来自图坦卡门墓中的发现，包括乌沙伯提等文物。乌沙伯提又称沙伯提，是古埃及陪葬的应答俑。有点像秦始皇的兵马俑，只是比兵马俑小得多，是供法老在另一个世界使用的侍应。在阿玛尔那，埃及学家们发现了太多的内弗尔提提的雕像、浮雕和壁画形象。在那里的神庙中，她的形象出现率甚至超过了埃赫那吞法老。从浮雕图画的内容上分析，她都是以同等身量与丈夫埃赫那吞法老一起出现的。在古埃及的传统中法老的形象与神的形象大小相同，别人的身材都要明显小很多。这是一个文化规则，也是一个政治规则，不可以轻易违反的。但内弗尔提提违反了这一规则，只有两种可能性是合理的解说，一是夫妻恩爱，二是她地位非同寻常。我们还可以在神庙的墙壁上看到内弗尔提提独驾战车打击敌人的浮雕场面，更是出乎人们的预料之外。这是典型的法老形象和姿态，虽然被刻画在墙壁上驾战车打击敌人的法老不一定真的亲临战场浴血奋战，而只是象征，但王后的这个形象非常少见。因此推断这位被誉为古代世界最美女人的王后可能真的曾经坐过法老的王座，无论是以共治者的身份还是在埃赫那吞去世后独自掌握政权。由此还引出另一个问题，即埃赫那吞法老去世后是谁接任做了法老。从现代埃及学著作中我们知道，埃赫那吞去世后直接接替法老之位的是一位叫作斯曼赫卡瑞的法老，在位时间非常短，可能只有 1 年，最多不超过 3 年。然后继位的才是大家熟悉的图坦卡门，可这个斯曼赫卡瑞是谁却没有文献记载，埃赫那吞的孩子中也没有这个名字。于是便产生了一种猜测，斯曼赫卡瑞是否就是内弗尔提提？在埃赫那吞去世的时候，最有权力的人就是王后内弗尔提提。她出面走向前台收拾残局的可能性很大，而要名正言顺地统治国家需要有个正规的名号，于是取名斯曼赫卡瑞。这一推理逻辑上是说得通的。不仅逻辑上通，还有一个证据增加了这一推测的可信度，即内弗尔内弗汝阿吞（Neferneferuaten），在埃赫那吞去世后，内弗尔提提的名字从阿玛尔那的文字中消失了，而代之而起的是内弗尔内弗汝阿吞的女法老的名字。甚至在一段铭文上居然将内弗尔内弗汝阿吞这个名字与内弗尔提提的名字写在了一起，由此判断应该是一个人。这就更加让人相信斯曼赫卡瑞非常可能是内弗尔提提正式登基的男性名字而已，就像之前的哈特舍普苏特女王登基后将自己的名字男性化一样。

　　围绕在她身上的谜团还不仅于此，正如我们无法确切知道她生于何人，也无法确切知道她死于何因。我们只知道在埃赫那吞统治的第 12 年，她的名字突然从文献中消失，无论是铭文还是草纸文献都不再有内弗尔提提的名字出现了。除了她可能因为登上王位而改了名字，另一种可能就是她也离世了。无论她是不是突然离世，关于她如何去世的记载或线索都非常之少。乌沙伯提上发现文字中记述阿玛尔那末期出现了瘟疫，因此内弗尔提提有可能突然死于瘟疫，因为在那个时代瘟疫对于国王与平民是一视同仁的，没有医学手段能够让国王比平民更能躲过疫情的攻击。无论死于何因，遗体总该有个着落，即魂归何处。可是遗憾，就连这个问题也没有答案。但随着考古的进展，埃及学家将目光集中到了帝王谷，新王国帝王的最后安息地。帝王谷埋葬了新王国所有的帝王，这些帝王的凿岩陵墓一个个被后世发现，按照被发现的先后分别标注号码。第 32 个被发现的凿岩陵墓是 1898 年挖掘的成果，这一发掘有重大发现。帝王谷正常的陵墓墓室中只有一个石棺，也就是说只有一位法老被埋葬里面。但第 32 号陵墓却出乎人们的意料，里面竟然有九位法老与两位女性的木乃伊，大有点木乃伊大会的架势。显然除了墓主人阿蒙霍泰普二世之外，其他人物都是被后运至此的。为什么会是这样并不在我们的讨论之列，但墓中发现的两具女性木乃伊的身份认定涉及内弗尔提提。这两位女性木乃伊一个被称作"老夫人"，另一个被称作"少夫人"。老夫人已经通过现代技术 DNA 的比对确定是阿蒙霍泰普三世的王后媞雅（Tiye），即埃赫那吞的母亲，而"少夫人"则被英国埃及学家认定是内弗尔提提。然而，埃及的埃及学家却认为这是埃赫那吞法老的另一个王妃，是图坦卡门的生身母亲，而不是内弗尔提提。由于内弗尔提提的父母都无法确定，DNA 也就派不上用场，最后结论仍待以后研究作出。

最后一件悬案是一封阿玛尔那信件，是一位法老丈夫刚刚去世的王后写给赫梯国王的信件。这是封赫梯首都哈图撒（Hattusa）收到的信件，时间正好是埃及的阿玛尔那时期。这封信也变成了赫梯国王苏匹路里乌玛一世（Supiluliuma Ⅰ）吹嘘的辉煌事件，被记载在赫梯的年表里。他突然收到埃及王后的信件，说自己的法老丈夫去世，而自己又没有儿子继承王位，请给我一个你的儿子做我的丈夫成为埃及的法老，我不愿意让埃及人成为我的丈夫。还说是出于害怕，究竟害怕什么信中并未说明。我们知道赫梯当时正是埃及在亚洲扩张势力范围的敌手，也处在帝国的峰巅时期。且埃及的传统是从不将皇室的公主嫁给外国国王，因此这封信令赫梯国王感到怀疑。待他验证了此信内容并无欺诈时派了一个王子去埃及，不幸途中死去，学者多猜测为谋杀。这个赫梯王子怎么死的对于我们并不重要，重要的是阿玛尔那时期哪个王后写了这封信。因为记载信件的年表是赫梯语，王后的署名是答哈门苏（Dakhamunzu），这就给这个王后的认定造成了一定困难。根据名字的译音原则翻译，该名非常可能是埃及语中的 Tahetemnesu（𓄿𓏏𓈖𓋴），意为"王后"。阿玛尔那时期的法老丈夫去世的王后只有两位，一位是后来的图坦卡门小法老的王后昂赫森那蒙（Ankhsenamen），另一位就是内弗尔提提。更可能是谁，扑朔迷离，悬而未决。

塞南穆特——女王情人？

大多数中国读者也许对塞南穆特都有些陌生，因为中国的历史书籍里很少提到这个人，但他对于古埃及历史特别是新王国哈特舍普苏特女王时期历史的理解却非常重要。他并非出身王室，完全凭借自己的聪明才智得到重用，并一步一步走向大臣的峰巅。他又是古埃及历史上一个全能的人物，有人称他为建筑师，有人称他为星象学家，他甚至还是一位伟大的教育家。当然，他最直接的身份是图特摩斯二世与哈特舍普苏特女王的大臣。对于大多数埃及学学者来说，首先记住他的原因却很奇特，是因为在哈特舍普苏特女王戴尔－埃尔－巴赫瑞神庙旁边的旧房子里面建筑工人在墙壁上乱涂乱画的不堪入目的图画，主人公的形象让人一眼认出就是这位备受法老器重的塞南穆特，他嘴旁边的两条深深的法令纹让他的形象很容易辨认。也正因为这些不堪入目的涂鸦图画，让人们开始联想到他作为哈特舍普苏特女王的女儿内弗儒瑞（Neferure）的太师，有很多像父亲一样搂着自己学生的雕像，不能不让人猜想这位大臣是不是这个法老女儿的生身父亲。猜想总归只是猜想，无法证实，但塞南穆特备受哈特舍普苏特女王宠幸却是事实。纵观古埃及三千多年的历史，塞南穆特是留下建筑最多、雕像最多的大臣。每一座建筑或雕像的铭文中都有哈特舍普苏特女王的完整头衔，只有一座雕像例外。古埃及法老头衔比较多，只有在隆重场合出现或铭文需要表达对法老的极其崇敬之时才会这样做。因此，这说明塞南穆特对女王极其崇敬与感激。

我们还是从塞南穆特的身世说起。他的父亲拉莫斯（Ramose）与母亲哈特诺夫尔（Hatnofer）出身上埃及底比斯附近的艾尔蒙特（Armant）的一个知识分子家庭。知识分子这个词用在这里好像有点过于现代，其实很准确。父母都不是大贵族，但却识字。识字在那个时代属一个特殊的阶层，因为据估算当时埃及人当中只有百分之五左右的人识字。塞南穆特家的孩子不少，他有三个兄弟两个姐妹。兄弟当中有两位阿蒙神祭司，一位是负责牲畜的总管。算是一个中产阶级家庭，应该比我们现在的知识分子境遇好些。出身于知识分子家庭，自然接受了知识分子家庭应有的教育，让他很小就学会了阅读与书写。这为他之后的升迁奠定了必要的基础，让他这个出身中产阶层的年轻人得以平步青云，直接服务于法老这权力的峰巅。塞南穆特的仕途是从军队开始的，他先参军成为一名军人。在他的陵墓铭文残片中我们读到他获得的金手镯赏赐的字句，文字中还提及战利品，提及努比亚。金手镯通常是奖赏给作战勇敢的士兵的，而战利品更明确地告诉我们他的金手镯奖赏是因为在与努比亚军队作战中立功受奖的。另一处提及他获得的奖赏是一篇碑铭，他参与远征，获得黄金奖赏。而他的军旅生涯是在图特摩斯一世时期完成的。此时，他因为才干出众获得提拔。大英博物馆中收藏的两尊塞南穆特雕像的铭文中刻写下他这样的头衔：玺印之监管（🦫👁️〰️👁️）。管理玺印不管是远征之时还是执行什么任务都是大权在握之人，可见塞南穆特青年得志。到了图特摩斯二世之时，他因为有文化很快被法老选入宫中，在其格贝尔－埃尔－希尔希拉（Gebel el-Silsila）遗址发现塞南穆特的两个新头衔，一个是"阿蒙神妻管家"，另一个是"国王之女管家"。显然，他已经开始得到哈特舍普苏特的重用。这个遗址也是记录哈特舍普苏特走向权力顶峰开始之处，"国王长女"的字眼首次在这里出现。显然，在图特摩斯二世统治时期哈特舍普苏特已经开始为自己的登基上位做舆论上的宣传了。塞南穆特在仕途上的飞黄腾达真的证实了"知识就是力量"这个我们现代中国人都很熟悉的口号。塞南穆特的名字很有意思，意为"母亲的兄弟"。这个名字是谁给他起的，到底意味着什么，留给后世来进行猜测。从他死后他的兄弟给他完成葬礼这件事情上看，很可能塞南穆特无子，也可能一生服侍国王，服侍女王，一生未婚，自然也就无子了。塞南穆特头衔很多，最初是以"阿蒙神妻管家"身份入宫的，后来又成为哈特舍普苏特女王的女儿内弗儒瑞的"公主管家"，再后成为"国王高级管家"，可见他的地位和在宫廷中的角色变得越来越重要。塞南穆特一生使用过的头衔特别多，有人统计过，从他的两个陵墓及发掘出来的 150 块陶片上的刻写文字看，他的头衔达 80 个之多。他管理过的部门包括谷仓、神庙财产、牲畜统计、作坊食物分配、宝藏收藏、建筑建设等。他权力最大时阿蒙神庙的财政大权、宫廷中的管理大权都在他的手里，他既是"阿蒙神两谷仓总管"，又是王宫"大厅总管"。不仅身居高位，还与法老有着不同寻常的密切关系。他是哈特舍普苏特女王的"唯一朋友"，女王的"浴室总管"，女王的"御床总管"，女王的生活起居都由他来操持，可见女王对他的绝对信任。这种信任可在被古埃及人称作"圣中之圣"（𓊪𓊪𓊨𓊪）的哈特舍普苏特女王神庙中找到记述。记述中说女王要远征蓬特（𓊖𓊪𓊪）这个神奇之地，决策者中就出现了塞南穆特。

塞南穆特什么时候去世的没有文献记载，但根据哈特舍普苏特女王第 16 年之后再无涉及他的文字出现这一情况看，很可能他去世在女王之前。当然这只是猜测中的一种，也不排除此时他已经失宠，因为女王唯一的女儿这一年去世了。作为女王唯一女儿的老师可能见女王年岁已大，勾连与女王情感的公主也不幸去世，而与女王共治的图特摩斯三世势力渐大，于是有意靠向图特摩斯三世，因而引起女王的愤怒。这一分析也非常可能，他为女王修建的神庙中隐藏了60个门，在门与门框的紧贴之处人们发现了大量的塞南穆特画像，或站立或下跪。为何将自己的形象隐藏起来让后人充满猜测，失宠还是故意隐身，也许成了历史的一个无解之谜。

　　他一生的功绩多展现在他为哈特舍普苏特女王修建的神庙上。这座神庙与古埃及大多数神庙都不一样，它没有像以往的神庙一样有个塔门，然后是院落，再后是多柱厅，直到最后的圣殿。而是依山而建，像一个面向东方的避风港湾，很像中国的一句诗：面向大海，春暖花开。当然，神庙所在的这个湾区面向的不是大海，而是尼罗河。这个地址选得非常好，可却不是塞南穆特开创的墓地，因为首先在这个湾区修建葬祭神庙的是第十一王朝法老孟图霍泰普二世，这位结束了埃及历史上第一次大分裂让埃及再次统一的法老。这个中王国法老的葬祭神庙就有点形式上的突破，将神庙建在崖壁之中，我们姑且称之为凿岩神庙。而院落的中间则修建了一座缓梯形金字塔，而神庙则是继续向上走缓坡而上到崖壁的中间才到。塞南穆特为哈特舍普苏特女王也选择了这个地址，按照我们中国人的观念就是这个地址风水极好。孟图霍泰普二世的葬祭神庙在西侧，哈特舍普苏特女王的神庙紧挨着修建，规模更大，也更为宏伟。两神庙所不同者在于女王的神庙没有在院落里修建一座金字塔，而是直接在院子里修建一个长长的缓坡直接通向崖壁上的神庙。时至今日，女王神庙仍然显得那么宏伟壮观，而孟图霍泰普二世神庙在女王神庙边上因为损坏严重则看上去有点像考古遗址了。院子里的缓坡金字塔已成平地，神庙也已破败。有关哈特舍普苏特女王的好多信息都可以在这座神庙的墙壁上找到铭文记述，让后人得以了解这位古代埃及唯一可以称之为伟大法老的女性。不仅女王在戴尔－埃尔－巴赫瑞举世瞩目的神庙是他负责修建而成之外，女王在卡尔纳克神庙中两座巨大的方尖碑从选择采石场，监管石头的采集，到方尖碑最后在卡尔纳克神庙最险要的位置竖立起来，都是在塞南穆特的操持下完成的。卡尔纳克神庙中的两座方尖碑一座已经倒塌，只剩下断残的部分躺在神庙院落当中，另一座仍然巍然屹立在第三与第四塔门之间，时至今日一直是方尖碑中最高的一座。

塞南穆特为女王修建了陵墓与神庙，也为自己修建了最后的安息之地，而且不止一个。一个就在女王神庙与向东通向河谷神庙之间的地方，离女王神庙非常之近。另一个陵墓修建在女王神庙以西的墓葬群中。这两座陵墓连同其上的葬祭神庙给我们提供了很多了解塞南穆特的信息，并让我们了解了古埃及文化的几个特别重要的侧面。TT353 号就是塞南穆特离女王神庙较近的那个陵墓，它的发现就很具传奇色彩。这里本来是一个采石场的一角，现在称之为"塞南穆特采石场"，这里采下的石头是供人修建连接女王神庙与尼罗河谷神庙的甬道的。1927 年，考古学家温洛克（H. E. Winlock）在考察哈特舍普苏特女王神庙院落的时候在东北侧看到之前考古工作挖掘出来的废土堆。他本来是要寻找一块空地堆放他考古挖掘出来的废土的，结果就找到了这个同样用途的土堆。结果无意中发现了塞南穆特这座未完成陵墓的入口。虽然陵墓并未完成，且温洛克发现该陵墓时里面已经空空荡荡。但陵墓里面的浮雕特别是墓室天花板的天文图说，让我们惊讶地发现，在那么早的时代，古埃及人已经对太阳系大部分行星有了切实的观察与研究。这个陵墓并不很复杂，在一个斜坡上直直地向斜下方凿进去，凿出了一个通道。通道沿一个方向凿进，但却由三个墓室分割成三段。最底部的墓室下有个竖井，但墓室并未装饰，墙壁都保持着自然状态，似乎未完成修建。倒数第二个墓室也未装修，墙壁粗糙，坑洼不平。而第一个墓室显然是经过精心装饰的，不仅墙面平整，有些坑洼处也都用灰泥抹平。这样的情形让人猜想可能最初陵墓的设计只有第一个墓室，后两个是修建好第一个后意犹未尽想要继续将陵墓修得更复杂的结果。从通道入口快到第一墓室的地方发现一个石碑刻在墙壁上，对面墙壁上凿有一个神龛。第一墓室的西边墙壁上刻着一个假门，非常精美。假门分四层向里刻进去，每一层刻得都不很深。假门上方半跪着两个背对背的人，应该是塞南穆特，双手举起在胸前，手心朝外，表示崇拜的姿势，两人之间是一个伊斯斯结。两人脚下是假门的门楣，假门两侧门框雕刻的是两列由阿努比斯引领的神祇：左侧的上端是阿努比斯，跟着的是太阳神，再下来是 7 头神牛；右侧最上端一样是阿努比斯，下边 4 个太阳神桨手像木乃伊一样直直地站立着。门楣门框围拢的里层又是一个像假门一样的结构：横梁上两个豺狗形象的阿努比斯对面而卧，头上是护佑的翅膀；两侧与第一层的假门外侧一样刻着圣书体文字的亡灵书内容，这一层应该是再里面一层的背景，真正的第二层假门由这一层围绕。第二层假门门楣上刻着两个坐着的人，背靠背面向两个方向，门楣上人物周围刻写着圣书体文字，两边边框亦由圣书体文字填满。假门最内侧从上到下分为三段，最上边一栏刻的是塞南穆特面向左侧坐着向对面坐着的两个神献祭。第二栏是整个假门的中心，刻着一双荷鲁斯的眼睛。第三栏是一个竖长的两个边框夹着一个竖长空间的门框，看上去像是通向无尽的远方，应该是通往永恒世界的通道。整个假门之上是塞南穆特与其父母的浮雕，父亲在其身后搂着他，对面是他的母亲手执莲花触碰着他的鼻子，以示赋予生命之意。

塞南穆特陵墓中最精妙之处是第一墓室的顶棚壁画，表现了三千五百年前人类对宇宙及太阳系的科学认识。这一棚顶壁画分成南北两半，中间由装饰性很强的 5 行圣书体文字将上下两半分开，中间文字较大的一行书写的是哈特舍普苏特女王的头衔与塞南穆特的头衔。南北两半都由星星环绕，西方学者称这些星星为"黄道天星"（decanal stars），西方世界的黄道天图可以追溯至此。这两幅天图图画将天空分成南北两半，代表着古埃及人认识中南北两片天空中看到的世界与宇宙。南部天空有星座也有星星：猎户星座、天狼星都赫然在列，木星、土星、水星与金星分别由各自神祇一起乘坐小船在天空中运行。显然，南半部图画代表的是夜间 12 个小时。北边半部的内容以大熊星座为中心，左侧 4 个圆圈，右侧 8 个圆圈，下边是两排头顶太阳的小神像中间聚拢。大熊画得并不像熊，头显然是牛头，身体有点像海豹，尾巴上有 3 个圆环。身体上写着名字：▥◭◿，读作麦塞赫提乌（mesextiu），这便是我们现在认识的大熊星座。从两边的圆圈上注明的文字知道，这标志的是埃及历法中举行庆贺的月份。塞南穆特这个陵墓可能是突然放弃的，是否因为他的突然离世我们无从知晓。也有人猜测是因为他突然失宠，考虑到他从图特摩斯一世统治时期就开始了他的政治生涯，经过三个法老，他的年龄应该很大了。这个陵墓没有完成可能是因为他突然去世，因此放弃了这个陵墓的修建，改用他先前完成的陵墓下葬。他为自己修建的第一座陵墓位于哈特舍普苏特女王葬祭神庙东南端，编号 TT71。

这是一座典型的 T 字墓，从正面看上去非常像一个倒写的英文大写字母 T，正面门脸即倒写的大写英文字母 T 的一横对着东南方向。因为是在山崖半腰凿进去的陵墓，是在山崖的斜坡凿出一片平台修建成陵墓的前院。从正面看上去，这个陵墓的正面与哈特舍普苏特女王葬祭神庙的正面非常相似，只是规模没有女王神庙那么大而

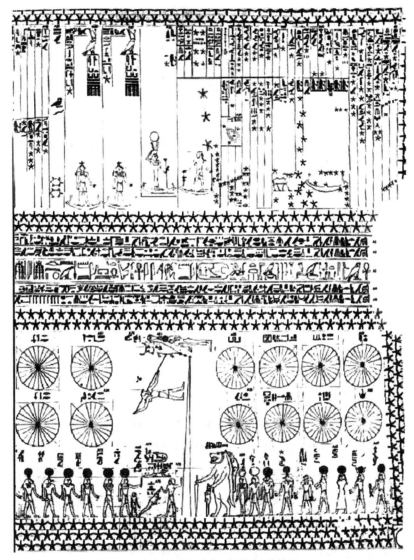

塞南穆特陵墓第一墓室天棚黄道天空壁画

已。塞南穆特父母的陵墓就在塞南穆特陵墓的下边，也是凿岩陵墓。从正门进入陵墓首先是一个横向的约 26 米长的大厅，大厅中间是一排柱子，左右各 4 个，占据着大厅的中央位置。大厅的左右正面门的两侧各有 4 个窗户，可以让阳光照进大厅。大厅的后侧，是 6 个"神龛"，当然里面的雕像早已不见踪影了，应该是塞南穆特的雕像。我们现在仍然可以想象，每当太阳从东方升起，第一束光线越过尼罗河表面照到河的西岸，爬上斜坡，透过 8 扇窗户照亮大厅，落在这 6 尊雕像上，那画面应该十分美丽。大厅的南角有一个竖井，直接向下通向一个小墓室，塞南穆特的木乃伊应该就放在这个墓室的石棺里。穿过多柱的大厅直接往里走是一条 20 多米的长廊，径直向山里凿进去。在长廊的尽头便是这个陵墓设计的中心，上边是神龛，下边是在岩壁上刻出的假门。神龛中的雕像已不知去向，有人猜测同神龛下边的假门一起被德国考古队拿到德国去了。雕像应该是塞南穆特的，考虑到神龛的大小，应该只有一座雕像，旁边没有神像陪伴。人们猜测这座雕像很可能就是德国埃及学家理查德·莱普修斯 1843 年从个人手中购买到的方体雕像，遗憾的是这尊雕像并无原始位置的记载。方体雕像是以一个正方体作为雕像的主体，方体后方雕出塞南穆特的头像，方体的前方下沿向前凸出，给人以塞南穆特穿着长袍蹲踞的姿势，整个方体都刻着铭文。有趣的是这个方体上方正中，就是在塞南穆特头像的前面雕出一个小孩儿的脑袋，让人感觉小孩儿坐在塞南穆特的怀里。这个小孩儿就是哈特舍普苏特的女儿内弗儒瑞。本来塞南穆特的陵墓里面装饰得非常美丽，墙壁与顶棚都有壁画，遗憾的是因破损严重只有一些角落还能管窥到一点昔日的美丽。尽管值钱的东西早已经被人劫掠一空，但有些小的文物还是被考古人找到，比如用泥做成的丧葬锥，锥底像印章一样的文字还是很具历史文献价值的。

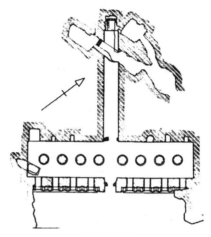

塞南穆特陵墓

译文：

锥一，第一列（左一）：阿蒙神室主管塞南穆特；第二列（左二）：维瑟尔阿蒙（阿蒙圣船）先知塞南穆特，真言；第三列（右二）：国王之女内弗儒瑞房屋主管塞南穆特；第四列（右一）：阿蒙神牲畜主管塞南穆特。

锥二，第一列（左一）：阿蒙神两谷仓主管塞南穆特；第二列（左二）：阿蒙神土地主管塞南穆特；第三列（右二）：神妻哈特舍普苏特之屋主管塞南穆特；第四列（右一）：宫廷侍从塞南穆特，真言。

锥三，右列：阿蒙神之屋主管；左列：拉莫斯所生，哈特诺夫尔所生。

帕内赫西、匹昂赫、赫瑞霍尔
——伟大的库什总督与阿蒙神大祭司之争

在古埃及的伟大人物中，库什总督在新王国时期扮演了特别重要的角色。特别是在拉美西斯时期最后阶段，三位库什总督几乎左右了埃及历史的走向。从公元前 16 世纪始，努比亚变成埃及管辖的一个区域。法老派总督前往统治并管理努比亚事务，直接向法老汇报努比亚的情况，现代人称这些派往努比亚的统治者为总督。古埃及并无"总督"一词，他们的称呼是"库什的国王之子"（𓀀𓈖𓐠𓈖）。这一称呼表现出君主政制的家天下特征。

帕内赫西是第二十王朝最后一位叫拉美西斯的法老时期的库什总督，但人们知道他却是因为埃及历史上有名的一个事件——"大祭司之战"。我们在写到第二十一王朝更替方式的时候已经涉及帕内赫西、匹昂赫与赫瑞霍尔，他们都与"大祭司之战"相关。这一历史事件首先被提及的是迈耶草纸文献（Mayer Papyri）。迈耶草纸文献有两个文献，一个书写在正面，被称作迈耶草纸文献 A，另一个则书写在草纸的背面，被称作迈耶草纸文献 B，"大祭司之战"就书写在迈耶草纸文献 A 中。本来这份文献是记录对偷窃罪犯进行审理事件的，但在一个被审理的偷窃罪犯的供词中提到了"大祭司之战"。这个小偷的名字叫阿哈提内弗尔（Ahatinefer），是一个脚夫，因偷窃搬运的东西而受审。文献中涉及这一历史事件的内容是这么写的：

　　他说："这些外国人来了，占领了神庙，而我此时正跟在我父亲的驴后。一个叫帕哈提（Pahati）的外国人抓住了我并把我带到了伊普伊普（Ipip）。阿蒙神大祭司阿蒙霍泰普已被镇压 6 个月。'镇压'发生在大祭司阿蒙霍泰普身上整整 9 个月之后我得以返回，当时这座仓库被毁，整个被火焚烧。"

阿蒙霍泰普大祭司显然是被镇压了，可这里并没有提到帕内赫西，也没有提及谁镇压了这位权倾一世的大祭司。恰巧另外两个审理盗窃罪的草纸文献回答了这个问题：

他说："我被要求离开法老之屋，当时帕内赫西到来镇压了我的上司，尽管他没有什么过错。"

我们不管他有没有过错，这里说的"我的上司"应该就是阿蒙霍泰普大祭司，因为能让库什总督班师回朝的应该是一位等量齐观的大人物，而能让库什总督不远千里返回镇压的只有阿蒙神大祭司。后来学者也为这一猜测找到了缘由，学者在一些浮雕壁画上看到大祭司阿蒙霍泰普被刻画的身材与法老一样高，说明阿蒙霍泰普大祭司已经意欲与拉美西斯十一世法老平起平坐。法老调回远在努比亚的库什总督有点勤王的意思。另一份草纸文书更有这样的字句："当大祭司冲突发生的时候这个人偷了我父亲的东西。""大祭司之战"由此勾起后人的兴趣，也因此让人知道了库什总督帕内赫西的名字。这段历史仍然有些问题，库什总督帕内赫西镇压阿蒙霍泰普大祭司是否奉拉美西斯十一世之命，他又是什么时候返回到底比斯展开他与阿蒙霍泰普大祭司之战的，这些问题仍困扰着现在的学者。如果库什总督帕内赫西奉命返回底比斯不是立即行动镇压阿蒙霍泰普，那他的返回有可能不是奉命勤王，而是另有一种可能，即法老拉美西斯十一世调他回来是想免除阿蒙霍泰普的权力，因此任命库什总督帕内赫西为阿蒙神大祭司。但阿蒙霍泰普大祭司不愿交出权力给帕内赫西，因此所谓的"镇压"其实是"争夺"。所以才有学者对"镇压"（𓎛𓆑𓈖）一词的解说与争论。为了证实帕内赫西的确是镇压了阿蒙霍泰普大祭司，考古发现就显得特别重要。如果有考古发现证明被镇压的阿蒙神大祭司阿蒙霍泰普突然死亡，那么"镇压"说就顺理成章了。事情还真按照这个路径出现了，1993 年开始的对底比斯西岸一处墓地德拉－阿布－纳夏（Dra'Abuel-Naga）进行考察的时候有两个并排而建的凿岩陵墓引起了考古学家的重视。这两个陵墓便是编号为 K93.11 号墓与 K93.12 号墓。两座陵墓是两个阿蒙神大祭司的陵墓，一个大祭司叫拉美塞斯纳赫特，从拉美西斯四世起一直到拉美西斯九世统治时期一直是阿蒙神大祭司；另一个是拉美塞斯纳赫特的儿子，也是阿蒙神大祭司，在拉美西斯九世至拉美西斯十一世统治期间任阿蒙神大祭司，名字就叫阿蒙霍泰普。考古队一直挖掘着这两座陵墓，发现无论是陵墓的设计建造还是墙壁上的装饰都超级豪华，许多学者认为他们的陵墓在古埃及的大臣陵墓中是前无古人的。可见，这两位第二十王朝的阿蒙神大祭司作为埃及权力中心可列前三的人物势力之大。新王国开始阿蒙神大祭司可能是法老之下唯一可以与宰相平起平坐的人物。然而，这么权倾朝野的大人物的陵墓却在大约拉美西斯十一世统治的晚期遭到破坏。虽然后来的盗墓者反复光顾造成了进一步的破坏，但从堆在前厅院落的碎石堆考古分层上可以看出上层是后来盗墓者留下的碎石残迹，下层则是第二十王朝末年破坏的堆层。这一堆层里充满了大量的墙壁尚未装饰刻写文字的墙壁石头，被毁坏凿下来堆在外面。甚至石棺都被掘出陵墓，扔在了陵墓的门口。盗墓者注重的是珍宝，一般不会挪动石棺，只有并非为了财宝只是为了破坏的人才会将石棺挪出扔掉。由此，埃及学家判断阿蒙霍泰普非常可能是突然去世，或者至少是突然失势。这一考古结果从反面证明了帕纳赫西这位库什总督的确是用暴力镇压了埃及的阿蒙神大祭司阿蒙霍泰普。至于他究竟是奉拉美西斯十一世之命还是不请自来我们就无从知晓了，反正此时的法老拉美西斯十一世已经不再信任阿蒙神大祭司阿蒙霍泰普，帕纳赫西镇压阿蒙霍泰普大祭司至少是得到拉美西斯十一世默认的。然而，这位为法老解除危难的库什总督并不像古埃及人称呼的这一头衔一样是"国王之子"，他镇压了阿蒙神大祭司阿蒙霍泰普，然后自己当上了阿蒙神大祭司，仍然是一位法老摆弄不了的角色。这让我们不得不引出历史上的另一位重要人物——匹昂赫。

　　人们认为这次阿蒙神大祭司之战最大的受益者是匹昂赫，因为这次危机之后，匹昂赫不仅当上了阿蒙神大祭司，同时还接替帕纳赫西当上了库什总督。我们从拉美西斯十一世"复兴时代"第 7 年第 11 月第 28 日神谕中可以读到匹昂赫当时较为完整的头衔：国王右侧执扇者、库什总督、众神之王阿蒙拉神大祭司、大将军、首领。这头衔足够显赫，让不可一世的帕内赫西都黯然失色。于是我们会产生一个疑问，库什总督帕内赫西杀回底比斯镇压了阿蒙神大祭司阿蒙霍泰普，他应该勤王有功得到法老拉美西斯十一世的重用才对，怎么不仅没有做成阿蒙神大祭司，就连自己的库什总督头衔都弄丢了呢？有文献显示，帕内赫西在"复兴时代"第二年已经被称作是"一个公敌，属于过去的遥远之人"。我们不知道他是怎么成为埃及公敌的，我们也不知道此时发生在埃及的"打击帕内赫西远征"是因为他已经成为埃及公敌才遭到讨伐抑或是因为遭到讨伐才成为埃及公敌的，一场以打击帕内赫西的征战的确发生了。这场远征的军队统帅就是匹昂赫。就像帕内赫西镇压阿蒙神大祭司阿蒙霍泰普事件有很多细节说不清楚一样，匹昂赫远征努比亚也有很多细节不甚清晰。从结果上看，匹昂赫当上了库什总督，取代了之前的库什总督帕内赫西。因此有理由相信匹昂赫的远征是针对帕内赫西的，但古埃及人重名的情况太过普遍，我们无法完全排除这次远征的对象是另外一个也叫帕内赫西的家伙。尽管这种可能性并不很大，可我们也无法完全排除这种可能。但无论如何，匹昂赫最终掌握了埃及的实际权力。

匹昂赫没能活过拉美西斯十一世法老，另一位大人物攫取了埃及一半的权力，这个人就是军人出身的霍瑞霍尔。对于这个人物的出身我们所知不多，只知道他的父母非常可能是利比亚人。也正因为如此，从血统上看，他与之后的第二十二王朝才发生了一些关联。我们都知道埃及的第二十二王朝是利比亚人建立的王朝，但这一建立第二十二王朝的利比亚人家族与霍瑞霍尔同族却有点出乎人们的预料。更出乎预料的是，这一祖先关系居然诡异地引出另一让人大为不解的关系，即霍瑞霍尔的上位是通过自己的夫人。因为他的夫人是拉美西斯十一世法老的女儿，也就是说他是法老的女婿。借助入赘法老家族得到升迁并不稀奇，稀奇的是他的夫人诺斋麦特（Nodjmet）公主居然还是匹昂赫的夫人。尽管古埃及为了血统纯正宫廷中兄妹婚很多，甚至父女婚，以至爷爷与孙女的婚姻都不奇怪，但一位公主同时嫁给两位大臣还是令人吃惊的。考虑到霍瑞霍尔年纪比匹昂赫小，应该是后者去世之后公主再嫁选择的霍瑞霍尔。这一改嫁对于匹昂赫与诺斋麦特生的儿子极为有利，因为霍瑞霍尔去世之后正是这位霍瑞霍尔的继子匹乃斋姆（Pinedjem）继承了他的阿蒙神大祭司的职位。霍瑞霍尔是军人出身，在拉美西斯十一世政权受到不断挑战的时候最后当上了大祭司。此时的大祭司是埃及历史上大祭司权力最大时期，大祭司此时或明或暗地已经拥有了与法老同样的权力。但霍瑞霍尔的政治生涯并没有结束于阿蒙神大祭司一职，在拉美西斯十一世晚年他成了埃及的查提，即埃及的宰相，兼大祭司与宰相于一身，可以说此时的行政权已全部落入霍瑞霍尔之手。第二十王朝末期权力的三足鼎立局面中，霍瑞霍尔是其中最为重要的一足。斯曼迪斯在北方掌握着军权，拉美西斯十一世只具法老的象征权力，霍瑞霍尔成为实际的法老，尽管他并未对外宣称自己是法老。

第五章
战事之巅

　　国之大事，在祀与戎。没有战争，大国很难立国。我们不是为战争树碑立传，只是陈述历史事实。帝国都是打出来的，从没有哪个帝国是靠"以德服人"成为帝国的。现在如此，古时候也是如此。战争一要确保自己的生存，二要扩大自己的利益。在生存压力之下为了生存而打的战争并无正义、非正义之别。胜利者的战争就是正义的战争，失败者的战争就是非正义的战争。当双方势均力敌分不出胜负之时，双方都说自己是正义的，都说对方是非正义的。那些自以为正义却非常弱小又反对战争者，最终历史连耻辱柱都没有留给他们，这不是被历史的遗忘，因为历史压根就不把这些人放在眼里。唯一判断正义与否的标准是生存，只有不是为了生存而打的战争才是邪恶的。古埃及战事不少，但最该载入史册的有三大战役，一为麦基多之战，二为卡迭石之战，三为打击海人之战。因卡迭石之战在前文已作详解，在此不再赘述。

麦基多之战

　　麦基多之战无论对于这场战争的主角图特摩斯三世来说，还是对于我们战争的研究者来说都是非常重要的一场战争。图特摩斯三世用这场战争巩固了埃及对巴勒斯坦地区的控制，也用这场战争宣告了他独立执政领导一个帝国的能力，也因此赢得了现代学者给他的"古代埃及拿破仑"的称号。第十八王朝的法老都为将叙利亚巴勒斯坦地区置于埃及帝国的控制之下作出过贡献，可不但前辈的功绩没有图特摩斯三世的份，就是他执政早期的帝国辉煌也因为哈特舍普苏特女王的光芒而算不到他的头上。这是他单独执政的第一仗，是在哈特舍普苏特女王去世后的六个月之后的远征。图特摩斯三世心中充满对胜利的渴望。战争的结果不仅让埃及巩固了自己在亚洲地区的霸主地位，还意外地改变了该地区的经济结构。

　　这场战争的起因是麦基多的反叛。麦基多位于现在以色列北部埃斯德赖隆平原之上，古埃及新王国时期一直是埃及帝国在巴勒斯坦地区的势力范围，是埃及通向美索不达米亚的通道。"新月形沃土"之所以能够畅通无阻地将亚洲与非洲连接在一起，让埃及与美索不达米亚两大人类最早的文明中心交往顺畅，被称作高速公路的陆地通道起到了非常关键的作用。虽然埃及通往亚洲还有一条道路，即海路，但从海路登陆后仍然需要通往内陆的道路与隘口。因此，麦基多城便成为埃及这个帝国一个至关重要的枢纽。此时的麦基多是迦南地区的一个城邦，与北边的卡迭石关系密切，而卡迭石又与当时该地区崛起的一大势力米坦尼关系密切。战争爆发前卡迭石的王子就身在麦基多，因此人们一直怀疑麦基多的反叛背后有大国支持。如果任凭麦基多摆脱埃及的控制，必然引起一系列的连锁反应。埃及与两河流域交通要道上的关口如耶赫姆、加沙都会纷纷造反，埃及帝国失去的就不仅仅是一两个城邦，而是整个亚洲。这是埃及帝国无论如何都不能容忍的，更何况图特摩斯三世又是一位有着帝国野心的帝国法老。后来图特摩斯三世对该地区17次用兵，远征的消耗与艰难可想而知，由此可见图特摩斯三世的帝国雄心。图特摩斯三世对亚洲的17次远征的征战记录命人刻写在卡尔纳克第六塔门内"圣中之圣"室内墙壁上，人们称之为《图特摩斯三世记年》。这个记年是根据战争日志书写的文献，不仅真实可信，还有许多战争细节的描写，极为生动。加上图特摩斯三世手下一位军官阿蒙尼姆哈伯刻写在底比斯自己陵墓墙壁上的自传，给这场战争的很多细节提供了补充。

　　战争是公开的秘密，该背叛的都已经背叛，该忠诚的依旧忠诚，大多数城邦则态度暧昧，保持观望。这是真正的远征，需要调集大量的军队。而远征的粮草辎重会造成行军速度的大大降低。即将交战的双方都是摆开阵势准备着决出雌雄。图特摩斯三世亲自披挂上阵，这在新王国时期的历史上已经有些少见了。图特摩斯一世曾亲临前线与亚洲人作战，图特摩斯二世、哈特舍普苏特女王都未率军征讨过亚洲，甚至连派兵征讨都没有过。也难怪亚洲接连有反叛城邦出现。两军对垒，不加掩饰，没有声东击西，没有迂回包抄，没有虚虚实实，一切都是明棋。甚至埃及军队的行军路线麦基多方面都一清二楚。都有准备，祈求上天的垂青。双方摆开阵势对垒，勇气、数量、战法的比拼。麦基多方面知道，埃及军队首先集结在下埃及三角洲东部，然后行军至加沙，因为加沙此时还在埃及人手中。然后军队会向耶赫姆推进。军队行军的速度按照现代的标准非常慢，从三角洲东部开拔到

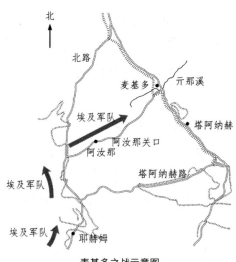

麦基多之战示意图

达加沙 201 公里走了 10 天，平均每天 20 公里。之所以很慢是因为沿途荒凉，战马的饲料都无法找到。饮用水也是个问题，虽然在荒漠绿洲中有饮用水源，但远不够军队众多人畜的供给。当然，耶赫姆此时尚在埃及的掌控之中，因为在这个小城附近有埃及的军事要塞。这一段路程还算好，尽管走过的多是荒漠，但毕竟平坦且在埃及的控制之下，很少受到骚扰。从加沙到耶赫姆 129 公里，用了 6 天，再往前就只有山路了。从耶赫姆到阿汝那 21 公里，一天的路程。从阿汝那到阿汝那关口还有 16 公里左右。埃及军队在耶赫姆待了 3 天进行休整，高级将领被图特摩斯三世召集起来开会。这是一次决定成败得失的重要战略会议，讨论的问题集中在选择哪条道路进军麦基多。在我们叙述这次重要会议细节之前，我们有必要就埃及军队为什么不选另一条更为快捷的路径来完成从埃及到麦基多附近的登陆，即海路来说明一下。从埃及港口乘船来到附近沿岸登陆时间可以节省一半，即六七天的时间就能够登陆。并不是因为埃及的航海能力不行，而是陆地上行军可以安营扎寨，便于军队休息且能够得到新鲜食物和淡水供应。

回到这次在耶赫姆召开的军事会议。图特摩斯三世首先讲话，他说："那邪恶的敌人卡迭石的首领来到了麦基多城，他得意地住在城里，将臣服于埃及的各城邦首领召集到他那里，包括那赫林、哈如、凯度等城邦，召集起他们的军队反抗我们。我们该怎么办？"

有点像战前动员。接着会议讨论一个非常重要的战术问题，从哪条路进攻麦基多。从耶赫姆到麦基多有三条路可走，一条是塔阿纳赫路，是三条路中最南端的道路。这条道路较为宽敞，适合埃及大军全面进军展开大规模的攻击。另一条路是北路，大军行进到麦基多的北部折返回来攻击麦基多。这条路也比较宽敞，适合大规模军队的行动与调遣。两条路的中间还有一条小路，非常狭窄，不适合大部队的行军与作战。这条路就是越过阿汝那关口，直接来到亓那溪水之处。埃及军队前来的消息早已为麦基多军队所知晓，调集军队，摆开阵势，以逸待劳，准备与埃及军队决一死战。会上充满了争论，有人建议走北路，因为这样安全，并指出，中间那条路太过凶险，根本容不下一支军队前行。走上去只能人跟着人马挨着马，军队前头已经来到战场，后续部队还没有踏上这条道路。而敌人一夫当关万夫莫开。图特摩斯三世力排众议，说我们能够想到的敌人也能想到，敌人严阵以待，以逸待劳，我们同样面临凶险。有人支持图特摩斯三世法老，有人反对。最后，图特摩斯三世还是冒险决定走中间这条凶险之路，以给敌人以出其不意的进攻。图特摩斯三世身先士卒走在军队的最前面，趁着夜色静悄悄地向麦基多城进发。此时的敌人分兵两路严阵以待守卫住南北两条道路，只等着埃及军队的到来展开厮杀。从会议开了3天可以看出争论很是激烈，意见分歧很大，因为走中间这条路毕竟太过冒险，一旦敌人有准备便万劫不复。然而，伟大人物必有伟大时刻，图特摩斯三世的伟大聚焦于这一刻。

接下来是战争进程。将领们虽然听从了图特摩斯三世的命令踏上了这神兵天降之路，但心里却一直担心军队的命运。卡尔纳克神庙中刻写的年记中有较为详细的记述：

> 现在，陛下胜利之师的后翼还在阿汝那，先头部队却正在向峡谷进发，他们堵满了峡谷的入口。然后他们对陛下说："看啊，陛下带着他的胜利之师前进，军队挤满了峡谷；让我们胜利之主这次听从我们，让我主为我们来保护他军队的后翼和他的人民吧。让这支军队的后翼在后面赶上我们，然后他们就也可以与这些野蛮人战斗了，然后我们就不再需要为我们军队的后翼担忧了。陛下停在外面等在那里，保护着他胜利之师的后翼。看，当前锋到达这条路的出口，阴影已经转过来，当陛下到达麦基多之南的亓那，休息岸边之时，据太阳推测七个小时已经过去。"

文字中可以看出将士们的担心，也告诉我们，军队整整用了7个小时通过阿汝那关口。有人根据文献推算出军队走出关口是早晨6点钟左右，可见埃及军队是在极隐秘的状态下行军的，没有让敌人有一丝一毫的察觉。战争是公开进行的，战术却极其隐蔽。接下来将是一场围城之战。大战之前的气氛很是紧张，铭文中写道：

> 然后，陛下扎起营盘，他对全体部队命令说："武装起来！拿起武器！黎明我们就要冲上去与那邪恶的敌人战斗。"国王

在国王帐篷中休息，将领和参与者装备的事情已经安排定。军队值守到处传达说："信心坚定！信心坚定！警惕！警惕！看守好国王帐中的生命。"有人来对陛下说："大地很好，南北步兵也都很好。"

"南北步兵"是安排阻击敌人派往南北两路迎击埃及军队的部队杀回的，看来埃及军队作战部署十分周详。一旦麦基多城的敌人发现图特摩斯三世的军队神兵天降围住了城池，必定要调回南北两军驰援麦基多城。这样，埃及军队就会陷于反被包围前后受敌的窘境。对此，图特摩斯三世早有预判。正应了《孙子兵法》之名言："兵者，诡道也。"但这次，埃及赢了，图特摩斯三世赢了。接着是战场上的厮杀：

第二十三年，第三季第一月，第二十一日，新月宴会之日，恰逢王冠加冕之日，一大清早，看，命令下达给全体军队，出发。陛下在合金镶嵌的战车上冲锋，排列好他战争的武器，像力量之主、打击者、荷鲁斯一样，像底比斯的孟图神，他的父亲阿蒙神支持着他的军队。陛下军队的南翼在亓那稍南侧的一座山上，北翼在麦基多西北，而陛下在中间。阿蒙神是他军队成员的护卫，他四肢强健，内心勇敢。然后，陛下一马当先扑向敌人，敌人害怕得掉头回逃进麦基多城，丢弃了他们的战马与金银打造的战车。他们被拽着衣服拉上去，拉进城里去。现在，要是陛下的军队没有掠夺敌人的东西，他们此时应该已经夺取了麦基多城。此时卡迭石邪恶的敌人和此城邪恶的敌人却急匆匆地将残兵败将拉上城墙进入城里。陛下的声威已进入他们的心脏，让他们军队无力反抗，陛下的战冠在敌人当中所向披靡。

看来图特摩斯三世的军队并没有休息多久就发起了攻击。战争也不是从攻城开始的，而是像电影里表现的一样，先在城下摆开阵势拼杀。显然，守城军队在将两支精锐部队派出迎敌后已经力量不足，在埃及军队面前迅速败北。"被拽着衣服拉上去，拉入城里去"，细腻地描绘了守军丢盔弃甲的惨状。这一战的胜利非同小可，不仅打败了麦基多，俘获太多战利品，同时打败了盘踞麦基多城的众背叛城邦的将领。接下来开始围城。围城之战又是图特摩斯三世下令动员，他说：打下这座城市就是打下了上千座城市，因为反叛城邦的首领都在这座城中。接着，图特摩斯三世命令军队各就各位，先丈量了城市的大小，然后用植物树木等材料建起围墙，将城市紧紧围住。图特摩斯三世则坐在城东的堡垒上观察敌情。这道厚厚的围墙让城里的任何人都无法逃脱。非常有趣的是埃及人不仅建了这道厚厚的围墙，还给这个围墙取了个名字，叫作"曼赫坡若瑞包围的城市"。军队驻扎下来，听从法老的命令，信心坚定，侦察严密，不漏掉一个敌人。除非敌人投降，否则谁也别想逃跑。埃及军队将每日的情况细致地记录下来，不放过一个细节，以推测研究敌人城内的情况。围困了多长时间我们不得而知，城内的敌人投降了，带着他们的礼物，有金银，有天青石、孔雀石等宝物，带着谷物和牲畜。显然并不是因为被困无粮不得不投降，而是真的忌惮埃及军队的力量。就像《图特摩斯三世记年》（以下称《记年》）中说的那样：敌人"嗅到了陛下威名强大的气息，都渴望着他们鼻孔中的呼吸，因为他（图特摩斯三世）力量的强大，因为陛下威名的力量"。《记年》中没有说到真刀真枪的战事，但从俘获战利品的情况看，战争还是打得非常惨烈的：

> 三百四十活俘、八十三只手、两千零四十一匹母马、一百九十一匹马驹、六匹种马、一辆镶嵌着黄金车杆为黄金的属于那个敌人的战车、一架包金的属于麦基多首领的精美战车、八百九十二辆邪恶军队的战车，总共九百二十四辆。一副漂亮的属于那个敌人的青铜铠甲、一副漂亮的属于麦基多首领的青铜铠甲，二百副属于他邪恶军队的铠甲、五百零二副弓、七根属于那个敌人帐篷的包银柱子。看，陛下的军队夺取了一千九百二十九头大牛、两千头小牛、两万零五百头小白牛。

文中两次提到"那个敌人"，很可能是卡迭石的首领，因为下边又提到俘获麦基多首领的青铜铠甲，显然"那个敌人"不是指麦基多首领。活俘 340 个，加上 83 只手，这说明埃及军队在战斗中俘虏敌人和杀死的敌人至少有 423 人。伤敌多少我们没有数据，应该远远大于这个数。城中并无缺粮之虞，没有战事怎会轻易投降？从战利品上看，这场战争胜利的结果是掠夺。铠甲、战车等战利品是打扫战场所得，两万四千多头牛的战利品完全是财富的抢劫。战争就是这么残酷，战胜者有太多的理由和理论掠夺，战败者不仅承认失败，还要承认自己的邪恶。当然，作为敌人的首领，投降了保住了性命，还被埃及法老重新任命了职位。最惨的是那些战死的士兵。顺便说一下"八十三只手"，埃及军队作战胜利后要论功行赏，杀死敌人要将被杀死敌人的右手砍下作为自己杀敌的证据。因此，"八十三只手"意味着这 83 名敌人都在战场上殒命。麦基多之战就这么结束了，而麦基多周边城市也没能逃过劫难。图特摩斯三世军队所到之地，所向披靡，俘获了更多的财物。看来，反叛帝国的代价是非常大的。埃及军队不远千里来镇压反叛，不仅夺取了财富，还树立了威望。看吧，这就是反叛的下场。

拉美西斯海人之战

拉美西斯三世被称作最后一位伟大的拉美西斯，也是新王国最后一位伟大的法老，他身后的埃及在一次次的外族入侵与经济衰退的打击下开始走向衰落。他又被称作是"武士法老"，因为在海人打击毁灭了众多地中海东岸世界帝国之时，拉美西斯三世成功地打败海人，延缓了埃及帝国的灭亡。公元前13世纪开始从爱琴海活跃起来的混杂民族结成一个大大的迁徙人群，先后登陆劫掠了安纳托利亚、塞浦路斯和整个黎凡特地区，造成了赫梯等帝国的灭亡。海人于埃及的第十九王朝时期开始袭扰埃及，一直到第二十王朝的拉美西斯三世。海人的破坏力极大，可以说他们是地中海文明青铜时代的终结者。国内学界一直将这些人称作是"海上民族"，不确。因为这些人并非某一民族，而是多个民族的杂合。古代文献也不称他们是民族，埃及人称之为"海上的外国人"（𓂦𓏏𓈖𓇋𓅓𓈉𓏤）。即使现代西方学界也不称之为"海上民族"（Sea Nations），而是"海人"（Sea Peoples）。中国学界此类错误略多，且一旦形成很难改正，比如四大文明古国中的古代巴比伦就很是不伦不类，因为古代巴比伦只是古代美索不达米亚文明的一个历史阶段，与古代中国、古代印度、古代埃及很不匹配。就像四大文明古国我们不能说其中包括古代唐朝一样，唐朝不是一个国度。正确的说法应该是，四大文明古国包括古代埃及、古代伊拉克、古代中国和古代印度。好在海人并未形成全民的认同，完全可以更正，因此这本书里我们就使用海人这一称呼。海人的成分比较复杂，包含有古代希腊人，具体说是古希腊的阿加亚人，有伊特鲁利亚人，安纳托利亚爱琴海沿岸的卢卡人，有舍尔登人，古代意大利一个部落的谢科莱什人，还有菲利斯丁人。这些人组成一个庞大的海上移民群体，他们的共同之处是都善于航海。海人对地中海东部世界的搅动太大了，包括强大的赫梯帝国在内的力量纷纷在海人的进攻中倒下，没有哪块土地上的政权可以在海人的军队面前站立。当然，海人的侵扰之所以造成那么大的破坏与毁灭并非完全因为海人的能征善战。地中海东部世界的崩溃是铜器时代的完结和铁器时代到来，海人恰巧在这个进程中起到了推波助澜的作用。铁器时代取代铜器时代是历史大势所趋，是历史的必然，只是这个必然借助了海人的入侵得以完成。

拉美西斯三世不是第一个面对海人骚扰入侵的法老，拉美西斯二世时海人就对埃及有过侵扰，只是当时无论从规模上还是从强度上都远不是鼎盛时期埃及军队的对手。其实从第十八王朝开始海人就已经对埃及的安全构成威胁了，只是威胁不大，因此没有引起埃及的太大注意。第十八王朝阿玛尔那时期的书信中就提到海人雇佣兵，应该都是被埃及军队俘获的俘虏，可见那时就已经有战事了，只是规模较小而已。到了第十九王朝拉美西斯二世的儿子梅尔任普塔赫继位统治埃及之时，海人的侵扰才真正构成对埃及的威胁。埃及的文献中开始出现埃及军队对海人作战的记述，文献中称海人为"九弓"。我们知道"九弓"并不专指海人，在古埃及语言中九弓泛指埃及的敌人。

拉美西斯三世统治时期正是埃及面临内外交困的窘境时期。赫克拉（Hekla）火山第三次大喷发，火山灰遮天蔽日飘浮很远，一直飘到埃及。埃及文献记载有东西遮住了太阳，20 年树木都不再生长。结果导致埃及农业大量减产，国家税收出现问题。而拉美西斯三世又学着拉美西斯二世大兴土木，耗费很多人力、物力。古埃及的国家工程是配给制度，参加工程修建的一切人员都由国家分配供养。粮食减产造成供给不足，终于引发了麦地那工匠们的造反。此事发生在拉美西斯三世第 29 年，而问题的出现却已经持续了相当长的一段时间。不仅国内有经济问题，宫廷内部也出现了阴谋，最终在罢工事件之后两年，拉美西斯三世也在宫廷篡位阴谋中殒命。尽管阴谋篡位的王子潘塔维瑞特与支持他的王后母亲媞伊以及参与的大臣都受到了审判与惩罚，多被处死，但拉美西斯三世的生命与政治生涯戛然而止。内外交困中的外患挑战也极大，利比亚人与海人的侵扰不断，在他统治的第 5 年、第 8 年和第 11 年，分别与利比亚人与海人打了三场大仗。尤其是在其统治的第 8 年与海人的战争，守住了地中海东部世界铜器时代帝国的最后一扇大门。

与海人的这场战争是一场大战，海人从东西水陆两路进攻埃及，来势汹汹。我们可以从拉美西斯三世迈迪奈特哈布（Medinet Habu）神庙北墙上的战争浮雕与铭文中看到这场战争中两个战场的画面。这座神庙位于底比斯的对面尼罗河西岸，是拉美西斯三世的葬祭神庙。神庙呈长方形，塔门面向东方，进入塔门之后是两侧都有廊柱的院落，然后进入第二院落，仍然是有廊柱的院落，且廊柱上方遮有顶棚。再往里走便是多柱厅与圣殿所在地，但现棚顶早已荡然无存，变成了像院落一样的地方。位于第二厅与多柱厅北面外墙上刻着 7 个浮雕与铭文组，拉美西斯三世与海人的战争最为重要的史料都刻写刻画在这里。埃及学学者称这些画面全景式展示了战争，的确，战争的进程与许多细节都在这些画面中栩栩如生地记录下来。从浮雕图画中可

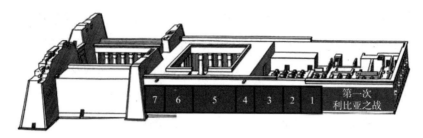

海人之战 7 图

以看出这场战争的两个主要战场，一个是海上，一个是陆地。尽管海
战与陆战是否是同一次战争过去一直在学界争论着，甚至认为陆战并
未发生在埃及土地之上，而是在地中海东部沿岸的埃及势力范围，但
越来越多的分析解说趋向认定陆战与海战同时进行。不仅如此，经过
多年考古学者的挖掘与研究，学者们渐渐弄清两次战役的发生之地，
海战发生在埃及三角洲东部的尼罗河河口，而陆战则发生在西奈半岛
北部，即埃及通往叙利亚巴勒斯坦的通路上。这是一个传统的埃及与
亚洲交通要道。

　　这七组浮雕与铭文分别记述的是与海人大战的 7 个场面：图 1、
图 2、图 3 记述埃及军队向扎西（Djahy）进发与陆战的场面。有趣的
是，浮雕中看到从陆路侵入埃及的海人用牛车载着他们的家眷与埃及
军队作战。显然，海人不是一支纯粹的军队，而是拖家带口打到哪儿
就住到哪儿的游民。图 4 是拉美西斯三世猎狮的画面，显然是为了表
现法老的勇敢与威猛，同时还起到将两个战场分开的结构作用。图 5
过去是 7 幅图画中最大的一幅，相当于其他图画两倍大小，画面从左
到右有 15 米，这幅图画就是著名的拉美西斯三世与海人的海战场面。
图 6 中的图画展示了拉美西斯三世接受献上的海战中捕获的俘虏，而
图 7 中描绘了拉美西斯三世带着海战中俘获的俘虏向阿蒙神献祭的场
面。拉美西斯三世戴着蓝冠面对着左侧坐着的阿蒙神，阿蒙神左手拿

拉美西斯三世迈迪奈特哈布神庙与海人海战浮雕

拉美西斯三世迈迪奈特哈布神庙与海人陆战浮雕

着神杖，右手拿着生命符号昂赫（♀）。拉美西斯三世左手牵着俘虏，各个被捆绑的很难受的姿势，右手伸向阿蒙神。这 7 幅全景战争图画中的铭文集中出现在图 5 和图 6 中，图 5 中有两篇铭文，图 6 有一篇铭文，记述了海战的经过。我们不妨将这 3 篇铭文翻译下来，然后再分析战争的战略战术。

　　善神，埃及的孟图神，像外族土地上的巴尔（Baal）神一样具有伟大的力量，强大的臂力，强大的雄心，傲人的气度，擅长他的力量，为埃及一堵遮蔽之墙，无人能够来伤及到这块土地，上下埃及之王，两土地之主：阿蒙神钟爱者韦瑟瑞玛阿特拉－拉美西斯。

这段铭文就刻写在图画中站在战车上拉弓打击敌人的拉美西斯三世形象的前边。另一段铭文刻写在拉美西斯三世图画身后：

　　现在，住在各自岛上的北方诸族身体在颤抖。他们突破了尼罗河口的水道。他们的鼻孔停止了喘息，渴望着呼吸。陛下像旋风一样杀向他们，像奔跑者在战场上杀敌。对他的恐惧与害怕渗入到他们体内，在他们的阵地里翻江倒海。他们的心被攫走，他们的魂被吓飞。他们的武器掉落在海里。他的箭随他所愿射穿他们，逃命者开始掉落水中。陛下像一头暴怒的雄狮，用其利爪攻击袭击者，右手劫掠左手威力无比，像塞特神毁灭邪恶的毒蛇。是阿蒙拉神为他打翻这些土地，为他将每一块土地踩在脚下，上下埃及之王，两土地之主，阿蒙神所钟爱者韦瑟瑞玛阿特拉。

　　尽管文字中充满夸张的描写，但基本事实却很清晰。下一段描述对战争进程的记述更为清晰：

　　　　陛下对王子们、高官们、侍从们及战车武士们说："你们看到了我父阿蒙拉神的伟大力量了吧！至于那些从海的中央岛屿上来袭的敌人，当他们逼近埃及，他们的命运悬在他们手上，一张捕获他们的大网已经张开。他们一进入尼罗河口就被逮住，落入大网之中，落入设计，被屠杀，被砍杀。我要让你们看到我的力量，我独自挥舞着我的武器。我的箭射无虚发，我的臂膀我的双手毫不动摇。我像家禽中的雄鹰，我的利爪在他们头上无一失手。阿蒙拉神在我左右，他的恐惧与威慑都在我身上。欢笑吧，我所命令已经完成，我的智谋与计划已圆满实现。阿蒙拉神驱逐了我的敌人，让每一片土地都掌控在我的手中。"

　　海战拉美西斯三世采用了请君入瓮的战术，先在海人从海上进入埃及尼罗河口的陆地上布满弓箭兵，等待敌人的进入。等敌人进入河口，埃及军队万箭齐发，同时埃及战船从海上包抄过来将入侵的海人船只团团围住。一阵箭雨之后，埃及战船杀向敌人，将敌船钩在一起，无法逃脱，将海战变成海上陆战。因为海人长于海战，埃及军队这个战法大大削弱了海人的优势。于是双方战士肉搏，陆地海上战场连成一片。最终埃及军队海上陆地双管齐下，将入侵的海人一举围歼。

　　拉美西斯三世打击海人的胜利虽然可以说是捍卫了铜器时代帝

国的最后尊严，但历史大势不可阻挡，埃及此后便一步步走向衰落，此后不仅再无帝国出现，就是自己的国家与文明也随着铁器时代的到来而走向衰亡，直至完全让历史的尘埃覆盖得严严实实，直到千年之后才在近现代人的挖掘下再次展现在世人的眼前，成为历史封存的典型标本。

第六章
建 筑 之 巅

　　人类祖先为后世留下的遗产很多，但最直观最震撼的仍属建筑。埃及历史留给后世的东西中，最为引世人瞩目的还得首推古埃及的建筑。人类作品中著名的古代世界七大奇观唯一留存至今的是古埃及人建造的金字塔，还有卡尔纳克神庙、阿布辛贝神庙，都将古代世界人类作品推到了极致。

卡尔纳克神庙——神王诞生之地

　　到埃及听到这样一个顺口溜赞美埃及人的神奇：建最大坟，修最大庙，当最大官，泡最大妞。既然是顺口溜，其所用语言一定是常用的口语，说起来朗朗上口，理解起来亦非常容易，但有时候也需做些注解才行。建最大坟者，指的是吉萨金字塔的建造者。埃及吉萨金字塔古来闻名于世，古往今来为陵墓之首。修最大庙，恐怕说的是古埃及人在底比斯修建的两处神庙建筑。尤其是卡尔纳克神庙，宏伟壮观，居世界古代庙宇之最。当最大官，应指埃及人加利曾任联合国秘书长，全球的组织，官可谓大矣。泡最大妞，指的自然是私通大不列颠王妃戴安娜的埃及人多迪·法耶斯。英联邦国家那么多，其国王储君之妻地位可想而知，而埃及人多迪·法耶斯可与之私通，其所泡对象不可谓不大。后两项是现代埃及人所为，加利秘书长任职期间之所为我们不去管它，有国际政治学者论证评说，戴王妃生死悬疑也有喜欢宫闱秘史的记者打探，古埃及留给后人的神奇建筑金字塔世人注目已几千年，解说者、演义者、胡说八道者多矣，唯古埃及人留给后世的神庙人们所知不多。虽然来到埃及的游人看了金字塔之后大多乘机南行，到卢克索观看神庙，但赞赏其建筑的宏伟、古人之伟大后便离开古迹，尽管带着疑惑也不再深思。

　　古埃及神庙建筑并不那么简单。庙前公羊雕像列于道路两旁是何用意？座座方尖碑立于庙前代表什么？庙门为何修成这个形状？里面巨柱林立是何象征？来埃及卢克索访古者多有疑惑。

　　神庙在卢克索，我们就得从卢克索说起。卢克索是阿拉伯语الأقصر的译音，最初指古罗马占领埃及时在此地修建的兵营。之所以出名是因为卢克索有两处神庙建筑，其一称"卢克索神庙"，另一处称"卡尔纳克神庙"。两座神庙都有三千多年的历史，因为有了这两座神庙，卢克索被称作"世界上最大的露天博物馆"。卢克索是现代该地之名，古埃及人不懂阿拉伯语，更不知卢克索为何物。该地古时候的名字叫底比斯，数代古埃及王国的都城。对于古埃及人来说，底比斯他们也不熟悉，因为这是古希腊人给该地取的名字。此名来自古埃及语𓊖𓏤，读作 niwt rswt，意思是"南城"。底比斯在上埃及，称南城有其道理。古希腊音译而成 Θήβαι（底比斯），从此史书上出现了底比斯这个著名的古埃及政治经济文化中心。然而，这都不是古埃及人口中所讲耳中所听的此地名称，古埃及自己称该地为🏛，读作wAst。尽管中王国之前的埃及政治中心一直在北方，但底比斯注定要成为重要的都城，正像其名字所含之意——"权力"。古埃及将全国划分为四十二个行政地区，称之为诺姆。每一诺姆都有自己的标志，而底比斯诺姆的标志正好象征统治。

卢克索两座神庙名字都很有意思。卢克索神庙叫🏛，读作ipt rswt，如果直译，其意为"南宫"。古时候帝王之所居被称作宫殿，但"南宫"中的宫殿🏛却为后宫。神庙是神之居所，古时候的底比斯是阿蒙神崇拜中心，此处神庙自然是献给阿蒙神的。尽管阿蒙神也有妻子姆特神，但此神庙却不是献给姆特神的。唯一可以让我们想到后宫的地方是神庙接近最南端东侧的"降生室"，里面墙上绘有阿蒙霍泰普三世的母亲姆特穆雅和阿蒙神结合生下他的内容。卡尔纳克神庙名字🏛，读作ipt-swt，意为"精选之地"。此地的确精选，位于尼罗河东岸不远，便于神像驾舟出巡。门前的"公羊大道"气势壮观。记得早年看电影《尼罗河上的惨案》，里面有一位女作家来到这里，看着卡尔纳克神庙前两排公羊说道：公羊，雄性的力量。她显然是位西方作家，只有西方人才见公羊而想到性欲旺盛，因为英语里山羊（goat）有色鬼（lecherous man）之意。但在古代埃及，公羊跟色鬼毫无关系，甚至跟雄性的力量也不沾边。古埃及神话中有自己的生育之神，当我们在埃及的壁画上浮雕中看到其阳具向前突起者，这一定是皿神，古埃及的繁育之神。在大多情况下，皿神以右手执连枷置于脑后形象出现，有点像具木乃伊，唯其夸张的生育之根让我们很容易辨认出这是古埃及人崇拜的繁育之神皿。

把卡尔纳克神庙前的公羊雕像认作雄性象征是西方人的错误，

因为古希腊人来到埃及，看到这些公羊雕像就将其认作古希腊神话中半人半公羊的潘神。这位起于阿卡狄亚的神祇孤独地生活在山坡的洞穴之中，因他与许多山林沼泽中的仙女有染而成为雄性力量的象征。可这是古希腊的神话。在古希腊神话尚未诞生之前，古埃及的公羊雕像就已排列整齐地开始守护通向卡尔纳克神庙的大道了。西方人错了（不包括西方的埃及学家和了解古埃及文明的学者），这里出现的公羊雕像是古埃及的主神阿蒙神的神圣动物。

阿蒙神起初不过是底比斯地区的小神，他的崇拜者也仅限于底比斯这块不大的地域。然而，正所谓一人得道鸡犬升天，随着底比斯势力的不断壮大，阿蒙这个小神也从中得到了好处。古埃及中王国和新王国大部分时间都以底比斯为都城，就是现在的卢克索，阿蒙神一跃成为古埃及众神之王。阿蒙的形象一般为头戴双羽的法老，手执权杖 1 wAs 与生命之符 ♀ anx，与阿蒙神相关的两种神圣动物一个是鹅，另一个就是公羊。看每一个公羊雕像颚下都有一人像两手交叉于前胸，这就是阿蒙神，手中握着生命之符 ♀。

神路直接将我们引向卡尔纳克神庙门口。神庙门口本该有两座巨大的方尖碑的，卢克索神庙尚存一座，卡尔纳克神庙入口处的方尖碑除第十九王朝法老塞提一世的小方尖碑尚在外，余者皆不知去向。

方尖碑代表的是太阳神的光线，立于神庙门口，上刻赞颂之辞。尽管方尖碑为古埃及人独有，但立于埃及这块土地上的却只剩下七座。现立于世界各地的方尖碑有三十座，其中以意大利为最多，仅罗马就有十三座之多。这反映了古罗马人统治埃及时对方尖碑的疯狂。其他方尖碑我们只能到巴黎、伦敦、纽约、伊斯坦布尔等城市看了。埃及仅存的七座仍以卡尔纳克神庙最多，除塞提一世法老的小方尖碑外，还有第十八王朝法老图特摩斯一世及女王哈特舍普苏特的方尖碑分别立于第四和第五塔门之前。位于神庙门前的方尖碑都是成双成对的，卡尔纳克神庙十个门就应该有二十座方尖碑屹立。然而我们所见仅存三座，这是古迹的遗憾，也是历史的遗憾。

方尖碑后面的就是塔门了。神庙之门，修成一个象形文字◎，只是没有中间的圆形。该字读作 Axt，意为地平线，中间的圆形为太阳。神庙塔门不用修出太阳，只要太阳升起，塔门自然就成了◎，成了东方的地平线。我们不能不佩服古人的想象力。东方的地平线是太阳升起的地方，而太阳升起的地方对于古埃及人来说是神圣的，因为太阳神是创世之神。古埃及人认为世界是从原始的混沌开始的，世界汪洋一片。首先从原始瀛水中升起来的是一块土丘，土丘上长着最初的植物，越靠近中间越稠密。神就诞生在这里。创世之神只有一个，但不同地方的人有不同的神话传说，且都认为自己的神是创世之神。这就使古埃及的创世之神出现了好几个。在赫里奥波里斯，阿图姆神为创世之神，他从原始瀛水中诞生，又由他生出空气之神殊和潮气之神太弗努特。这是一对兄妹。之后兄妹结合，生下地父盖伯与天母努特。接下来就是人们熟悉的天母地父生下的四个孩子了：冥神奥西里斯、其妹女神伊西斯、其弟塞特神与妹妹涅弗梯斯。奥西里斯与伊西斯结合生下鹰神荷鲁斯。从阿图姆到涅弗梯斯构成古埃及最重要的创世九神系的神话传说。这是古埃及早期的传说，影响巨大，但与底比斯无关。底比斯有底比斯的神系，底比斯有底比斯的传说。

阿蒙神诞生于赫尔摩波里，是该地创世八神中的一位，其崇拜中心在底比斯。古王国衰落中王国建立之间古埃及出现了历史上第一次大混乱，阿蒙神便于此时开始为底比斯势力推崇为战神，从此开始其逐步走向众神之王显赫地位的历史。后与太阳神拉神结合，成为阿蒙拉神而为整个埃及崇拜。随着历史的发展，古埃及的权力中心南移。底比斯的阿蒙神也随之变得重要，成为众神之王。然而，一个地方神何以让人相信他是众神之主呢？他有什么力量、资格、"政绩"而领众神之先呢？神中最大的"政绩"莫过创世纪了，于是，多建阿蒙神庙，因为神庙格局正是创世纪的模仿。创世纪发生在世界的东方，神庙的塔门恰好是古埃及地平线的文字；创世之丘植物茂盛，越向中心植物越茂盛，走进神庙的塔门，立刻见到巨柱林立围于露天院落周围，巨柱上端雕刻成莎草状；再向里便是巨柱厅，巨柱更多，更密集，更高大，顶端刻饰成含苞待放的花蕾，中间之处，巨柱顶端花蕾开放，迎接创世之神的降生。再向神庙里面走，地面越来越高，屋顶越来越矮。昏暗隐秘处一间圣厅尽处出现一个神龛，此乃创世之神居住之处。卡尔纳克神庙众庙盘根错节集于一处，但各神庙结构莫不如此。

这完全是神的世界，每座神庙都是一次创世纪的再现。如果我们再往前行，景象突然变化，神庙尽头是一汪清水充盈的湖水，映照着天上的太阳，也映照出古埃及祭司忙碌的身影。阿蒙神每天要起居洗漱更衣，当然神庙里有的只是神像而已，但祭司们依然要护理细致，不能有差错。其洗漱饮用的水源就是这汪湖水，神庙距尼罗河不远，湖水便来自养育了古埃及文明的世界第一长河尼罗河。现代埃及有句俗语，说如果你喝了尼罗河的水，你一定会再次来到埃及。这话我相信，等我离开埃及的时候，我想我肯定会再来埃及。但不知古埃及每天通过圣湖饮用尼罗河水的阿蒙神的祭司们是否能够有一天卷土重来。神庙巨大，除了因为敬神之外，祭司人员众多，势力强大也为其一因。众多祭司需要足够的空间，足够的财富来支持。法老想稳定政局，外征取胜，没有祭司势力的支持是万不可行的。法老每次征讨得胜班师回朝都要修建神庙感谢阿蒙神给予的胜利，其实是感谢祭司给予的支持。阿蒙神势力之大，观第十八王朝末法老埃赫那吞宗教改革失败便可见一斑。他改教废除阿蒙神，欲以象征太阳光线的阿吞神取而代之。法老把名字改了，从阿蒙霍泰普变成了埃赫那吞，前者意为"令阿蒙神满意者"，后者意为"阿吞神之光辉"。都城迁了，从底比斯迁往阿玛那。可他一死，阿吞神一夜被废，都城回到底比斯，阿吞神的名字尽系铲除。圣湖让我们透过神庙的神圣洞观俗世的利害。

到此，卡尔纳克神庙走马观庙已到尽头，巨柱上的铭文，墙壁上的浮雕，一处处的厅堂，一座座的神龛，只能与古埃及研究学者切磋探讨了。但是，还有一处在这里不能不提。圣湖边上有一个红色花岗岩方柱形石墩，正面刻满了象形文字铭文，其上卧着一只很大的甲虫雕塑。这是阿蒙霍泰普三世法老的作品。当地的埃及导游会告诉你，如果逆时针围绕该雕塑转上七圈，你便可以心想事成。摸摸某一物品变可以带来好运的传说到处可见，尤其是旅游胜地，这不新鲜。但此雕像历史悠久，距今已有三千多年，所以更具神秘色彩，让人相信。可如果读一下其上刻写的内容就会发现，古埃及人还没染上这种俗气作风。其上铭文所记不过是阿蒙霍泰普三世法老的名字，表达的是像对甲虫的崇敬而已。古埃及人崇拜甲虫，称其为圣甲虫，其实就是蜣螂、屎壳郎而已。然而，在古埃及语中，该虫子的发音恰巧与另一动词相同，读作 Kheper。这一词汇恰巧意味着诞生、创造、从无到有。想来也对，屎壳郎产卵于沙中，待沙中卵成熟，便从沙中突然冒将出来。古埃及人觉得这是个奇迹，是从无到有。于是他们想到了世界的创造，而神庙正好是对创世的模仿，该雕像出现在神庙中顺理成章。此其一也。其二，屎壳郎喜推粪球，越推越大。粪球是圆的，恰巧太阳也是圆的。太阳每天东升西落，谁推其前行？古埃及人再次联想到屎壳郎，于是无论在壁画中还是在浮雕里，很多太阳神巡行世界的场景都有圣甲虫相伴，即使是乘太阳船巡行，圣甲虫也相伴而行。古埃及人还将护身符做成圣甲虫的模样，腹面用象形文字刻下吉祥话语。

屎壳郎蕴含创世纪似乎有点喜剧色彩，但神圣的信念于古埃及人来说却绝不是游戏。他们对世界的认识，对人生的思考，对未来的推测，所有这一切都以联想的方式作出解答，这既是人类古老智慧的哲学，也是人类先祖生活的唯一正确方式。我们应当尊重古人的智慧。

阿布辛贝神庙

阿布辛贝至今仍是埃及的边界，今天与苏丹接壤，古时与努比亚相邻。这里本来是尼罗河第一大瀑布与第二大瀑布之间的一片良田沃土，自从拉美西斯二世修建了两座巨大的神庙，这里就变成了神与祭司的领地。阿布辛贝神庙是两座凿岩神庙，其对世人的吸引不仅因为它的宏伟壮观，还因为它走入现代之后的神奇经历。阿布辛贝神庙修建在尼罗河西岸的一个山上，面向东方。两座神庙一座是拉美西斯二世的，另一座是他的王后内佛尔塔瑞（Nefertari）的。因两座神庙一大一小，人们习惯称拉美西斯二世神庙为大神庙，而王后神庙被称作小神庙。虽然拉美西斯二世修建了太多的建筑，但阿布辛贝神庙却是所有建筑中最恢宏的一座。大神庙门脸处立着四尊坐着的雕像，21米高，俯视着尼罗河要道，让埃及控制下的努比亚望而生畏。四尊雕像腿的左右与腿间都有站立的小雕像，各个也都比我们真人的身高高很多，分别是拉美西斯二世的王后、母后、儿子与女儿。神庙从公元前 1264 年开始修建一直修建到公元前 1244 年完工，耗时 20 年。建成之后埃及人给它一个响亮的名字：阿蒙神钟爱的拉美西斯神庙。然而，20 世纪 60 年代，埃及在尼罗河第一大瀑布处修建了阿斯旺大坝，以便将尼罗河的水利资源变成电力资源。随着大坝的修建，阿布辛贝处的尼罗河水位急速升高形成了纳赛尔湖，将会把很多古迹淹没。于是联合国教科文组织急忙组织抢救，24 个国家的科学技术人员对神庙做了全面的考察计算，历时 4 年完成，将原来的神庙切割成一千多块，向上迁移 60 多米高，重新拼合安装好。这是联合国教科文组织历史上的一件彪炳史册的大事，非常成功的一次拯救。然而，千算万算仍有一点微小的失误。过去每年 2 月 22 日和 10 月 22 日太阳都会透过神庙入口照进 61 米深的走廊最后落在深深的圣殿中四尊雕像的身上，可搬迁之后这一太阳奇迹拖后了一天。

　　其实这个山丘在中王国时期就已经为埃及人所关注，神庙的南侧、北侧以及两神庙之间的山壁上都刻有石碑状铭文与浮雕，通过文字可知属于中王国时期。北端还有一个石碑状铭文浮雕是库什总督刻写的，是第十八王朝阿蒙霍泰普一世统治时期的库什总督。当然，更多的此类铭文浮雕属于拉美西斯时期大臣们的文字，显然，此地一直是神的崇拜地。因此学者们分析，此地过去应该有人居住，直到神庙修建完成变成了一个崇拜中心而失去了埃及人城镇的生活。拉美西斯二世神庙最深处的圣殿中有这样的铭文出现："阿蒙神钟爱的拉美西斯神庙之镇中霍尔阿赫提神"，印证了这里应该有一个城镇，且此城镇应该不是随着神庙新建而成。

　　虽然是一座凿岩神庙，但从俯瞰透视图看，其结构仍与我们熟悉的神庙结构相似。山丘的东面切出一个平台，平台上就是神庙的门

面。四尊巨大的拉美西斯二世雕像面向东方并排而坐，身后凿出的墙
壁让人想到其他神庙的塔门。四大坐像左侧第二座雕像因地震造成雕
像的头断裂掉在了地上，神庙整体搬迁后仍保留了原样，没有将断裂
的头部恢复到坐像上。四座雕像中间是神庙的门，有趣的是，这个从
山坡上凿出的神庙塔门不再是上边有缺口的形状，而是一个很规范的
梯形形状。我们知道塔门是古埃及语"地平线"一词的模仿，中间
的缺口是留给太阳的。没了这个缺口便无法构成创世纪的"地平线"
了，但仔细看会发现，四尊塔门前的拉美西斯二世雕像中间上方有一
个太阳神的浮雕，使这个塔门仍从象征意义上具有了"地平线"的含
义。不仅如此，这个太阳神立体浮雕还是一个画迷，太阳神一手拿着
象征权力的𓌯（wsr），另一只手拿着象征真理的𓁥（maat），而三个
符号加在一起则是𓇳𓌯𓁥（wsr-mAat-ra），这正是拉美西斯二世的登基
名字。塔门上突弧式檐口横向刻着一排狒狒的形象，双手举起面向东
方。这是对古埃及太阳神崇拜的一种表达方式，因为狒狒每天在山梁

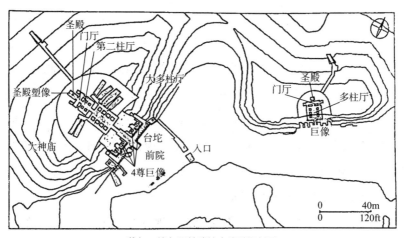

戴尔－埃尔巴赫瑞神庙俯瞰解剖图

上最早看到太阳的升起，用叫声唤醒熟睡的人们。于是古埃及人称之为太阳神的使者。四尊雕像的基座上刻有双手被反绑的敌人俘虏形象，一边是亚洲敌人形象，另一边则是努比亚敌人的形象。内侧两大雕像座椅侧面刻着两个哈皮神用代表上下埃及的植物将一个肺管形状的符号系在一起的图画。肺管符号在古埃及语中读作 smA（ ），意为"联合、统一"。在通向入口的台阶两侧各有一座小庙宇，北边的敬奉太阳神，南边的敬奉托特神。台阶的南侧尽头处有一块石碑，上边记述了拉美西斯二世外交上的胜利，娶赫梯国王哈图西里三世女儿为妻。走进塔门直接来到大多柱厅，里面有 8 根巨柱支撑着整个大厅。巨柱皆雕成拉美西斯二世的奥西里斯姿势，即双手交叉于前胸，一手拿着连枷，一手拿着钩子。这两个礼器代表着统治与掌控。两排各 4 尊雕像巨柱面对面，中间是一直通向神圣殿的通道。从墙壁上刻写的内容看多柱厅可以称之为"战争之厅"，因为刻写的内容主要是战争。北墙刻写的内容是著名的卡迭石之战，南墙刻写的内容是叙利亚战事及与利比亚人与努比亚人的战事。入口内墙与对面即多柱厅西墙上刻画的杀敌并向神祇献上战利品的场景，而神庙入口的上方刻画的也是拉美西斯二世向神祇敬献礼品。入口这一面墙的北端有一些非正式的文字，学者们称之为涂鸦，是一个叫哈内夫尔（Khanefer）之子匹阿伊（Piay）的人书写的，说这些壁画与文字都是他刻写的。显然他是这座神庙的雕刻师。由于常年阳光照射不到，多柱厅内墙壁上浮雕的颜色保存相对完好。多柱厅顶棚刻画着展翅的秃鹫与王名圈，亦很具有装饰性。从多柱厅两侧凿出 6 个贮藏室，南面 2 个，北面 4 个。这 6 个贮藏室虽然里面缺少装饰，墙面既不平滑空间也不规矩，但里面墙壁上的壁画却保存完好，都是敬神的内容。通往第二厅的入口处原本有两尊鹰头斯芬克斯雕像，现在在大英博物馆存放。第二柱厅比第一柱厅要小很多，只有约第一柱厅三分之一大小。里面只有 4 根柱子，不仅狭小了很多，地面与屋顶也有一定的压缩。这一厅墙壁上的浮雕都是向神奉献祭品的场面，甚至向神化的自己献祭，这样的场景在第一多柱厅也出现过。再向里走就走进最里面的圣殿了，第二厅与圣殿之间有一个不大的门厅连接。圣殿中间有一个小祭台，后面便是神龛。神龛上坐着四尊雕像，如果我们面对雕像，从左向右分别是普塔赫神、阿蒙拉神、拉美西斯二世和拉霍尔阿赫提神。神庙设计颇具匠心，因为面向东方，每当第一缕阳光从尼罗河东面升起洒向大地，最早迎接阳光的就是神庙门口上方的一排太阳神使者狒狒，然后照在拉美西斯二世的四尊巨像上，然后透过塔门照进大多柱厅，越过第二厅和门厅，最后照在圣殿的神像上。当然，由于地球旋转的倾斜角度，让每年只有两天能够同时照在圣殿中的四尊雕像上，其他时间则只能照到中间两尊或右侧三尊，只有这两天最左侧的普塔赫神像才能见到阳光。于是后世有人称普塔赫神为“黑暗之神”，这是对古埃及人的误解。除了被神化的拉美西斯二世外，另三位神代表了三个圣地。阿蒙拉神崇拜中心在底比斯，普塔赫神崇拜中心在孟菲斯，而拉神崇拜中心在赫留坡里。有趣的是，这里没有将拉神单独供奉，而是分别与阿蒙神与霍尔阿赫提神结合成新神。霍尔阿赫提这个小神之所以能够在这么重要的圣殿中占有一席之地不仅是因为他与拉神合体，还因为这位小神是阿布辛贝本地崇拜之神。

　　同一座山的另一个山丘是拉美西斯二世王后内佛尔塔瑞的神庙，虽然这座神庙从规模到气势上都不及拉美西斯二世神庙，但仍是一座非常震撼的神庙建筑。内佛尔塔瑞神庙从结构上看基本与拉美西斯二世神庙相同，可以说差不多是一个缩小版。因为是依山而凿，神庙的朝向便不再是面向正东，而是面向东南。山坡上凿出来的神庙塔门前仍是一排巨大雕像，但 6 尊雕像都是立像而不再是坐姿雕像了。6 尊站立雕像中有 4 尊是拉美西斯二世的，2 尊是内佛尔塔瑞的。神庙入口左右各 3 尊，分别是 2 尊拉美西斯二世雕像，中间一尊内佛尔塔瑞雕像。6 尊雕像都站立在有点像神龛一样的框里，身旁两侧是像山坡一样倾斜的扶垛。扶垛面上与雕像头顶的横梁面上都刻有圣书体文字（一般称之为象形文字），刻着法老与王后的头衔。雕像腿边上围绕着法老的孩子们的小雕像。值得注意的是，神庙塔门前的两尊内佛尔塔瑞立像与并排的 4 尊拉美西斯二世立像同样高矮，可见拉美西斯二世对这位王后的偏爱。左右两组雕像中间便是走向神庙入口的过道，两侧都是拉美西斯二世雕像。虽然 6 尊雕像都是立像，但高度却只有拉美西斯二世神庙 4 尊坐像的一半高，10 米左右。雕像后面的塔门也一样上方有檐口，檐口有浮雕装饰。进入神庙，是多柱厅，两排巨柱共 6 个，左右各 3 个。立柱柱头都刻着哈托尔神头像，对面而视朝向多柱厅中央的通道。多柱厅入口两侧的墙壁上刻画着拉美西斯二世在阿蒙神与哈托尔神的注视下打击敌人的场景，内佛尔塔瑞看着自己的丈夫杀敌。其他各面墙上刻画的都是拉美西斯二世与内佛尔塔瑞向神献祭的图画。这个神庙省略了第二厅，直接来到门厅。多柱厅与门厅由三个通道相连，而走过门厅便来到最后的圣殿。圣殿上供着的是神与拉美西斯二世及内佛尔塔瑞的形象，形象之上的墙壁上，浮雕刻画的是哈托尔神以一头牛的形象出现纸草沼泽中，拉美西斯二世的形象就出现在哈托尔神牛的头下，受着哈托尔神的护佑。神殿左墙上刻着内佛尔塔瑞崇拜穆特女神与哈托尔女神的画面，右墙则刻着拉美西斯二世站在神面前崇拜的画面。右墙画面中的神就有拉美西斯二世与他的王后内佛尔塔瑞，显然，他们已经成神。

后记

简史因其简，而不得不有所取舍，极简史就更不用说，会难免略掉一些非常值得书写的内容。法老自不必说，只选了最具代表性的十四五位，大臣与王后也很少。然而更少的是战争与建筑，各选两个，只可说是窥其一斑，篇幅所限不能尽现全豹。尽管有遗憾，但这不正是极简史的追求吗？于简捷中观大势，在大势中寻动因。本书并不刻意为读者提出古埃及史研究中的重大问题，却努力用不同于其他埃及史著作的思考与读者交流。渴望读者能以独特的判断与思考发现问题，不停追问。

当然，写这本小书也有特意回避的内容，比如对古埃及的宗教与艺术以及建筑都着墨不多，因为那是正在构思的另一本小书《古埃及哲学、艺术与建筑》要深入探讨的问题。同样有不同的思考与解说，也希望读者同样喜欢。